Udo Deppisch

Einfach verkaufen!

So macht Network-Marketing Sie zum Millionär

Ein besonderer Dank gilt meiner Familie, die mich immer und überall unterstützt. Wer, so wie ich, rund um den Globus jettet, um den geschäftlichen Aufgaben nachzukommen, braucht eine starke Frau im Hintergrund. Nie habe ich mich wohler gefühlt als heute.

Bedanken möchte ich mich auch bei allen anderen Menschen, die nicht an mich geglaubt haben. Genau denen wollte ich beweisen, dass ein Handwerker mit Hauptschulabschluss nicht nur Multimillionär werden kann, sondern überdies beratendes Mitglied der U. N. E. S. C. O.

Inhaltsverzeichnis

Vorwort

„Es ist eine der sonderbarsten Belohnungen im Leben, dass kein Mensch aufrichtig versuchen kann, einem anderen Menschen zu helfen, ohne sich selbst dabei etwas Gutes zu tun."

Ralph Waldo Emerson

Es gab einmal eine Zeit, da glaubten die Menschen, mit Aktien ließe sich ein Vermögen machen. Genährt wurde ihr Glauben durch die Volks-Aktie der Deutschen Telekom. Heute sind diese Menschen eines Besseren belehrt worden, was angesichts der Aktienverluste von bis zu 90 Prozent nicht sehr verwundert. Nun fragen sich viele verzweifelte Anleger, warum sie damals bar jeder Vernunft diesen Aktienwahn mitmachten. Die Antwort ist einfach. Heute wie damals suchen die Menschen einen Weg, schnell reich zu werden, ohne sich groß anstrengen zu müssen. Sie haben nie begriffen, dass es keinen Automatismus zum Reichtum gibt. Das gab es noch nie und das wird es auch nie geben. Dazu passt auch folgendes Zitat, das ich dieser Tage las:

„Börsenjauchzen erfüllte die Welt. Die Wirtschaft brummt, das Geld vermehrt sich wie von selbst, und jedermann denkt, er könne eine Aktiengesellschaft führen. Wenn dann mieses Management und Wirtschaftsflaute die Gewinne schrumpfen lassen, werden die Kurse manipuliert und künstlich hochgetrieben, bis es endgültig kracht."

Sie werden kaum glauben, dass ich dieses Zitat dem Roman „Die neuen Serapionsbrüder“ von Karl Gutzkows entnommen habe. Dabei ist das Werk alles andere als neu. Es erschien im Jahre 1877. Vor mehr als 120 Jahren erlebten die Menschen also ein ähnliches Desaster wie heute.

Dieses Beispiel verdeutlicht, dass wir es im Leben immer mit mindestens zwei Aspekten zu tun haben:

1. Die Geschichte wiederholt sich.
2. Es gibt keinen Automatismus zum Reichtum.

Deshalb habe ich dieses Buch geschrieben. Ich kann Ihnen anhand meines eigenen Lebens beweisen, dass jeder, ich betone jeder, reich werden kann, wenn er die richtige Strategie anwendet. Meine Geschichte des Reichwerdens können Sie wiederholen, vorausgesetzt Sie machen es so, wie ich es getan habe. Sie müssen „einfach verkaufen“!

Sie haben hier mitnichten ein Fachbuch zum Thema Verkaufen erworben. Sie das Verkaufen zu lehren ist nicht das Ziel meines Buches. „Einfach verkaufen“ steht als Synonym dafür, sich nicht durch fadenscheinige Ausreden seiner Verantwortung zu entziehen, sondern mutig und entschlossen die eigene Zukunft in die Hand zu nehmen. „Einfach verkaufen“ meint, dass Sie es einfach tun müssen.

Was sollen Sie tun? Nun, Ihr Leben in die Hand nehmen und es so gestalten, wie Sie es möchten, und nicht wie andere es gern hätten. Sie sind nicht auf der Welt, um anderen Menschen zu gefallen. Sie haben das Recht, ein Leben zu führen, wie Sie es möchten. Genau das erreichen Sie, indem Sie einfach verkaufen. Im Grunde genommen müssen Sie Ihr Verhalten gar nicht großartig verändern. Sie verkaufen sich doch sowieso mit jedem Tag. Höre ich da einen Widerspruch? Sie würden sich nicht als Verkäufer sehen? Gut, dann nenne ich es eben anders: „Sie gehen einer geregelten Arbeit nach“. Mit anderen Worten: Sie verkaufen tagtäglich Ihrem Chef Ihre Arbeitsleistung und stehen in Konkurrenz zu anderen Kollegen, die nichts anderes im Sinn haben, als Ihnen Ihren Arbeitsplatz streitig zu machen. Nur durch stetiges Anpassen und Verbessern Ihrer Leistung behalten Sie in einem solchen System die Oberhand. Insofern verkaufen Sie jeden Tag aufs Neue Ihre Leistungen.

Ich kann Ihnen an dieser Stelle versichern, dass dieses Buch alles andere als ein typisches Fachbuch zum Thema „Wie kann ich besser verkaufen“ oder „Wie verkaufe ich noch erfolgreicher“ ist. Dieses Buch möchte Sie mit Regeln und Gesetzmäßigkeiten vertraut machen, die Ihnen helfen werden, Ihren Weg zur finanziellen Freiheit zu finden, und das hat nur bedingt etwas mit Verkaufen zu tun. Dieses Werk ist keine theoretische Abhandlung über den Erfolg. Es ist ein Praxisbuch und von mir, einem echten Praktiker, geschrieben. Sie werden hier einen Weg finden, den ich vor Ihnen gegangen bin. Dabei waren meine Startbedingungen alles andere als einfach, und dennoch habe ich es von einem einfachen Handwerker mit einem Hauptschulabschluss zum Multimillionär geschafft. Mit diesem meinem Wissen werden auch Sie es schaffen. Dieses Buch ist Ihr Wegweiser zu Ihrem Erfolg. Es hilft Ihnen, auf dem schnellsten Weg Ihre finanziellen Ziele zu erreichen, weil Sie sofort umsetzbare Praxistipps erhalten. Sehen Sie in diesem Buch eine Art Regelwerk. Sowie Sie bereit sind, diese Regeln zu akzeptieren und umzusetzen, werden Sie Ihren Erfolg jeden Tag aufs Neue wachsen sehen. Was glauben Sie, warum ist ein Unternehmen wie McDonalds so erfolgreich? Alle McDonalds-Restaurants weltweit arbeiten nach demselben Muster und denselben Regeln. Deshalb schmeckt der Hamburger in Hamburg genauso wie in Berlin, München, London oder Peking. Kein Restaurantbesitzer würde auf die verrückte Idee kommen, eigenständig die Rezeptur des Hamburgers zu verändern. Damit würde er das Vertrauen der Kunden verspielen, die auf gleich bleibende Qualität setzen.

Das System McDonalds ist ein Synonym für erfolgreiche Vertriebspolitik und es macht deutlich, welche Erfolge weltweit möglich sind, wenn alle an einem Strang ziehen. Auch für Sie ist es doch einfacher, von jemandem zu lernen, der weiß, wie es geht, und der bewiesen hat, dass damit eine Menge Geld zu verdienen ist. Glauben Sie mir, ich habe hunderte Fehler gemacht. Es wäre doch töricht, wenn Sie diese Fehler wiederholen wollten. Lassen Sie es bleiben und starten Sie gleich erfolgreich.

Die Frauen mögen mir nachsehen, dass ich in diesem Buch aus Gründen der besseren Lesbarkeit ausschließlich männliche Substantivformen verwandt habe. Ansonsten hat es keine Bedeutung.

Ich wünsche Ihnen im wahrsten Sinne des Wortes beREICHende Erkenntnisse und grüße Sie.

Udo Deppisch

Kapitel 1
Die Party ist vorbei – jetzt kommt es auf jeden Einzelnen an

„Angenehm ist am Gegenwärtigen die Tätigkeit, am Künftigen die Hoffnung und am Vergangenen die Erinnerung. Am angenehmsten und in gleichem Maße liebenswert ist das Tätigsein."

Aristoteles

1.01 Die Finanzkrise – eine monetäre Kernschmelze

„Sobald sich der Geist eines Menschen einen neuen Horizont erschlossen hat, kehrt er nie mehr in seinen vorherigen Zustand zurück."

Oliver W. Homes (1809-1894)

Um es gleich vorweg zu sagen: Deutschland und die Welt stehen nicht am Rande eines Abgrunds. Gleichwohl ist der Ausblick auf die derzeitige Lage alles andere als erheiternd. Insbesondere an den Kapitalmärkten häufen sich die schlechten Nachrichten aus Konjunktur und Unternehmen. Vor allem die Folgen der Bankenkrise, die Inflation und die Währungsturbulenzen bereiten den Menschen zunehmend Sorge.

Diese Sorge ist nicht unbegründet. Noch nie in der Geschichte standen wir vor so einer großen monetären Herausforderung. Deshalb gibt es keinen Plan, wie diese Krise am einfachsten und schnellsten zu meistern ist. Die zentrale Botschaft lautet daher: Da müssen wir durch!

Die Krise offenbart jedoch schon eines ganz klar: Es gibt keine verbindliche Sicherheit für alle. Schlimmer noch. Uns entgleitet die Kontrolle und wir müssen feststellen, wie schwach wir letztlich sind. Ein kleines Zahnrädchen, wenn überhaupt, in einem riesigen Getriebe.

Angesichts dieser Situation stellt sich die Frage, worauf man in Zukunft noch bauen soll. Es gibt einen einfachen Schatz, den Sie in sich tragen und der mehr wert ist alles andere: Ihr Talent!

Talent ist die Basis von Wohlstand.

Wahren Reichtum kann Ihnen niemand geben. Sie müssen ihn sich selber erschaffen. Dabei reduziert sich der Begriff des Reichtums nicht nur auf die Anhäufung von Geld. Zum Reichtum gehören Gesundheit, Freunde, Familie, Bekannte, beruflicher Erfolg und Lebensfreude.

Wenn Sie meinen, dass Geld allein glücklich machen würde, dann werfen Sie doch einmal einen Blick auf die Printmedien, die von vielen gescheiterten Lottomillionären schreiben. Obwohl sie im Geld schwammen, waren viele von ihnen Jahre später pleite, denn sie hatten nie gelernt, mit diesem vielen Geld richtig umzugehen. Bis zum Eintreffen des gewonnenen Lottogeldes lebten sie mit einem Mangelbewusstsein. Jemand, der zuvor 1.500 Euro im Monat verdiente und deshalb Lotto spielte, um sein „Gehalt ein wenig aufzubessern", ist mit einem Millionengewinn hoffnungslos überfordert. Das viele Geld bricht ihm buchstäblich das Genick, weil man eben nicht mit einem 1.500-Euro-Bewusstsein mehrere Millionen verwalten kann.

Viel wichtiger als geschenktes Geld ist selbst erarbeitetes Geld. Nur selbst erworbener Reichtum macht Sie wirklich und dauerhaft reich, glücklich und zufrieden. Deshalb lege ich großen Wert darauf, Sie Schritt für Schritt an die großen Ziele heranzuführen und Sie so zu motivieren, dass der Erfolg erfolgt!

Egal, wie alt Sie sind: Für Veränderungen im Leben ist es nie, nie, nie zu spät. Was wir brauchen, ist allerdings keine lebenslange Veränderung, sondern lebenslanges Wachstum. Das ist ein großer Unterschied. Ein Baum wird sich auch nicht jede Woche neu erfinden, sondern wachsen. Wir Menschen müssen ebenfalls wachsen, und dazu braucht es Ziele. Ziele sind der Treibstoff, der uns buchstäblich antreibt und damit unserem Leben eine Richtung gibt. Der britische Schriftsteller und Lyriker Robert Louis Stevenson (1850-1894) wusste:

> *„Zu sein, was wir sind, und zu werden, wozu wir fähig sind zu werden, das ist das einzige Ziel des Lebens."*

Ob Baum oder Pflanze, bevor sie nach oben wachsen, wachsen sie nach unten, um mit ihren Wurzeln ein starkes Fundament zu bilden. Das macht sie stabiler und schützt sie vor den Widrigkeiten, die „da oben" passieren. Könnte ein Samenkorn sprechen, es würde klagen, dass der Schmerz im Aufkeimen liege. Erst wenn die Erde zur Seite gedrängt wurde und es gen Sonne wachsen kann, wird es für seine Anstrengungen belohnt. Auch wir Menschen müssen im Wortsinn „aufkeimen", um mit den Freuden des Lebens belohnt zu werden.

Die Welt von heute ist eine völlig neue Welt. Eine Welt, die wir vor Jahren noch für undenkbar hielten. Wir wähnten uns auf der sicheren Seite. Bank, Versicherung und Staat, das waren die Garanten für Sicherheit in unserem Leben. Sie waren es.

Jetzt haben viele Menschen nicht nur ihr Geld verloren, sondern auch ihr Vertrauen. Bisher waren sie im festen Glauben, ihr Geld sei sicher und man könne Staat und Banken blindlings Vertrauen schenken. Nun wurden sie eines Besseren belehrt. Sie müssen plötzlich feststellen, dass sie niemandem mehr trauen können. Es ist wie in dem Märchen „Des Kaisers neue Kleider". Auch hier wollte niemand wahrhaben, dass der Kaiser nackt durch die Straßen stolzierte, bis ein Kind schrie: „Der ist ja nackt". Ich sage schon seit Jahren, dass auch die Banken und Vater Staat buchstäblich nackt sind. Die Banken haben ob ihrer Marktstellung nur Dollarzeichen in den Augen gehabt und ihre Kunden buchstäblich hinters Licht geführt. Pfui. Nun dürfen wir die Zeche zahlen.

Ein Seebeben löste den Tsunami aus, der 2004 viele Menschen das Leben kostete. Ein Erdbeben in China kostete 2008 zigtausende Chinesen das Leben. Wer nicht unmittelbar vor Ort war, erlebte die Tragik vor dem heimischen Bildschirm. Doch ist es ein gewaltiger Unterschied, mitten in der Katastrophe zu stehen oder nur ein unbeteiligter Zuschauer zu sein. Mit einem Klick auf die Fernbedienung kann sich jedermann schnell in eine andere, schönere Welt verzaubern lassen. Während in den Nachrichten die neuesten Horrormeldungen verkündet werden, tobt auf einem anderen Kanal eine knallbunte Castingshow. Wir sind aber in der Realität zu Hause.

Die Krisen nach dem Platzen der Internetblase und nach den Terroranschlägen des 11. September 2001 hatten schon andere Dimensionen. Plötzlich waren irgendwie alle Menschen davon betroffen. Das hat die Welt schon verändert. Doch wer glaubte, dass so etwas nicht mehr übertrumpft werden kann, irrt. Wir erleben jetzt ein Beben.

Kein See- oder Erdbeben, sondern ein Beben des Lebens! Mit einer gewaltigen Eruption. Und niemand hat darauf eine Antwort, weil so etwas bisher undenkbar war. Wir erleben zum ersten Mal weltweit eine Krise, die uns eines vermittelt:

Es geht ans Eingemachte!

Was nun auf uns Zeitgenossen niederprasselt, ist beispiellos in der Geschichte. Wir sind im Augenblick dabei, das Holz unserer Enkel zu verfeuern. Augen zu und durch. Dabei waren schon die letzten Jahre nicht einfach:

- exorbitant gestiegene Lebenshaltungskosten
- explodierende Energiekosten
- Klimakatastrophe
- Rezession
- schlechter werdende Gesundheitsversorgung (Gleichschalterei)
- unsichere Arbeitsplätze (Opel, Nokia, Telekom, Siemens, Allianz)
- Zuwachs radikaler Parteien
- Korruption (Siemens, VW)

Obwohl das schon mehr ist, als ein Menschenleben überhaupt seelisch verarbeiten kann, kommt eine neue Erfahrung dazu, die alles Bisherige in den Schatten stellt:

> *„Wir stellen fest, dass all unser Vermögen von heute auf morgen nicht mehr vorhanden ist."*

Und nun?

Wie sagte Marius Müller-Westernhagen als Theo in dem Film „Theo gegen den Rest der Welt" so treffend?:

Das Schöne im Leben ist doch, dass es immer irgendwie weitergeht!

Genau darum geht es. Es geht weiter, und Sie sind mittendrin. Ist das nicht wunderbar?

Alles, was wir Menschen je geschaffen haben und noch schaffen werden, als Einzelne wie als die Gemeinschaft der Weltbevölkerung, kommt über unseren Geist, über unser Denken und Fühlen – kurz: über unsere Motivation.

Zeit seines Lebens half der Arzt Albert Schweitzer Lepra-Kranken, um ihr Leiden zu lindern. Er gründete ein Tropenkrankenhaus und ein Krankenhaus mit einer Leprastation. Tagtäglich war er so hochansteckenden und zu der Zeit noch vielfach tödlich verlaufenden Krankheiten ausgesetzt. An Lepra erkrankte er aber nie. Ein medizinisches Wunder, was er aber ganz einfach kommentierte:

> *„Die größte Entscheidung deines Lebens liegt darin, dass du dein Leben ändern kannst, indem du deine Geisteshaltung änderst."*

Die Kraft der Motivation war stärker als die Furcht vor einer Ansteckung.

Albert Schweitzer war nicht die einzige berühmte Persönlichkeit, die sich den Leprakranken aussetzte. So ist auch von Napoleon bekannt, dass er sich bedenkenlos bei leprakranken Soldaten aufhielt, weil er fest davon überzeugt war, dass er sich nicht anstecken werde. Und er erkrankte tatsächlich nie an Lepra.

Der deutsche Forscher und Begründer der wissenschaftlichen Hygiene, Max von Pettenkofer, hat am Ende des 19. Jahrhunderts mit 74 Jahren vor den versammelten Studenten im überfüllten Hörsaal ein ganzes Reagenzglas mit lebenden Cholerabakterien ausgetrunken. Dennoch erkrankte er nicht an Cholera. Dafür wurde er mit diesem Versuch noch berühmter.

Florence Nightingale, die eigentliche Begründerin der Krankenpflege, pflegte Verwundete und Kranke während des Krimkrieges. Trotz nie endender Seuchen ist sie selbst nie erkrankt. Obwohl Viren und Bakterien zu ihren ständigen Begleitern zählten, wurde sie 90 Jahre alt – und das ohne jeden Impfstoff.

Fassen wir zusammen: Nichts ist unmöglich, wenn Sie von einer Sache fest überzeugt sind. Wenn Sie den Wunsch haben, reich zu werden, dann haben Sie auch die Kraft, es zu schaffen. Dabei müssen Sie auch kein schlechtes Gewissen haben. Leider hängt einem Reichen noch immer der Makel an, er bereichere sich auf Kosten anderer. Das ist natürlich blanker Unsinn. Jeder, der durch seine Schaffenskraft vermögend wurde, ist im Wortsinn eine Bereichung für die Gesellschaft. Ein Staat wäre ohne die Steuern der Reichen nicht überlebensfähig. Jeder reiche Bürger trägt somit zum Erhalt der Demokratie bei. Und was das bedeutet, sehen wir, wenn wir einen Blick ins letzte Jahrhundert richten.

Deshalb dürfen Sie sich nie von den Umständen, und mögen sie noch so schmerzhaft sein, beeinträchtigen lassen. Das sagt sich leicht, oder wie würde Goethe sagen?:

„Die Botschaft hör ich wohl, allein mir fehlt der Glaube."

Nun gut, wenn´s weiter nichts ist, dann schauen wir doch einmal gemeinsam, wie sich der richtige Glaube „einstellt".

MLM-Erfolgsregel - Basic

Network-Marketing ist konzentriertes und effektives Arbeiten, daher auch der Begriff Net*work*. Wäre es ein Spiel, hieße es Netgame oder Netshow und es gäbe nur einen Gewinner, alle anderen wären Verlierer. Aber Network macht aus allen Menschen Gewinner, wenn sie tatkräftig anpacken und arbeiten.

1.02 Niemand sollte sich auf andere verlassen

„Der wahrhaft Edle predigt nicht, was er tut, bevor er nicht getan hat, was er predigt.“

Konfuzius

Menschen haben tausend Ausreden, wenn es darum geht zu erklären, warum sie jetzt nicht handeln können, sondern erst später. Über so viel Unvernunft kann ich nur mitleidig den Kopf schütteln. Denn diese Menschen haben nicht begriffen, dass heute nichts mehr ist wie früher und dass der, der nicht eigenständig ins Handeln kommt, keine Chance auf dem Arbeitsmarkt hat. Jetzt und nicht später ist der richtige Zeitpunkt zum Handeln. Das war zu allen Zeiten so, und daran wird sich auch nie etwas ändern. In diesem Zusammenhang möchte ich an ein Lied aus den 70er-Jahren der Schlagersängerin Monika Morell erinnern. Dort heißt es im Text: *„…später, so sagte er immer zu mir. Später, wenn er reich ist, will er leben, dann will er auch noch den Armen was geben. Später, da wollte er glücklich sein. Später, wann ist das, hab´ ich ihn gefragt? Er hat nur gelacht und später gesagt… Nun hab´ ich es in der Zeitung gelesen. Später, das ist für ihn gestern gewesen….“* Wir haben nur dieses eine Leben, und wenn es eine Gerechtigkeit auf dieser Welt gibt, dann ist es die Zeit, von der jeder Mensch täglich gleich viel hat, und doch weiß niemand, wann die Lebensuhr stehen bleibt. Deshalb sollte man meiner Meinung nach keine Zeit verlieren und die Dinge tun, die einem finanzielle Unabhängigkeit bringen. Doch statt zu handeln, harren die

Menschen der Dinge, die da kommen, und wundern sich, wenn ihnen dann eines Tages die Kündigung ihres Arbeitgebers ins Haus flattert. Im Februar 2005 waren das erste Mal in der Geschichte der Bundesrepublik mehr als 5 Millionen Menschen ohne Arbeit. Dann kam der „Aufschwung" und die Arbeitslosenzahlen sanken auf 3 Millionen. Dabei wurde gern übersehen, dass das Gros der Arbeitsplätze durch Zeitverträge geschaffen wurde. Die Unternehmen stellten nicht wirklich Personal ein, sondern liehen es sich bei Zeitarbeitsfirmen. Als 2008 die Finanzkrise ihren Anfang nahm, wurden eben diese Verträge gekündigt und die Menschen verloren ihren Arbeitsplatz, teilweise innerhalb weniger Tage. Die vielen Pressemitteilungen lassen auch nicht erkennen, dass überhaupt noch einmal Ruhe am Arbeitsmarkt eintreten wird.

- „Nokia verhandelt über Stellenabbau in Bonn"
  (dpa, 12.01.05 – es geht um 240 der 2.500 Arbeitsplätze)

- „Infineon macht drei Standorte dicht"
  (dpa, 25.01.05 – allein in Berlin entfallen 280 Stellen)

- „Siemens will 1.350 Stellen streichen"
  (dpa, 28.01.05 – betroffen vom Stellenabbau in der Festnetzsparte sind allein 600 Jobs in Deutschland)

- „Opel fordert Ost-Löhne für den Westen zur Rettung des Werkes in Bochum"
  (Süddeutsche Zeitung, 29.01.05 – „eine Bestandsgarantie bis 2010 sollen die Bochumer Opel-Werker mit Lohnverzicht um 20 Prozent bezahlen"

- „SPAR-Logistikzentrum in Langenweddingen geschlossen"
  (dpa, 31.1.05 – „allen 118 Mitarbeitern an dem sachsen-anhaltinischen Standort wurde betriebsbedingt gekündigt)

- „Berliner Traditionsbrauerei Kindl macht dicht - 160 Stellen weg"
  (dpa, 01.02.05 – der Oetker-Konzern will Kindl bis 2006 mit Schultheiss zusammenlegen)

- „Walter BAU-AG zahlungsunfähig - 20.000 Arbeitsplätze auf dem Bau in Gefahr“
  (Süddeutsche Zeitung, 02.02.05 – die Insolvenz betrifft 9.500 Jobs bei dem Bauriesen selbst und mehr als 10.000 bei den Zulieferern)

- „Deutsche Bank baut nochmals Tausende Stellen ab“
  (dpa, 03.02.05 – netto fallen 5.200 Jobs weg, davon gut 1.800 in Deutschland, zugleich stieg der Jahresüberschuss 2004 um 87 Prozent auf 2,546 Milliarden Euro)

- „Allianz-Versicherung baut 7.500 Stellen ab“
  (Handelsblatt, 22.06.2006)

- „Nokia-Siemens baut 1.820 Stellen ab
  (Telekom-Presse.at; 11.11.2008)

- „Bankhaus Hypo Real Estate baut 1.000 Arbeitsplätze ab“
  (Wirtschaft; 21.12.2008)

Und, wie fühlen Sie sich angesichts solcher Schlagzeilen? Glauben Sie noch immer, Ihr Arbeitsplatz ist sicher? Dann könnte es sein, dass Sie noch immer glauben, die Erde sei eine Scheibe. Meiner Meinung nach gilt doch nur noch eines:

„Sicher ist, dass nichts mehr sicher ist.“

Zu Recht werden Sie sich nun die Frage stellen, was aus Ihnen wird, wenn auch Ihr Arbeitgeber eines Tages die Tore für immer schließt und die Produktion ins Ausland verlagert. Sie werden sich genauso wie Millionen andere Menschen vor Ihnen in das Heer der Arbeitslosen einreihen und wieder einmal mehr darauf hoffen, dass ein anderer es für Sie richten wird. Das mag in den 60er-Jahren, in Zeiten des Wirtschaftsbooms, noch funktioniert haben. Heute dagegen wird es nicht einmal im Ansatz funktionieren. „Hilf dir selbst, dann hilft dir Gott“ ist ein bekanntes Sprichwort. Es bringt auf den Punkt, was auch ich immer zu sagen pflege: „Sie allein haben es in der Hand, was aus Ihrem Leben wird.“ Sie sind der Kapitän Ihres Lebensschiffes. Sie allein bestimmen den Kurs. Wenn Sie etwas verändern möchten, brauchen Sie nur den Kurs zu ändern, und schon stimmt die Richtung. Im Leben geht es immer irgendwie weiter. Die Frage ist nur, zu welchen Bedingungen. Sie können in diesem Leben am Hungertuch nagen oder auf einer Trauminsel leben. Sie allein entscheiden, ob Sie erster Klasse fahren oder eher die dritte Klasse benutzen müssen. Sie allein haben es in der Hand, ob Sie ein Auto aus dritter Hand fahren oder die neuesten Modelle von Mercedes, Porsche oder Ferrari. Ich weiß, was ich Ihnen mit meiner Meinung zumute. Wenn Sie sich bisher für wenig Geld an Ihren Arbeitgeber verkauft haben, nichts anderes ist ja ein Angestelltenverhältnis, dann ist es sehr, sehr schwer zu verstehen, dass es auch anders geht. Es spielt keine Rolle, was Sie bisher gearbeitet haben oder in welcher Situation Sie heute stecken. Sie können Ihr Leben jetzt und für immer dauerhaft verändern. Sie müssen nur eine einzige Voraussetzung erfüllen, um dieses Ziel zu erreichen:

Sie müssen es wollen!

Wissen Sie, ich kann Ihnen hier die tollsten Chancen aufzeigen, wenn Sie diese nicht nutzen, ist Ihnen buchstäblich nicht mehr zu helfen. Stellen Sie sich vor, ich würde Sie in meine Villa einladen und Ihnen das Angebot machen, Ihnen einen Tresor, der mit mehreren Millionen Euro gefüllt ist, zu überlassen. Die einzige Bedingung, die Sie erfüllen müssten, um den Tresor zu öffnen, ist die Eingabe der richtigen zwölfstelligen Zahlenkombination. Sie werden mich dann fragen, wie Sie an die richtigen Zahlen und deren richtige Reihenfolge kommen. Ich würde Ihnen dann antworten, dass Sie im Laufe des weiteren Tages die Ziffern Stück für Stück genannt bekommen, und zwar in der richtigen Reihenfolge. Ich denke, Sie wissen, was Sie zu tun haben. Sie würden sich wie ein Schatten an mich klemmen, um ja nicht den Augenblick zu verpassen, wo ich Ihnen

eine der begehrten Ziffern nenne. Und Sie würden sich diese Zahlen auch in der richtigen Reihenfolge notieren und nicht Ihren Dickkopf durchsetzen und das tun, was Sie viel lieber tun würden. Sie wissen nämlich ganz genau, dass ein Zahlendreher die Tresortür für immer verschließt. Natürlich haben Sie Block und Bleistift dabei, damit Sie die Ziffern gleich richtig notieren. Sie tun das alles, weil Sie wissen, dass Sie nur so den Tresor öffnen können. Sehe ich das richtig? Jedes erfolgreiche Vertriebssystem funktioniert nach denselben Regeln. Solange wir das tun, was uns die erfolgreichen Menschen mit auf den Weg geben, so lange sind wir erfolgreich. In dem Augenblick, in dem wir anfangen, bewährte Systeme in Frage zu stellen und meinen, unser Konzept sei viel besser als das bewährte, werden wir sang- und klanglos untergehen.

Ich sprach soeben von meiner Villa, die ich Ihnen nicht vorenthalten möchte:

Im Grunde genommen ist dieses Buch der so von Ihnen begehrte Tresor. Dieses Buch öffnet Ihnen im Wortsinn die Tür zur ersten Million. Alles, was Sie dazu brauchen, sind Regeln, die Sie auf dem Weg zur ersten Million einhalten müssen. Genauso wie bei der Zahlenkombination des Tresors geht es auch hier darum, die Schritte zum einen in die richtige Richtung zu setzen und zum anderen in der richtigen Reihenfolge. VerTRAUEN Sie mir, und Sie werden Ihren Erfolg nicht verhindern können. Vertrauen kommt von trauen. Damit meine ich, dass Sie mir schon zutrauen müssen, Ihnen das richtige Wissen vermitteln zu können. Zu Ihnen spricht jemand, der es aus ganz einfachen, bescheidenen Verhältnissen zum Multimillionär gebracht hat. Ich bin keiner der meisten Buchautoren, die mich eher an Eunuchen erinnern: Sie wissen, wie es geht, können es aber nicht. Keine Zeile dieser Autoren ist es wert, gelesen zu werden. Man kann doch nicht ernsthaft jemandem den Weg zur ersten Million zeigen wollen, wenn man selbst nicht im Besitz einer solchen ist.

Leider orientieren sich die Menschen immer wieder an Wichtigtuern, die es aufgrund ihrer rhetorischen Fähigkeit blendend verstehen, sie in ihren Bann zu ziehen. Ich frage mich heute, wo die Autoren der „Du schaffst es"-Bücher alle geblieben sind. Sie standen jahrelang auf der Bühne und predigten, wie die erste Million am einfachsten zu erreichen ist. Nach diesem Prinzip haben es die Wenigsten geschafft. Reich wurden nur die Autoren. Aber so richtig reich auch wohl nicht, weil die meisten von ihnen buchstäblich verschwunden sind. Aber das Verhalten ist nicht neu. So bin ich immer wieder überrascht, wie viele Politiker in Amt und Würde stehen und von Dingen sprechen, von denen sie keine Ahnung haben.

Ich will an dieser Stelle gar nicht ausschweifen, aber wie würden Sie sich fühlen, wenn Sie vor einer bevorstehenden Operation vom Arzt gesagt bekommen, Sie seien sein allererster Patient, den er operiert? Aber er beruhigt Sie dahingehend, dass er sich seiner Sache sicher sei, schließlich habe er einige Dutzend Bücher gelesen. Ich darf unterstellen, dass Sie kaum bereit sind, sich von ihm operieren zu lassen, oder? Sie würden ganz bestimmt wollen, dass Sie von einem erfahrenen Arzt mit ausreichender Praxiserfahrung operiert werden. Wenn es um unsere Gesundheit geht, bestehen wir darauf. Wie aber verhalten wir uns, wenn es um unser Geld geht oder wir den Weg zur finanziellen Freiheit gehen wollen? Nun, da greifen wir zu den erstbesten Tipps und wundern uns, dass am Ende die Rechnung nicht aufgeht, wie im Falle der Deutschen Telekom. Es ergeht einem dann wie den Studenten in Auerbachs Keller. Auch sie erkannten zu spät, dass sie von Mephistopheles an der Nase herumgeführt wurden: „Betrug war alles, Lug und Schein." Die trinkfreudigen Gesellen in Goethes Tragödie *Faust* mussten feststellen, dass ihnen der Teufel keinen reinen Wein eingeschenkt hatte. Nicht viel anders ergeht es Lesern vermeintlicher Fachbücher, die ihnen erklären wollen, wie die Welt funktioniert.

Ich bin eher Buchautor aus der Notwendigkeit heraus geworden, um Ihnen einen Weg zur finanziellen Unabhängigkeit zu zeigen. Was wir in diesem Land brauchen sind Menschen, die bereit sind, sich den drängenden Zukunftsproblemen zu stellen und die schon heute alles unternehmen, um sich von der staatlichen Versorgung abzukoppeln. Wenn Sie heute über vierzig Jahre alt sind, haben Sie meiner Meinung nach noch eine kleine Chance auf eine Einheitsrente. Wenn Sie dagegen unter 40 Jahre alt sind, glaube ich eher, dass Sie überhaupt keine Rente mehr bekommen werden. Allen Prognosen zum Trotz: Wenn im Jahre 1964 rund 1,4 Millionen Kinder geboren wurden und vierzig Jahre später nur noch die Hälfte, reicht mathematisches

Grundverständnis aus, um zu erkennen, dass das alte Rentenumlagesystem nicht mehr funktionieren kann. Wie sollen 700.000 Arbeitnehmer später 1,4 Millionen Rentner finanzieren?

MLM*-Erfolgsregel Nr. 1

„Wer sich auf andere verlässt, ist verlassen. Deshalb gilt: „Selbst ist der Mann“ in Anlehnung an ein altes Sprichwort. Natürlich sind auch die Frauen gemeint.“

* MLM = Multi-Level-Marketing

1.03 Krise bedeutet Wende

„Denken ist die schwerste Arbeit, die es gibt. Das ist wahrscheinlich auch der Grund, warum sich wenige Leute damit beschäftigen.“

Henry Ford

Diese Entwicklung kann auch ich nicht aufhalten. Wir können aber etwas in eigener Sache unternehmen, damit wir am Ende nicht zu den Rentnern gehören, die kaum noch die Butter auf dem Brot haben. Derzeit erhalten in Deutschland nur 10 Prozent der Männer und 3 Prozent der Frauen eine Rente von 1500 Euro und mehr. Mit einer Rente von 5.000 Euro wären Sie also absoluter Spitzenreiter.

Das erhalten Rentner:
(Von je 1000 Rentnern bekommen eine monatliche Rente)

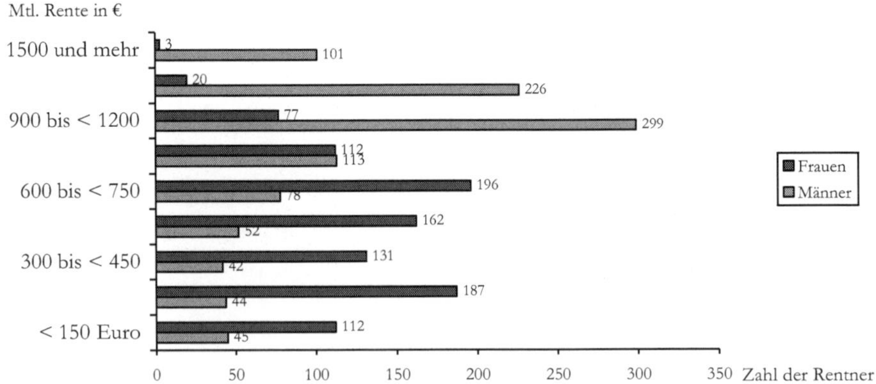

(Quelle: VDR)

Sie sehen, dass das Gros der Rentner eine Rente von 900 bis 1.200 Euro bezieht. Dabei sollte man nicht übersehen, dass diese Rente deutlich unter dem bisherigen Nettoeinkommen liegt. Ein lebenslang durchschnittlich verdienender Arbeitnehmer erhält nämlich nur rund 70 Prozent seines Nettoeinkommens als Rente. Doch schon jetzt ist klar, dass dieses Niveau nicht länger gehalten werden kann. Angesichts leerer Rentenkassen dürfte die Quote schon bald deutlich unter 70 Prozent liegen. Darüber hinaus müssen seit Januar 2005 die Rentenbeiträge versteuert werden. Mit anderen Worten: Die Versorgungslücke wird immer größer.

Nehmen wir an, ein Rentner erhält jetzt eine Rente von 70 Prozent seines bisherigen Nettoeinkommens, dann hat er bereits eine Lücke von 30 Prozent zu verkraften. Bei einem bisherigen Nettogehalt von 2.000 Euro sprechen wir hier über eine Lücke von 600 Euro (!). Das sind alles andere als Peanuts. Das ist richtig viel Geld. Die Rentner haben eine statistische Lebenserwartung von mehr als 80 Jahren. Darüber hinaus haben Wissenschaftler festgestellt, dass ein heute 60-jähriger Mensch die Vitalität eines 40-Jährigen von vor 50 Jahren hat. Mit anderen Worten: Diese Menschen stehen in der Blüte ihres Lebens und sie wollen leben, und dafür brauchen sie Geld. In jungen Jahren wie in alten Tagen. Denn die Miete muss bezahlt werden, genauso wie die steigenden Energiekosten. Auch muss ein Auto bezahlt werden, und schließlich möchte man in den sonnigen Süden fliegen. Insofern ist der Rentner auf Geld angewiesen. Bei einer Lücke von 600 Euro im Monat muss er sich dann schon stark einschränken.

Das bisherige Rentensystem steckt in einer tiefen Krise und mit ihr all die Rentner, die gesetzlich gezwungen werden, in die Rentenkasse einzuzahlen. Dabei hat alles auf der Welt zwei Seiten. Auch eine Krise kann letztlich etwas Positives bedeuten. Das Wort kommt aus dem Griechischen und heißt übersetzt Wende. Wenn also von einer Krise gesprochen wird, heißt das nichts anderes, als dass bald eine Wende eintreten wird. Diese Wende kann etwas Negatives bedeuten, wie eben der Gang in die Arbeitslosigkeit. Sie kann aber auch etwas Positives bedeuten. Dann nämlich, wenn Sie erkannt haben, dass jede Situation im Leben eine Art Schule ist. Sie zeigt Ihnen, dass Sie so nicht weitermachen dürfen, dass Sie auf dem falschen Weg sind. Jetzt ist es an Ihnen, daraus die richtigen Schlussfolgerungen zu ziehen. Sie können weitermachen wie bisher, dann werden Sie aber auch immer wieder dieselben Ergebnisse bekommen. Sie können aber auch alles ändern und das im Leben bekommen, was Sie sich schon immer gewünscht haben. Sie allein haben es in der Hand. Sie ganz allein. Niemand anders wird für Sie diese Entscheidung fällen können. Sie sind erwachsen genug, um das Richtige zu tun, denn merke:

Nichts auf dieser Welt geschieht zufällig.

Es fällt uns quasi das zu, was wir selbst produziert haben. Wenn Sie eines Tages Äpfel ernten wollen, dürfen Sie keine Birnensamen pflanzen. Aber genauso verhalten sich die meisten Angestellten. Sie säen Dinge, die sie eigentlich nicht haben wollen, und wundern sich dann, wenn diese Dinge in ihr Leben treten. Es ist wider die Natur, das Gegenteil von dem zu bekommen, was man eigentlich haben möchte. Kein Bauer würde den falschen Samen auslegen. Er weiß im Frühjahr schon, was er im Herbst ernten wird, weil er den richtigen Samen aussät. Was so banal klingt, ist für viele Menschen nicht nachvollziehbar. Sie können nicht begreifen, dass alles in der Welt nach diesem einfachen Gesetz funktioniert. Der heute so genannte moderne Mensch ist es gewohnt, um tausend Ecken zu denken. Er kann sich nicht mehr vorstellen, dass die besten Dinge noch immer am einfachsten sind. In der Schule hat er gelernt, dass alles im Leben kompliziert sein muss, damit es funktioniert. Am Ende aber wundern sich selbst die Experten, warum ihre Rechnung

nicht aufgeht. Wann haben Sie zuletzt die Schulbank gedrückt? Vor zehn, zwanzig oder sogar dreißig Jahren? Erinnern Sie sich noch, was Sie alles gelernt haben? Einen Haufen dummes Zeug, das Sie nach der Schule nie wieder angewandt haben, oder können Sie mir sagen, wozu wir Normalsterbliche die Binomischen Formeln kennen müssen? Ich persönlich kenne niemanden, der es mit dem Wissen um diese Formeln zur finanziellen Unabhängigkeit gebracht hat. Ich dagegen habe einen ganz normalen Schulabschluss und habe es heute zum Multi-Millionär gebracht. Ich tat Dinge, die wichtig waren, und ich tat sie, weil ich es wollte. In der Schule lernen wir aber, Dinge zu tun, die andere von uns erwarten. Unsere Eltern wünschen sich, dass wir eine bestimmte Schulform besuchen. Unsere Lehrer wollen, dass wir ihren Lehrstoff in- und auswendig beherrschen, und zu guter Letzt wünscht sich unser Ehepartner einen gebildeten Partner an seiner Seite. Wer ein Leben lang auf ein solches Programm konditioniert wurde, hat es wirklich schwer, loszulassen. Schlimmer noch, er kann gar nicht glauben, dass es viel einfacher geht.

Nehmen wir ein Beispiel aus der Welt der Finanzen. Ich kenne Menschen, die rennen tatsächlich zu ihrer Hausbank und fragen den Banker um Rat. Sie fragen einen Angestellten, wie sie mehr aus ihrem Vermögen machen können. Glauben Sie, dass das der richtige Weg zur finanziellen Unabhängigkeit ist? Glauben Sie wirklich, dass ein Mitarbeiter mit einem festen Angestelltengehalt Ihnen sagen kann, wie Sie Ihre erste Million verdienen? Dann glauben Sie mit Verlaub auch an den Weihnachtsmann. Wenn Sie erfolgreich werden wollen, sollten Sie Menschen fragen, die bereits sehr erfolgreich sind. Also Menschen, die schon dort sind, wo Sie hin möchten. Wenn Sie selbst einmal Banker werden wollen, können Sie von mir aus gern weiterhin Ihren Banker um finanziellen Rat fragen. Wenn Sie aber Millionär werden möchten, dann sollten Sie es lieber vergessen und die Dinge selbst in die Hand nehmen und sich nicht auf andere verlassen, denn dann sind Sie verlassen. Entgegen allen Beteuerungen versagen gerade die Menschen, die von Berufs wegen täglich mit Geld zu tun haben. So fand z. B. die Stiftung Warentest heraus, dass von 61 analysierten Aktienfonds mit Anlageschwerpunkt USA noch nicht einmal 20 Prozent der Anbieter besser waren als der MSCI-

USA-Aktienindex. Noch Schlimmeres förderte eine Untersuchung der Rating-Agentur Standard & Poors zutage: Nur zehn Prozent der Fonds mit Anlageschwerpunkt internationale Aktien schlugen in den vergangenen fünf Jahren den MSCI World Index. Aber es geht noch schlechter. Die Analyse des Schweizer Tages-Anzeigers vom Mai 2003 kommt zu dem erschreckenden Ergebnis, dass es keinem Fondsmanager gelang, über zehn Jahre den Schweizer Aktienmarkt zu schlagen. Diese Beispiele machen doch deutlich, dass die vermeintlichen Berater auch nur mit Wasser kochen und es eben nicht besser können. Schlimm nur, wenn man sich auf diese Menschen verlassen muss.

Ich weiß, dass für viele Menschen ein Weltbild zusammenbricht, wenn sie plötzlich die Wahrheit erfahren. Sie haben in der Schule gelernt, dass alles in der Welt schwer zu sein hat und sie selbst im Wortsinn nur ein kleines Licht sind. Wenn es dann einfacher geht, vermögen sie es nicht zu glauben. Schon Jesus sagte (Mt 17,21): *„Weil euer Glaube so klein ist. Das sage ich euch, wenn euer Glaube auch nur so groß ist wie ein Senfkorn, dann werdet ihr zu diesem Berg sagen: Rück von hier nach dort und er wird wegrücken. Nichts wird euch unmöglich sein.“* Ich kann Ihnen eines verraten: Die Welt ist viel einfacher als Sie glauben, und ich werde es Ihnen beweisen. Wichtig ist nur, dass Sie bereit sind, diese Erkenntnisse auch zu akzeptieren. Was so leicht klingt, ist für viele Menschen sehr schwer. Sie haben eine Meinung und davon weichen sie nicht mehr ab. Mit stolz geschwellter Brust vertreten sie ihren Standpunkt, ohne je nach links und rechts zu schauen. Sie gleichen einer Eiche, die versucht, dem Sturm zu trotzen, wie die nachstehende Geschichte erzählt.

Am Ufer eines Teiches stand eine wuchtige und stolze Eiche. Sie trotzte jedem Wetter und beugte sich keinem Sturm. In ihrer Nähe wuchs ein Schilfrohr, das schwach und zerbrechlich wirkte. Bei jedem Windstoß schwankte es hin und her. Die Eiche hatte Mitleid mit dem Schilfrohr. Immer wieder sagte sie zu ihm: „Wenn du näher bei meinem starken Stamm gewachsen wärst, hätte ich dich besser beschützen können." Das kleine Schilfrohr bedankte sich für die Freundlichkeit, meinte jedoch, dass ihm schon nichts geschehen werde. Es antwortete: „Wenn ein gewaltiger Sturm kommt, dann beuge ich mich und lasse ihn über mich hinwegbrausen. Ich werde deshalb nicht brechen." Die starke Eiche verstand das Schilfrohr nicht. Sie würde sich niemals beugen. Sie war davon überzeugt, jedem Sturm trotzig und kraftvoll Widerstand leisten zu können. Eines Nachts passierte es dann. Ein gewaltiger Orkan fegte über das Land. Die Eiche blieb standhaft und wollte sich nicht unterwerfen. Das Schilfrohr aber presste sich gegen den Boden und ließ den Orkan über sich hinwegfegen. Als sich der Orkan legte, richtete sich das Schilfrohr auf und schaute sich um. Erschrocken sah es, dass die Eiche am Boden lag, die Wurzeln aus dem Boden gerissen, die Blätter weggefegt, und die Zweige und Äste zerbrochen waren. Das kleine Schilfrohr dagegen stand aufrecht und erwartete den Morgen.

Wie gesagt, unbelehrbare Menschen verhalten sich wie die Eiche. Sie halten an ihren alten Überzeugungen fest bis zu ihrem Untergang. Wenn ich diesen Menschen von meinem Geschäft erzähle, schütteln sie ungläubig den Kopf, packen ihre Stullen ein und machen sich jeden Morgen um 7.00 Uhr auf den Weg in die Fabrik. Für wenig Geld stehen sie den ganzen Tag am Montageband und verrichten Stunde für Stunde die gleiche Arbeit, so wie ich es zu Beginn meines Erwerbslebens auch getan habe. Diese Arbeit schlägt schon bald aufs Gemüt. Angesichts dieser tristen Perspektiven am Arbeitsplatz wundert es mich dann auch nicht, dass die Anzahl der depressiv erkrankten Menschen in Deutschland sprunghaft angestiegen ist. Diese Entwicklung ist allerdings kein typisch deutsches Problem. Neueste Statistiken kommen zu dem Ergebnis, dass rund 127 Millionen EU-Bürger in der erweiterten EU an psychischen und psychosomatischen Krankheiten leiden, wie die Studie des European Brain Council (EBC) ermittelte.

Ich nenne die Menschen, die nicht aus ihrem Alltagstrott herauskommen und so in den Tag hinein leben, als seien sie ihrem Schicksal machtlos ausgeliefert, „Unterlasser"! Sie unterlassen nämlich alles, um erfolgREICH zu sein. Die andere Sorte Menschen sind für mich die Unternehmer. Dieser Begriff hat so gar nichts mit dem typischen Chef eines Unternehmens zu tun. Unternehmer sind für mich Menschen, die ständig etwas unternehmen, um ihre finanzielle Freiheit auszubauen. Diese Menschen haben sich entschieden, auf der richtigen Seite des Kapitals zu stehen. Ja, es gibt tatsächlich eine richtige und eine falsche Seite im Leben, und Sie allein entscheiden, auf welcher Seite Sie stehen wollen (siehe „Das Rad der finanziellen Freiheit").

Grundsätzlich gibt es vier Einkommensarten, und zwar:

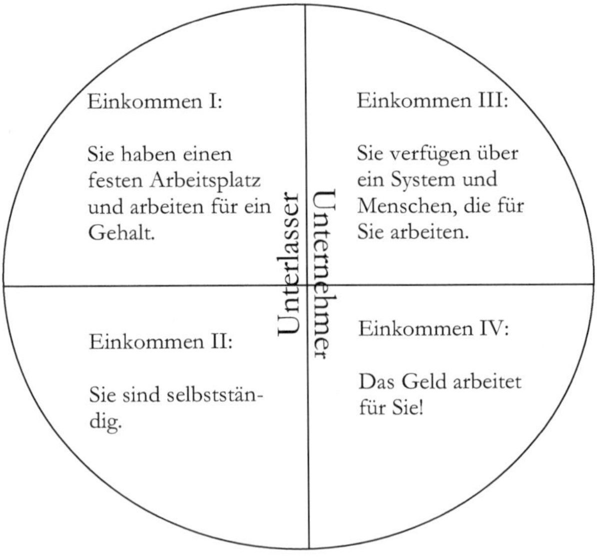

- Das Rad der finanziellen Freiheit -

Auch wenn es an wissenschaftlichen Studien fehlt, so kann eines bestimmt angenommen werden: 90 Prozent aller Menschen stehen auf der linken Seite des Kreises und damit aus meiner Sicht auf der falschen Seite des Lebens. Egal, ob als Angestellter oder Selbstständiger, sie alle arbeiten fürs Geld. Nur 10 Prozent aller Menschen stehen auf der rechten Seite des Kreises. Ihr Geld arbeitet für sie. Das ist ein sehr feiner Unterschied. Auf welcher Seite möchten Sie stehen? Wahrscheinlich lieber auf der rechten als auf der linken Seite, oder?

Ich kenne keinen Menschen, der lieber selbst arbeitet, als sein Geld für sich arbeiten zu lassen. Doch die Realität ist eine andere. 90 Prozent des Gesamtvermögens befinden sich im Besitz der Menschen, die auf der rechten Seite des Rades stehen. Die aber machen nur 10 Prozent der Gesamtbevölkerung aus. Das restliche „Vermögen" von 10 Prozent verteilt sich auf die Menschen der linken Seite, deren Anteil mit 90 Prozent an der Gesamtbevölkerung deutlich höher ist. Ist Ihnen klar, was das bedeutet? Ich fasse nochmals zusammen, um Ihnen die krasse Situation vor Augen zu führen:

> „90 Prozent des Vermögens befinden sich in den Händen von 10 Prozent der Menschen."

> „90 Prozent aller Menschen teilen sich 10 Prozent des verfügbaren Kapitals."

Sie sehen, es bringt Sie keinen Schritt weiter, wenn Sie sich aus Ihrem Angestelltendasein verabschieden und den Weg in die Selbstständigkeit suchen. Von der oberen Seite der Kreishälfte auf die untere Seite zu wechseln bringt de facto nichts. Deshalb müssen Sie von der linken Seite auf die rechte Seite wechseln, um Ihre finanzielle Freiheit zu erreichen. Nun dann stehen Sie sprichwörtlich auf der richtigen Seite. Lassen Sie mich meine Behauptung im nächsten Kapitel unter Beweis stellen.

MLM-Erfolgsregel Nr. 2

„Wenn Ihr Verlangen groß genug ist, etwas in Ihrem Leben zu verändern, werden Sie auch die Kraft haben, es zu tun!"

Kapitel 2
Selbst und ständig arbeiten

„Der Auftrag des Unternehmers heißt, Geld zu verdienen, und sonst nichts."

Erich Sixt

2.01 Das freie Unternehmertum

„Tue nicht so, als hättest du tausend Jahre zu leben."

Marc Aurel

Nehmen wir an, Sie sind von dem Geist beseelt, Ihr eigenes Unternehmen zu gründen. Nach langer Recherche kommen Sie zu der genialen Idee, einen Kiosk in einer stark frequentierten Einkaufsstraße zu eröffnen. Ihr erster Weg führt Sie zum Ordnungsamt Ihrer Stadt. Dort beschaffen Sie sich einen Gewerbeschein. Nach dem Gesetz sind Sie somit schon Unternehmer, zwar noch immer ohne Geschäftsräume, aber das werden Sie kurzfristig ändern. Sie beauftragen einen Makler mit der Beschaffung geeigneter Räume. Schon nach kurzer Zeit wird der Makler fündig. Schnell sind Sie sich mit Ihrem Vermieter handelseinig geworden. Sie mieten 70 qm zu je 40 Euro, weil Ihr

Geschäft in bester Lauflage liegt (klingt ein wenig befremdlich, ist aber typisches Maklerdeutsch). Die Monatsmiete beträgt somit 2.800 Euro. In der Regel verlangen die Makler eine Courtage von zwei Monatskaltmieten. In diesem Fall hätten Sie somit 5.600 Euro an den Makler zu zahlen. Aber auch der Vermieter hält die Hand auf. Weil er Sie nicht kennt, verlangt er nach Sicherheiten in Form einer Mietkaution von zwei Monatskaltmieten, die Sie angesichts der phantastischen Geschäftsmöglichkeit auch gern bezahlen. So wechseln erneut zwei Monatsmieten den Besitzer und Sie sind um weitere 5.600 Euro ärmer. Zwar wird das Geld auf einem Sparbuch (!) verzinst, aber dennoch ist es aus Ihrer Geldbörse verschwunden. Natürlich wollen Sie sofort durchstarten, und so zahlen Sie ein weiteres Mal, nämlich 2.800 Euro, an den Vermieter, und zwar für die erste Monatsmiete.

Sie sehen, 14.000 Euro haben den Besitzer gewechselt und Sie haben noch keinen Cent verdient. Doch Sie sind nach wie vor guten Mutes und denken, dass der Umsatz schon alles richten wird. Endlich halten Sie den Schlüssel für die Ladentür in Ihren Händen. Kaum eine Stunde später stehen Sie bereits am Ort Ihrer Träume, der aber alles andere als traumhaft ist. Bei genauerer Betrachtung der Räumlichkeiten fällt sofort auf, dass neue Fliesen verlegt werden müssen und die Wände dringend eines Anstrichs bedürfen. Der Vermieter meint, es sei Ihre Angelegenheit, diese Dinge zu regeln. Um jeder weiteren Diskussion aus dem Weg zu gehen, packen Sie lieber tatkräftig an. Also in die Hände gespuckt, den Blaumann angezogen, den Papierhut aufgesetzt, und schon wird aus der vormals schwarz getünchten Wand eine freundliche weiße Wand. Inzwischen ist auch der Fliesenleger eingetroffen, der sich nun daran macht, die Fliesen zu verlegen. Nach drei Tagen und Nächten ist alles in bester Ordnung.

Die Fliesen sind verlegt, die Farbe ist trocken, und Sie sind um 5.000 Euro ärmer, so viel haben diese „kleinen" Reparaturen gekostet. Darin enthalten sind die Lohnkosten für den Fliesenverleger sowie die Materialkosten. Sie selbst haben sich natürlich keinen Lohn ausgezahlt. Wozu auch? Angesichts der horrenden Ausgaben der letzten Tage leben Sie eh nur noch von Milch, trockenem Brot und Fisch aus der Dose. Aber was bedeuten diese Strapazen schon angesichts der wunderschönen Dinge, die da noch alle auf Sie zukommen werden? Im Geiste sehen Sie schon Ihre Kunden am Ladentresen stehen, die mit voll gepackten Taschen Ihren Kiosk verlassen. Aber so weit ist es ja noch nicht. Ihnen ist nämlich siedend heiß eingefallen, dass Sie noch einen Verkaufstresen, Regale für die Warenpräsentation, eine Registrierkasse für die Abrechnung, eine Kühltruhe für Eiscreme sowie einen Kühlschrank für die kalten Getränke benötigen. Weil Sie von zu Hause aus sparsam erzogen wurden, ersteigern Sie diese Teile günstig über Ebay, verbunden mit dem Nachteil, dass die Regale in einer vierhundert Kilometer entfernten Stadt nordöstlich Ihrer Heimatstadt abzuholen sind, während Registrierkasse, Kühlschrank und Kühltruhe dreihundert Kilometer in südlicher Richtung abgeholt werden müssen. Aber das schreckt Sie nicht. Schnell ist ein LKW angemietet, und Sie fahren zwei Tage und Nächte durch, um alle Teile einzusammeln. Die ganze Aktion hat Sie nochmals 15.000 Euro gekostet, obwohl es ja nur gebrauchte Investitionsgüter waren. Also ein Schnäppchen! Für die LKW-Miete und Sprit sind nochmals 500 Euro draufgegangen. Aber Sie schlagen sich tapfer und bauen noch am selben Tag alle Teile zusammen.

Der Morgen dämmert schon, Sie sind fix und alle, aber Ihr Laden ist eingerichtet. Was will man mehr? Waren - ist doch klar! Was hilft das beste Geschäft, wenn es keine Waren anzubieten hat? Also schnell umgezogen und ab geht es in den nächsten Großmarkt. Hier finden Sie alles, was das Herz eines Kioskbesitzers höher schlagen lässt. Von Gummibärchen über Schokolade bis hin zu verschiedenen Getränken. Der Einkaufswagen ist natürlich viel zu klein, um Ihre Erstausstattung aufnehmen zu können. Also fahren Sie zigmal hin und her. Jedes Mal bepacken Sie den Einkaufswagen bis zur höchstmöglichen Nutzlast, rollen so schwer bepackt mit ihm an die Kasse, wo jedes Mal ein paar Hundert Euro in bar fällig werden. Alles in allem wechseln an diesem Tag rund 5.000 Euro den Besitzer. Nachdem Sie Ihr Auto bis zur Dachoberkante voll gepackt haben, überkommt Sie das erste Mal ein schlechtes Gefühl. Sie haben nämlich zum Taschenrechner gegriffen und alle Ausgaben, die Sie bis zu diesem Zeitpunkt getätigt haben, zusammengerechnet. Ihnen wird ganz schlecht. Sie haben mehr als 40.000 Euro ausgegeben und noch keinen Cent verdient! Schlimmer noch, Sie haben Ihr gesamtes Eigenkapital investiert und noch nebenbei das laufende Bankkonto unerlaubt überzogen. Der Anruf des Bankers lässt also nicht mehr lange auf sich warten. Aber Sie sind auch weiterhin guten Mutes und fahren nun erst einmal zu Ihrem neuen Kiosk, um die Waren einzusortieren. Wieder ist eine Nachtschicht fällig. Am nächsten Morgen steht dafür alles an seinem richtigen Platz.

Jetzt brauchen Sie nur noch eine Außenwerbung, damit die potentiellen Kunden auch wissen, dass hier ein Kiosk seine Pforten öffnet. Ich möchte an dieser Stelle nicht über das Leid eines Geschäftsinhabers sprechen, der beim zuständigen Ordnungsamt eine Genehmigung für die Außenleuchte beantragt. Gesagt, getan, und für 1.000 Euro ergattern Sie beim hiesigen Anbieter ein gebrauchtes, aber gut erhaltenes Kioskschild. Er verspricht Ihnen, noch am selben Tag das Schild anzubauen. Sie wollen nun die restliche Zeit für eine ausgiebige Ruhephase nutzen. Schließlich möchten Sie übermorgen eröffnen, und da brauchen Sie Kraft. Doch, als hätten Sie es bereits geahnt, zu dieser Pause kommt es gar nicht. Die Bank ruft an und möchte mit Ihnen sprechen. Sie springen schnell unter die Dusche, um sich ein wenig herzurichten. Schließlich müssen Sie Ihre Bank noch davon überzeugen, dass deren Geld gut investiert ist. Nach drei Stunden ist das Gespräch beendet. Die Bank ist Ihnen noch einmal entgegengekommen, indem sie Ihnen ein Geschäftskonto einrichtete. Im Klartext: Die bisherige Überziehung auf Ihrem Privatkonto wird einfach auf das teurere Geschäftskonto umgebucht. Sie sprechen sich wieder neuen Mut zu, weil Sie es schon irgendwie schaffen werden. Aber wie heißt es so treffend in der Bibel?: *„Selig sind die geistig Armen, denn ihnen gehört das Himmelreich."* Doch die Zinsen allein machen den

Kohl auch nicht mehr fett. Denn zu den laufenden Kosten kommen natürlich noch die Kosten für Strom, Wasser, Telefon, etc. hinzu.

Endlich ist es soweit, der Tag der Eröffnung ist angebrochen. Früh morgens um 5 Uhr stehen Sie auf und fahren sogleich zu Ihrem Kiosk. Leider regnet es an diesem Tag Bindfäden. Kein Mensch mag vor die Tür treten. Somit bleiben am ersten Tag viele Laufkunden weg. Aber was soll´s, morgen wird wieder die Sonne scheinen und dann, dann werden die Kunden kommen. So Ihre große Hoffnung. Und tatsächlich, am nächsten Tag strahlt die Sonne mit Ihnen um die Wette. Froh und gut gelaunt öffnen Sie um 6 Uhr die Kiosktür, und schon kommen die ersten Kunden. Leider kaufen sie alle nur die Bild-Zeitung, an der Sie kaum mehr als 5 Cent verdienen. Hin und wieder kauft jemand auch noch eine Schachtel Zigaretten. Aber von den gewinnträchtigen Artikeln wie Bier, Schnaps und sonstigen Getränken setzen Sie an diesem Tag so gut wie gar nichts um. So verläuft ein Tag wie der andere. Sie leben zwischen Bangen und Hoffen. Bangen, ob die Kunden kommen, Hoffen, dass das Wetter sich hält, usw.

Inzwischen sind Sie nur noch ein Schatten Ihrer selbst. Kein Wunder. Sie öffnen morgens um 6 Uhr den Kiosk und schließen erst um 22.00 Uhr die Tür. Dann müssen Sie noch die Tagesabrechnung machen und neue Waren nachbestellen. Sie haben einen 18-Stunden-Tag. Bitter reift in Ihnen die Erkenntnis, dass viel Arbeit nicht gleichzusetzen ist mit viel Geld verdienen. Und eh Sie sich versehen, ist der Monat um und die nächste Miete wird fällig. Wie gut, dass Sie im Augenblick noch allein arbeiten. Somit sparen Sie sich die Personalkosten, doch wenn Sie Ihre Gesundheit dauerhaft erhalten wollen, brauchen Sie personelle Unterstützung, und die kostet Geld. Kein Mensch arbeitet umsonst. Mit anderen Worten: Wenn Sie Ihren Platz mit einer Aushilfe besetzen, muss der Umsatz noch deutlicher steigen, damit Sie die Mehrkosten bezahlen können.

Ich könnte diese Geschichte bis zum bitteren Ende weitererzählen. Aber ich denke, Sie werden erkannt haben, warum heute eine Selbstständigkeit alles andere als erbaulich ist. Denken Sie nur daran, dass dieser Kiosk auch verderbliche Waren wie Joghurt und Obst im Angebot haben muss, um konkurrenzfähig zu bleiben. Artikel mit abgelaufenem Mindesthaltbarkeitsdatum dürfen nicht mehr verkauft werden und können auch nicht an den Lieferanten zurückgegeben werden. Sie landen im Mülleimer. Der Verlust geht zu Lasten des Selbstständigen. Die Kette möglicher Kosten ließe sich unendlich auflisten, was aber den Rahmen dieses Buches sprengen würde. Was bleibt ist die Erkenntnis, dass Sie durch diese Form der Selbstständigkeit vom Regen in die Traufe gekommen sind. Da mag es nur ein wenig trösten, dass mehr als die Hälfte aller Selbstständigen die ersten Jahre ihrer Selbstständigkeit nicht übersteht. Statistiken beweisen diese Entwicklung. Noch nie war die Zahl der Unternehmenspleiten so hoch wie heute. Allein im Jahre 2008 mussten fast 40.000 Betriebe aufgeben. Sie mussten Konkurs anmelden, weil sie nicht mehr in der Lage waren, fällige Löhne und Lieferantenrechnungen zu bezahlen.

Hinter jeder Unternehmenspleite stecken viel Leid und Elend. Die Unternehmer sind nicht aus Dummheit, Faulheit oder sonstigen niedrigen Beweggründen in die Pleite gerutscht. Teilweise haben sie übermenschliche Anstrengungen unternommen, um zu retten, was zu retten ist. Ein 16-Stunden-Tag und die Arbeit am Wochenende waren Normalität. Dabei blieben oft die Familie und die körperliche Gesundheit auf der Strecke. Das ist die bittere Wahrheit, und jeder Angestellte sollte sich dreimal überlegen, was er sagt, wenn er wieder einmal von den bösen Unternehmern spricht, die ja nur deshalb in den Konkurs gingen, um Arbeitsplätze abzubauen.

In meiner Struktur arbeitet z. B. ein Friseur, der sich vor einigen Jahren mit einem Friseursalon selbstständig machte. Um den Geschäftsbetrieb aufnehmen zu können, musste er eine komplette Geschäftsausstattung kaufen. Er brauchte einen Ladentresen, Friseurstühle, Trockenhauben, Föne, Rasierapparate sowie Lockenwickler, Handtücher, Kämme, Scheren etc. pp. Als Laie hat man gar keine Vorstellung, was dies alles kostet. Obwohl er sich bei diesen Anschaffungen auf das Wesentliche beschränkte, waren am Ende doch 65.000 Euro ausgegeben. Dieses Geld erhielt er als Darlehen von seiner Bank. Leider entwickelte sich das Geschäft nicht wie geplant, die Kunden blieben aus, der Umsatz brach ein. Am Ende konnten die laufenden Kosten nicht mehr bedient sowie die Zinsen für das Darlehen nicht mehr bezahlt werden. Es folgte die Insolvenz.

Ein anderes dramatisches Beispiel aus meiner Struktur ist ein ehemaliger Automechaniker, der mehr als zehn Jahre eine Autowerkstatt betrieb. Auch ihn zwang die wirtschaftliche Entwicklung in den Konkurs. Um dem Kostendruck bei gleichzeitig geändertem Kundenverhalten standzuhalten, investierte der Autohändler noch rund 250.000 Euro in eine bessere Geschäfts- und Werkstattausstattung. Doch ausstehende Kundenforderungen und behördliche Auflagen nagten so stark an der Liquidität, dass ihm nur noch der Weg in den Konkurs blieb.

Diese Beispiele verdeutlichen, dass die meisten Selbstständigen es mit einem großen Problem zu tun haben: Sie müssen Unsummen investieren, bevor das erste Geld verdient wird. Nicht so im Network-Marketing, wie ich im weiteren Verlauf des Buches noch erklären werde.

MLM-Erfolgsregel Nr. 3

„Noch nie war es so einfach, mit so wenig Geld sein eigenes Unternehmen zu gründen, um damit sehr viel Geld zu verdienen. Network-Marketing macht es möglich.“

2.02 Vom Unterlasser zum Unternehmer

„Ich bin gesund und kann arbeiten,
was verlang´ ich mehr?"

Goethe

Dieser kleine Ausflug in die Geschichte der Selbstständigkeit verdeutlicht eindrucksvoll das typische Leben eines heute Selbstständigen. Die Kosten steigen ins Uferlose, während niemand verbindlich vorhersagen kann, wie sich der Umsatz entwickelt. Mit einem festen Firmenstandort liefert man sich auf Gedeih und Verderb einer fremden Macht aus. Nur dann, wenn diese fremde Macht in Form eines Kunden in den Laden kommt, wird Geld verdient. Bleibt der Kunde zu Hause, geht's dem Laden schlecht.

Angesichts dieser Fakten und Zahlen müsste ich ja mit dem Klammerbeutel gepudert sein, Ihnen die Gründung eines eigenen Unternehmens zu empfehlen. Das war nie mein Ziel. Mein Ziel ist es, Ihnen aufzuzeigen, dass es keine Lösung ist, von einem schlecht bezahlten Angestelltendasein in ein noch schlechter bezahltes Selbstständigendasein zu wechseln. Viel wichtiger ist es, intelligenter zu arbeiten. Das erreichen Sie nur, indem Sie die Seiten wechseln und vom Unterlasser zum Unternehmer werden:

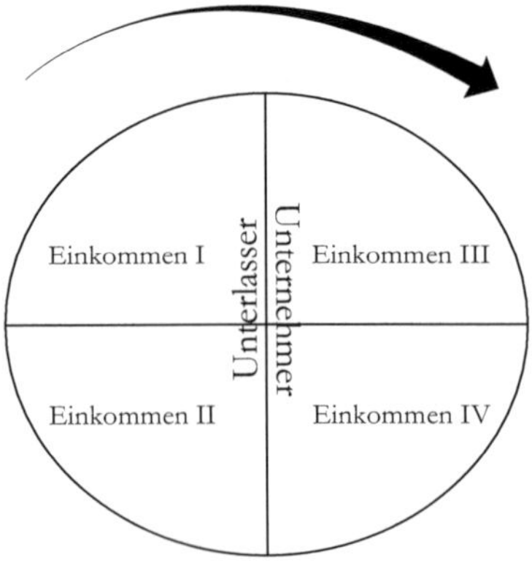

Nur die Seiten zu wechseln, klingt doch so einfach. Im Grunde genommen ist es auch einfach. Vorausgesetzt, man möchte es wirklich. Aber es ist so wie mit dem Rauchen. Auf jeder Zigarettenschachtel findet sich ein Warnhinweis, dass Rauchen schädlich, ja sogar tödlich ist. Und doch rauchen die Menschen. Eigentlich müsste jeder halbwegs intelligente Mensch sofort mit dem Rauchen aufhören, sowie er von einem langen Leben träumt. Aber nur die wenigsten schaffen es, dem Glimmstängel für immer Ade zu sagen. Warum ist es nur so schwer, etwas zu verändern? Nun, beim Raucher könnte man annehmen, dass es seine Sucht ist, die ihn davon abhält, zum Nichtraucher zu werden. Ob Sie es glauben oder nicht, auch Geld ist eine Form von Sucht. Je nach Schwere dieser „Sucht“ braucht der eine viel und der andere weniger Geld zum Leben.

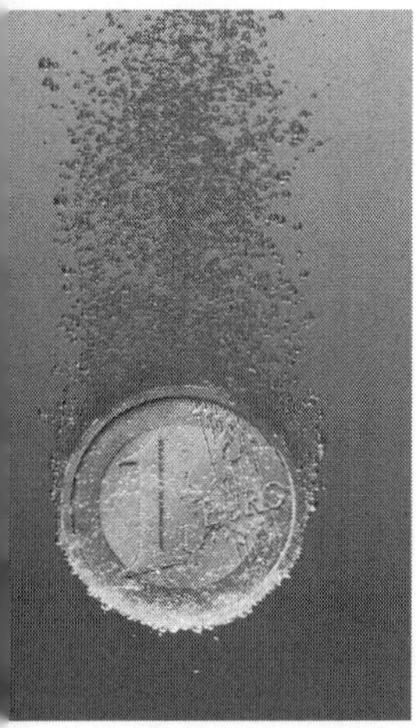

Aber ein Leben ohne Geld ist heutzutage kaum noch möglich. Egal, was immer Sie benötigen, Sie müssen für alles bezahlen. Wasser, Strom, Gas, Brötchen, Zeitung etc., das alles kostet teilweise sehr viel Geld. Insofern ist es durchaus verständlich, dass die Menschen nach Geld verlangen. Daran ist auch nichts auszusetzen. Aber wie bei jedem Süchtigen, so ist es auch bei dem Geldsüchtigen das Problem, sein altes System loszulassen und offen zu sein für ein neues System. Es findet ein regelrechter Kampf in ihm statt, der deshalb einen Wechsel von einem kräftezehrenden zu einem gewinnbringenden System erschwert. Der Teil von uns, der immer nach Sicherheit sucht, befindet sich im Krieg mit dem Teil in uns, der nach Freiheit strebt. Deshalb bleiben die Menschen lieber an ihrem Arbeitsplatz kleben, als dass sie die einmalige Chance wahrnehmen und endlich ihre finanzielle Freiheit finden. Angesichts der desolaten Situation am Arbeitsmarkt ist diese Sicherheit nur noch eine Pseudosicherheit. Es gibt de facto keine Sicherheit mehr. Ein Heer von mehreren Millionen Arbeitslosen spricht eine deutliche Sprache.

Kein Wunder also, dass sich die heutigen Arbeitnehmer immer mehr Sorgen um ihr persönliches Überleben machen, als ihren Traum zu leben. Teilweise führen diese Existenzsorgen zu schweren psychischen Problemen. Bisher unveröffentlichte neueste Zahlen der Techniker Krankenkasse[1] belegen: Obwohl die Krankentage insgesamt sinken, ist die Zahl psychischer Erkrankungen wie Depressionen sogar um 20 Prozent gestiegen. Prof. Thomas Kieselbach vom Institut für Psychologie der Arbeit, Arbeitslosigkeit und Gesundheit der Universität Bremen: „Es ist nicht von ungefähr, dass gerade depressive Erkrankungen relativ häufig auftreten als Folge des Arbeitsplatzverlustes. Das lässt sich damit erklären, dass derjenige, der arbeitslos wird, oft das Gefühl hat, dass er die Kontrolle über seine eigenen Lebensbedingungen in einem ganz zentralen Bereich verliert."

Also nur noch düstere Aussichten? Mitnichten, sondern nur für den, der sich nicht ändern will. Diese Unterlasser erinnern mich an den Alt-Bundeskanzler Helmut Kohl. Er sagte einmal: „Letztes Jahr standen wir vor dem Abgrund. Jetzt sind wir einen entscheidenden Schritt vorausgegangen." Mit anderen Worten: Lieber untergehen und sich in seinem Leid baden, als seinen Traum lebendig zu halten und mit aller Kraft für die Verwirklichung dieses Traumes zu leben, das macht den Unterlasser aus. Er zieht sich zurück und jammert.

Mir fällt in diesem Zusammenhang eine Geschichte ein, die Sie mit Sicherheit auch kennen. Ein alter weiser Mann saß unter einem Baum, als der Seuchengott des Weges vorbeikam. Der Weise fragte ihn: „Wohin gehst du?" Der Seuchengott antwortete ihm: „Ich gehe in die Stadt und werde dort hundert Menschen töten." Einige Monate später kam der Dämon auf seiner Rückreise wieder bei dem alten Weisen vorbei. Dieser hielt ihn auf und sprach zu ihm: „Du sagtest mir, dass du hundert Menschen töten wolltest. Reisende aber haben mir berichtet, es wären zehntausend geworden." Der Seuchengott gab zur Antwort: „Ich tötete nur hundert. Die anderen hat die Angst umgebracht."

Sie sehen, nur die Sicht der Dinge entscheidet darüber, ob Sie sich von etwas herunterziehen lassen oder sich selbst wieder neu motivieren. Wichtig ist, dass Sie sich Vorbilder suchen, an denen Sie sich orientieren, wenn es einmal nicht so läuft, wie es laufen sollte. Orientieren Sie sich dabei immer an Menschen, die schon dort sind, wo Sie hin möchten. Ich will Ihnen hierzu eine kleine Geschichte erzählen, die sehr eindrucksvoll belegt, wohin uns falsche Vorbilder führen können. „Ein frommer Mann war im Wald unterwegs, als er auf einen Fuchs traf, der seine Beine verloren hatte. Dem frommen Mann war nicht klar, wie ein behindertes Tier überhaupt in der rauen Wildnis überleben konnte. Doch das Rätsel löste sich schnell, denn der Mann sah einen Löwen mit einem gerissenen Wild in der Schnauze. Zunächst vergnügte sich der Löwe selbst an dem Wild. Als er satt war, überließ er den Rest dem Fuchs. „Herr im Himmel, wie groß bist du in deiner Güte", schrie der fromme Mann gen Himmel. Am nächsten Tag kam der Mann auf dem Rückweg an dieselbe Stelle und beobachtete wieder dasselbe Schauspiel. Wieder war er erstaunt über die große Güte des Herrn im Himmel. Nun sagte er sich: „Auch ich werde mich in einer Ecke ausruhen und dem Herrn voll vertrauen, und er wird mich mit allem Nötigen versorgen." Er setzte sich und harrte der Dinge, aber nichts geschah. Inzwischen war der fromme Mann dem Tode nahe, als er eine Stimme hörte: „Alter Mann, du bist auf dem falschen Weg, öffne die Augen vor der Wahrheit! Folge dem Beispiel des Löwen, und nimm dir nicht länger den behinderten Fuchs zum Vorbild."

Welche Vorbilder haben Sie? Haben Sie überhaupt Vorbilder?

Um von der Seite der Unterlasser auf die Seite der Unternehmer zu wechseln, ist jetzt die beste Zeit. Wie soeben ausgeführt, ist es wichtig, Vorbilder zu haben. Die Seite der Unternehmer hat sich die Natur zum Vorbild gesucht. Nichts ist großzügiger, verschwenderischer, großartiger und reicher als die Natur. Gehen Sie an die frische Luft, legen Sie sich auf den Rasen und atmen Sie tief ein und aus, und Sie werden spüren, was ich meine.

MLM-Erfolgsregel Nr. 4

„Werden Sie vom Unterlasser zum Unternehmer! Das ist der einzige Weg zur finanziellen Unabhängigkeit.“

Kapitel 3
Der direkte Weg zum Reichtum

„Ich habe niemals an Erfolg geglaubt. Ich habe dafür gearbeitet."

Estée Lauder

3.01 Die Natur ist unser Vorbild

„Das kleinste Kapitel eigener Erfahrung ist mehr wert als Millionen fremder Erfahrungen."

G.E. Lessing

Das System der rechten Kreisseite (siehe Rad der finanziellen Freiheit), also die Einnahmenseite aus Einkommen III oder IV, lässt sich am einfachsten an einem Apfel erklären.

Sie haben mit Sicherheit schon einmal einen Apfel gegessen. In der Regel essen wir den Apfelkern nicht mit. Was können Sie nun mit dem „überflüssigen" Apfelkern anfangen? Für gewöhnlich nichts, und deshalb wird der Apfelkern über die Biotonne entsorgt. Aber halt! Haben Sie sich den Apfelkern einmal genauer angeschaut? Wie viele Kerne finden Sie dort? Mindestens zwei, oder? Mit anderen Worten: Der Apfel, den Sie soeben gegessen haben, bringt mindestens zwei neue Apfelkerne hervor, die Sie, wenn Sie möchten, in die Erde einpflanzen könnten. Was wird passieren? Mit Geduld und Spucke entstehen aus diesen zwei Apfelkernen zwei neue Apfelbäume, die ihrerseits wieder hunderte, über die Jahre sogar tausende neuer Äpfel hervorbringen. Eine endlose Schleife, denn aus jedem einzelnen Apfel lassen sich wieder mehrere neue Apfelbäume anpflanzen. Sie sehen, die Natur ist auf ein gigantisches Wachstum ausgelegt. Es ist damit das Natürlichste von der Welt, wenn auch wir wachsen möchten. Dabei fällt auch auf, dass die Natur immer mehr gibt, als ihr entnommen wurde. Erinnern wir uns. Sie essen einen Apfel, der nicht nur nahrhaft ist, sondern auch noch zur Gesunderhaltung bestens geeignet ist. Darüber hinaus erhalten Sie mehrere Kerne, mit denen Sie über hunderte neuer Äpfel ernten können, sowie Sie bereit sind, den Samen, den die Natur Ihnen schenkt, loszulassen, ihn also einzupflanzen. Und jetzt braucht es ein wenig Zeit und Vertrauen und Sie werden sich vor Äpfeln nicht mehr retten können. Schon in der Bibel heißt es: „...denn wer da hat, dem wird gegeben, dass er die Fülle habe."

> *„Das wahre Geschenk macht einen reicher, obwohl man gibt."*
>
> Knut Hamsun
> Norwegischer Schriftsteller (1859-1952)

Nach diesen „natürlichen" Gesetzmäßigkeiten funktioniert auch die rechte Kreisseite, die Seite der Unternehmer, und zwar durch Multi-Level-Marketing, auch Network-Marketing genannt. So wie Baron von Rothschild meinte, dass der Zinses-Zins-Effekt das achte Weltwunder sei, so sage ich hier und heute, dass Network-Marketing dann das neunte Weltwunder ist.

In ihrer Broschüre[2] „Ihre Chance zur Selbstständigkeit" schreibt die IHK Leipzig zum Thema Network-Marketing u. a. Folgendes: „Eine Form des Direktvertriebes ist das Network-Marketing. Beim Network-Marketing wird das Warengeschäft mit der Gewinnung von weiteren Vertriebspartnern durch einen bereits tätigen Verkäufer verbunden, wodurch hierarchische Vertriebssysteme entstehen. Die

Vergütung der Vertriebspartner der Vorstufen ist von der Verkaufstätigkeit der Vertriebler der nachgelagerten Stufen abhängig"[3].

Prof. Dr. M. Zacharias von der Fachhochschule Worms ist der Network-Marketing-Papst. Er beschreibt diese einzigartige Vertriebsform wie folgt: „Eine Sonderform des Direktvertriebes ist das Network-Marketing. Dabei wird das Warengeschäft mit der Gewinnung von weiteren Verkaufsmitarbeitern durch einen bereits tätigen Verkäufer verbunden, wodurch hierarchische Verkäuferketten entstehen. Die Vergütung der Verkäufer der Vorstufen ist von der Verkaufstätigkeit der Verkäufer der nachgelagerten Stufen abhängig. Das Einkommen der Händler hängt ausschließlich vom Weiterverkauf der Waren und nicht von der Anwerbung von Abnehmern im Sinne eines Kopfgeldes ab"[4].

> *„Dieser Vertriebsweg hat eine unglaubliche Dynamik und er bietet unternehmerisch denkenden Menschen einen einfachen Einstieg in eine nebenberufliche bzw. hauptberufliche Beschäftigung."*
>
> Prof. Dr. M. Zacharias

Als ich das erste Mal von dieser wunderbaren Vertriebsform hörte, und zwar auf einer Veranstaltung eines großen deutschen Strukturvertriebes aus der Investmentbranche, war mir klar, dass kein anderes System mehr Zinsen bringt als Network-Marketing. Mir war auch klar, dass diese Form des Direktvertriebs

1. nichts mit Verkaufen zu tun hat,
2. das Einkommen exorbitant wachsen lässt,
3. nicht nach der Schulbildung fragt,
4. nur sehr geringe Investitionskosten verursacht.

Ich möchte Ihnen im weiteren Verlauf die vier Positionen genauer erklären. Auch Sie werden durch Network-Marketing ein unglaubliches Einkommen erreichen, wenn Sie eine wesentliche Voraussetzung mitbringen:

> Das brennende Verlangen, in diesem Geschäft arbeiten zu wollen.

Das ist die Initialzündung in diesem Geschäft. Auch bei mir machte es damals sofort Klick, als ich von diesem großartigen Geschäft erfuhr. Wie ich bereits erwähnte, war ich damals auf einer Veranstaltung dieser Investmentgesellschaft. Ich war im Grunde genommen der kleine Handwerker aus Ingolstadt, der zu dieser Zeit bei Audi am Montageband stand und tagein, tagaus Schraubenmuttern anziehen durfte. Als ich von diesem Geschäft erfuhr, schlüpfte ich zum zweiten Mal in einen dunklen Anzug. Den ersten trug ich mit sieben Jahren bei meiner Kommunion. Ich band mir die Krawatte mehr schlecht als recht um den Hals und fuhr zu dieser Veranstaltung. Hier waren einige Dutzend Menschen, ebenfalls in dunklen Anzügen, einer schicker als der andere. Und dann kam der Moment, der mein ganzes Leben verändern sollte. Ein Mann mittleren Alters schritt auf die Bühne. Er trug einen Maßanzug, dazu handgefertigte Designerschuhe sowie eine mit Brillanten besetzte Uhr. Ich war hin und weg. Dieser Mann fing zu erzählen an und beendete seine Rede mit der für mich alles erlösenden Botschaft:

> „Meine Damen und Herren, wenn ich es geschafft habe, dann können auch Sie es schaffen."

Genau! Das sagte ich mir auch, und so fing ich an, mich nicht nur für diese Form des Geldverdienens stärker zu interessieren, sondern auch in diesem System zu arbeiten. Ich investierte immer mehr Zeit in dieses Geschäft. Die Provisionsschecks wurden größer und größer, sodass ich eines Tages Knall auf Fall den Job bei Audi kündigte und mich nun voll und ganz auf die neue Arbeit konzentrierte. Und glauben Sie mir, bis heute bereue ich diesen Schritt nicht.

Oft werde ich gefragt, warum ich so erfolgreich wurde. Seine Chancen zu nutzen ist eine Sache, sie aber erfolgreich umzusetzen eine andere. Es gibt nur einen Weg, um von ganz unten nach ganz oben zu kommen:

Sie müssen es wollen!

Oder wie Goethe es schon so treffend formulierte:

„Das kleine Wort ich will ist mächtig, spricht´s einer still und leis.
Die Sterne reißt´s vom Himmel, das kleine Wort ich will."

Sicher haben Sie schon von dem griechischen Philosophen Sokrates gehört. Dann will ich Ihnen eine kleine Geschichte über ihn erzählen. Eines Tages kam einer seiner Schüler zu ihm und fragte ihn: „Meister, sage mir, wie werde ich erfolgreich?" Sokrates war nie ein Mann vieler Worte, und so nahm er den Schüler an die Hand und ging mit ihm ans Meer. Sie zogen ihre Schuhe aus und Sokrates forderte seinen Schüler auf, ins Wasser zu gehen und Richtung Meer zu blicken. Sokrates ging hinter ihm. Sie gingen so weit ins Wasser, bis ihnen dieses sprichwörtlich bis zum Hals stand. Dann packte Sokrates ohne jede Vorwarnung seinen Schüler von hinten an den

Schultern und drückte ihn mit aller Kraft unter Wasser. Der Schüler wehrte sich, strampelte, verschluckte sich und versuchte mit aller Kraft, nach oben zu kommen. Doch Sokrates war stärker. Nach einer halben Minute ließ Sokrates den Schüler kurz Luft schnappen und drückte ihn abermals unter Wasser. Dies wiederholte er so lange, bis augenscheinlich die Kräfte des Schülers nachließen. Dann schleppte er ihn ans rettende Ufer. Der Schüler legte sich auf den Bauch, prustete und spuckte, bis er endlich wieder zu Kräften kam und zu Sokrates sagte: „Meister, ich habe dich gefragt, wie ich erfolgreich werde, und alles, was du dazu zu sagen hast, ist rohe Gewalt. Fast wäre ich ertrunken.“ Sokrates antwortete: „Wenn du so um den Erfolg kämpfst, wie du eben um dein Leben gekämpft hast, dann wirst du erfolgreich.“

Das Leben ist wie Fahrrad fahren. Sobald man aufhört zu fahren, fällt man um. Können Sie sich noch an die Zeit erinnern, als Sie das erste Mal auf einem Fahrrad saßen? Wie fühlten Sie sich in diesem Moment? Waren Sie glücklich und zufrieden oder hatten Sie eher das Gefühl, mit dem Ding auf zwei Rädern würden Sie nie wirklich fahren können? Also ich kann mich noch sehr genau erinnern, dass es sich hierbei zunächst um eine sehr, sehr wackelige Angelegenheit handelte. Ich saß auf dem Sattel, während meine Großmutter das Rad festhielt. Ich musste erst einmal lernen, wie man richtig in die Pedalen tritt. Bereits nach wenigen Stunden konnte ich das Rad eigenmächtig bewegen. Doch mit dem Gleichgewicht haperte es noch ein wenig. Immer wieder kippte ich um oder fuhr in der nächsten Kurve einfach geradeaus. Zahlreiche Beulen und Schrammen zeugten von diesem meinem mutigen Schritt, endlich Fahrrad fahren zu lernen. Zu keiner Zeit kam es mir in den Sinn, aufzuhören. Ich wollte fahren, egal zu welchem Preis. Mit dem Erfolg verhält es sich ähnlich. Wer Erfolg haben möchte, muss sich zunächst anderen Menschen anvertrauen, die einem den richtigen Weg zeigen können. Dann aber muss man selber losmarschieren und sich die Sporen buchstäblich verdienen. Dabei wird man sich einige Blessuren und Schrammen holen. Wer durchhält, wird auch das überstehen. Doch wie reagieren die Menschen wirklich? Schon beim kleinsten Problem oder Sturz bleiben sie einfach liegen und stehen nicht mehr auf. Sie schimpfen mit sich selbst, dass sie es wieder einmal nicht geschafft haben, oder sie verhalten sich so, wie der deutsche Schriftsteller Kurt Tucholsky einmal zynisch bemerkte: „Wenn der Deutsche hinfällt, dann steht er nicht auf, sondern schaut, wer schadensersatzpflichtig ist“. Zur Erinnerung: Kurt Tucholsky lebte von 1890 bis 1935.

MLM-Erfolgsregel Nr. 5

„Wer finanziell unabhängig werden will, muss diesem Ziel alle anderen Ziele unterordnen.“

3.02 Das Märchen vom Verkaufen

„Der einzige Weg, Menschen zu motivieren, ist, mit ihnen zu kommunizieren."

Lee Iacocca

Weiter oben habe ich Ihnen erklärt, dass Network-Marketing nichts mit Verkaufen zu tun hat. Das klingt absurd, verkauft doch jeder Mensch sich und seine Leistung mehrmals am Tag. Schon die Kleinsten wissen, was sie anstellen müssen, damit ihnen ihre Eltern etwas Süßes zum Naschen geben. Gelernt haben sie das nicht, und gezeigt haben wir es ihnen auch nicht. Verkaufen gehört zum Leben dazu wie Laufen, Essen und Sprechen. Insofern ist jeder Mensch auf Erden ein Verkäufer. Die Frage ist nur, ob das typische Verkaufen heute noch zeitgemäß ist. Nehmen wir an, Sie haben gestern einen supertollen Kinofilm gesehen. Sie waren begeistert. Am nächsten Morgen treffen Sie einen guten Freund und erzählen ihm von dem gestrigen Film-Highlight. Das Gespräch könnte in etwa wie folgt verlaufen: „Du, ich habe gestern Abend einen supertollen Film gesehen. Action pur. Mega-Spannung, ein Highlight jagte das andere." Und während Sie so erzählen, versprühen Sie eine unglaublich positive Energie. Sie erzählen sprichwörtlich mit Händen und Füßen. Das Gespräch werden Sie mit Sicherheit wie folgt beenden: „… der langen Rede kurzer Sinn, schau dir den Film an und du wirst begeistert sein." Wie gesagt, so oder ähnlich könnte das Gespräch verlaufen. Was genau haben Sie gemacht? Sie haben den Film „verkauft", nichts anderes. Nur mit dem großen Unterschied, dass Sie für dieses „Verkaufsgespräch" keinen Cent bekommen und nur der Kinobetreiber durch das Eintrittsgeld Ihres Freundes die Früchte Ihrer Empfehlung erntet. Sehe ich das richtig? Vielleicht wehren Sie sich dagegen, dass ich behaupte, Sie hätten den Film verkauft. Sie haben ihn doch nur weiterempfohlen. Bingo! Genau darum geht es in unserem Geschäft. Wir verkaufen nichts, wir empfehlen nur weiter, und damit lässt sich ein Vermögen machen. Ich weiß, wenn Sie davon das erste Mal hören, ist es sehr schwer, das nachzuvollziehen. Ich bitte Sie daher noch um etwas Geduld. Dieses Buch hat noch einige Seiten mehr und ich werde nichts unversucht lassen, Ihnen von A bis Z alles genauestens zu erklären. Doch zunächst ist einmal wichtig, dass Sie den Unterschied zwischen Empfehlung und Verkaufen kennen. Den Kinofilm haben Sie in der Tat nicht verkauft, sondern nur empfohlen. Das nennt man

EmpfehlungsMARKeting.

Früher verstanden die meisten meiner Mitarbeiter, dass damit auch das Verdienen gemeint war. Sie wussten, dass sie bei einer erfolgreichen Empfehlung auch eine MARK und wesentlich mehr verdienten. Im Zeitalter des Euros muss man den Menschen einmal mehr sagen, dass sie beim Empfehlungsmarketing nie leer ausgehen. Ihr Einkommen kann in ungeahnte Höhen aufsteigen.

Empfehlungsmarketing funktioniert, weil wir die Begeisterung über ein Produkt und das dazugehörige Vertriebssystem auf andere Menschen übertragen. Verkaufen funktioniert heute immer weniger, weil es die Menschen nicht mehr interessiert. Nehmen wir mein vorheriges Kino-Beispiel. Ein typischer Verkäufer hätte das Gespräch ganz anders geführt als Sie. Er hätte gesagt: „Du, gestern war ich im Kino in der Wallstraße, hinter der großen Hecke am Friedensplatz. War echt super. Der Kinosaal war gut ausgestattet, alle Sitze waren belegt, und ich habe viel Popcorn gegessen. Der Film war auch gut. Es spielten 130 Schauspieler mit, insgesamt wurde zwanzig Mal geschossen, es gab drei Tote, zehn Autounfälle und einen Bus, der die Klippen herabstürzte. Die Frauen in dem Film waren übrigens sehr gut angezogen. Die eine hatte sogar Hotpants an und die andere trug eine blonde Perücke…" Merken Sie den Unterschied? Im ersten Fall haben Sie Ihre Begeisterung über den Film zum Ausdruck gebracht und damit Ihren Gesprächspartner in Ihren Bann gezogen, denn Begeisterung ist immer ansteckend, wie schon Henry Ford sagte:

> *„Wenn du begeisterungsfähig bist, kannst du alles schaffen. Begeisterung ist die Hefe, die deine Hoffnung himmelwärts treibt. Begeisterung ist das Blitzen in deinen Augen, der Schwung deines Schrittes, der Griff deiner Hand, die unwiderstehliche Willenskraft und Energie zur Ausführung deiner Ideen. Begeisterte sind Kämpfer. Sie haben Seelenkräfte. Sie besitzen Standfestigkeit. Begeisterung ist die Grundlage allen Fortschritts. Mit ihr gelingen Leistungen, ohne sie höchstens Ausreden."*

Im anderen Fall haben Sie ein typisches Verkaufsgespräch geführt. Sie haben Ihren Zuhörer mit Fakten überlagert, ihn im Wortsinn zugedröhnt mit unnötigen Informationen, Daten und Nebensächlichkeiten. Also Dinge, die als Zutat für einen guten Film unverzichtbar sind, aber in einem Gespräch eher langweilig, wenn nicht gar tödlich sind. Ich glaube, es gehört nicht viel Phantasie dazu sich vorzustellen, nach welchem Gespräch Ihr Freund tatsächlich ins Kino gehen würde.

Sie sehen hier sehr deutlich, dass Verkaufen im Leben eher hinderlich ist. Nur Ihre Begeisterung zählt. Natürlich müssen Sie von dem Produkt überzeugt sein. Es muss auch einen Nutzen haben, und es muss sinnvoll sein. In meinem Kino-Beispiel empfehlen Sie einen guten Film. Der Nutzen Ihres Freundes liegt im Unterhaltungswert. Wenn Sie dagegen für Avon arbeiten würden, würden Sie keine Lippenstifte, Cremes und Shampoos, sondern Schönheit verkaufen. Avon ist heute der weltweit führende Kosmetikkonzern mit einem

Jahresumsatz von mehr als 5 Mrd. Euro. Über 3 Millionen Verkaufsberaterinnen (evtl. auch Berater) verkaufen in 139 Ländern die Produkte für die Hautpflege, und zwar ausschließlich im Direktvertrieb. Ich bin davon überzeugt, dass Avon nicht einmal ansatzweise diesen Erfolg verbuchen könnte, wenn es seine Produkte ausschließlich über den Versandhandel verkaufen würde. Erst die Menschen machen aus der Produktidee eine Revolution zum Nutzen aller.

MLM-Erfolgsregel Nr. 6

„Wer in unserem Geschäft erfolgreich sein will, fragt nicht, wann der beste Zeitpunkt zum Einstieg ist. Der beste Zeitpunkt ist immer jetzt."

3.03 Das Einkommen wächst überdurchschnittlich

„Ich verdiene lieber 1 Prozent an einer Arbeitsleistung von 100 Leuten als, 100 Prozent mit meiner eigenen Arbeitskraft."

Jean-Paul Getty

Jeder Mensch hat nur 24 Stunden Zeit pro Tag. Für mehr kann er nicht bezahlt werden. Das ist die landläufige Meinung, die ich widerlege, weil alle großen Reichtümer dieser Welt nur durch die Vervielfältigung der Zeit erreicht wurden. Nur wer seine Zeit vermehrt, kann wirklich REICH werden.

Ich weiß, das ist alles sehr schwer zu verstehen, und wer davon das erste Mal hört, schüttelt ungläubig den Kopf. Auch ich wollte es eigentlich nicht so richtig glauben, als man mir davon erzählte. Wenn es eine Gerechtigkeit auf Erden gibt, dann ist es doch die Zeit, die wir haben. Alle Menschen haben pro Tag nur 24 Stunden, also 1.440 Minuten oder 86.400 Sekunden zur Verfügung. Die Frage ist deshalb nicht, wie viel Zeit wir am Tag haben, sondern wie wir mit dieser Zeit umgehen. Reiche Menschen haben es verstanden, die Zeit besser zu nutzen als arme Menschen. Mehr als 30 Millionen Menschen in Deutschland haben sich entschieden, ihre Zeit klassisch zu verbringen. Mit anderen Worten: Sie arbeiten für andere. Das ist grundsätzlich nicht falsch, aber auch nicht sehr effektiv. Die Zeit, die diese Menschen einsetzen, ist begrenzt. Nehmen wir an, Sie gehören zu dieser Gruppe. Angenommen, Sie arbeiten als Angestellter zu einem Stundenlohn von 15 Euro. Sie arbeiten acht Stunden am Tag. Ihr Bruttoeinkommen beträgt also pro Tag 120 Euro. Wenn Sie eine Stunde länger arbeiten, verdienen Sie an diesem Tag 135 Euro. Arbeiten Sie eine Stunde weniger, reduziert sich Ihr Tagesverdienst auf 105 Euro. Nehmen wir an, Sie wären durchaus in der Lage, jeden Tag zwölf Stunden zu arbeiten, dann würden Sie 180 Euro verdienen. Kein schlechtes Ergebnis, allerdings hinkt dieser Vergleich. Kein Mensch ist in der Lage, dauerhaft und über Jahre hinweg zwölf Stunden am Tag zu arbeiten. Auch Sie nicht. Sie stoßen nämlich sehr schnell an Ihre körperlichen Grenzen. Sie können noch so sehr den Wunsch haben, viel Geld zu verdienen, doch weil Sie Ihren Arbeitseinsatz nicht multiplizieren können, verdienen Sie bis zu einer Höchstgrenze, und darüber hinaus geht nichts mehr. Deshalb kann nach diesem Schema ein Angestellter oder Arbeiter niemals wirklich reich werden. Er schafft damit nur eine Grundabsicherung. Sobald aber auch nur eine unvorhergesehene Ausgabe eintritt, ist Ebbe in der Familienkasse. Im schlimmsten Fall muss sogar das Konto überzogen werden. Aber es gibt eine Lösung!

Investieren Sie Ihre begrenzte Zeit in Network-Marketing. Es gibt keinen besseren Weg, reich zu werden. Durch dieses einzigartige Vertriebssystem vervielfältigen Sie Ihre Zeit und Ihr Geld auf eine Weise, die seit über 50 Jahren viele Menschen reich gemacht hat, und zwar unabhängig davon, was diese Menschen in ihrer Vergangenheit gemacht haben. Keine Kapitalanlageform auf der Welt kann so risikoarm eine derartige Rendite erbringen wie Network-Marketing. Denn merke:

Nur Vervielfältigung schafft ein hohes Einkommen.

Durch Network-Marketing bauen Sie sich ein Netzwerk von Menschen auf, die ihre Zeit und ihr Geld investieren, um selbst davon zu profitieren. Mit jedem, der neu zu Ihrem Netzwerk hinzukommt, vermehren Sie die Zeit, für die Sie bezahlt werden, und den Umsatz, der Ihr passives Einkommen steigert. Zugegeben, am Anfang müssen Sie viel Zeit investieren und werden wenig verdienen. Doch mit jedem neuen Tag erhöhen Sie Ihr Einkommen. Sie werden mit immer weniger Zeit immer mehr Geld verdienen.

So verändert Network-Marketing Ihr Einkommen

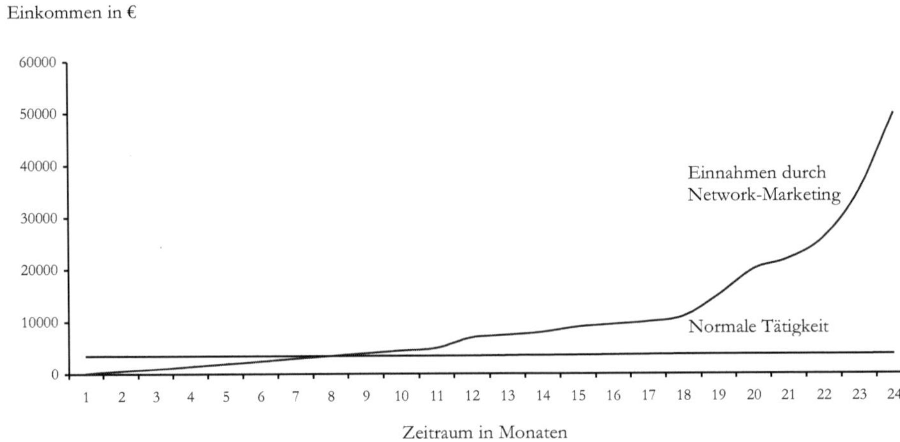

Sie haben die Wahl. Zahlen beweisen, es gibt keinen Grund, noch länger zu warten. Der Start ist einfacher als Sie glauben. Ihre Aufgabe besteht darin, zunächst einmal die Produkte kennen zu lernen und sie auch selbst zu benutzen. Sie müssen schon überzeugt sein von den Dingen, die Sie empfehlen. Dann beginnen Sie damit, Ihr eigenes Unternehmen aufzubauen. Dazu brauchen Sie nicht mehr als Ihr bisheriges Arbeitszimmer. Ihr Job besteht darin, neue Geschäftspartner zu fördern. Das geschieht weder in Ihrem Arbeitszimmer noch in Ihrem heimischen Wohnzimmer. Deshalb spielen die Räumlichkeiten keine Rolle. Mein erstes „Büro" war der Küchentisch. Einen Aktenschrank gab es genauso wenig wie einen Computer. Ich bastelte mir aus Holz eine Art Wandregal und befestigte es an der Wohnzimmerwand, um hier meine geschäftlichen Utensilien aufzubewahren. Nicht schön anzusehen, dafür selten. Spaß beiseite. Es sah wirklich grottenschlecht aus. Aber das interessierte mich nicht. Ich hatte nur mein Geschäft im Kopf, und das fand nicht im Büro, sondern draußen an der „Front" statt. Mir war klar, wenn ich hier einen guten Job machte, dann könnte ich mir später jedes Mobiliar leisten, von dem andere nicht einmal zu träumen wagten. Wer mich heute in meiner Villa besucht, sieht, dass mein Traum pure Realität wurde. Heute arbeite ich an einem Schreibtisch, der mich mehr als 65.000 Euro gekostet hat. Allein mein Büro von 90 qm ist größer als damals meine ganze Wohnung. Das aber ist nur mein Büro auf einer gesamten Bürofläche von 500 qm, die ich mit einer Privatsekretärin teile. Und wenn ich aus dem Fenster meines Büros schaue, schaue ich auf meinen großzügigen Garten nebst Pool.

Ein Knopfdruck genügt und aus dem Rasen taucht mein versenkbarer Garten-Fernseher in der Größe zweier Billardtische auf. Im Pool liegend mit einem Glas Champagner und einer guten Zigarre macht Formel 1 schauen so richtig Spaß.

Ich werde nie vergessen, dass das, was heute so selbstverständlich für mich ist, ursprünglich am Küchentisch begann. Egal wo Sie heute stehen mögen, auch Sie werden einen Küchentisch haben, von dem aus Sie Ihr Geschäft starten können. Auch Sie haben das Talent, es mir nachzuahmen. Von mir können Sie lernen, wie Sie ein erfolgreiches Geschäft aufbauen. Geben Sie danach dieses Wissen weiter. Verzichten Sie auf ein Büro und fahren Sie stattdessen zu Ihren potentiellen Geschäftspartnern und reden mit ihnen in vertrauter Umgebung. Zeigen Sie ihnen das Geschäft. Je besser Sie es können, desto einfacher werden Ihre Geschäftspartner es haben. Denn auch sie werden ihrerseits das Produkt weiter empfehlen und neue Geschäftspartner finden wollen, und schon beginnt das Gesetz der Zahl zu wirken. Ganz im Goetheschen Sinne:

> *„Sage es mir und ich werde es vergessen. Zeige es mir und ich werde es vielleicht behalten. Lass es mich tun und ich werde es können.“*

Wenn Sie fünf Kunden haben und diese fünf Kunden ihrerseits wieder fünf neue Kunden werben, haben Sie in Ihrer so genannten Downline (also in der Linie, die unter Ihnen steht) 25 Kunden. Aber es geht weiter. Diese 25 Kunden werden ja ebenfalls fünf neue Kunden werben, und schon sind in Ihrer Downline 125 Kunden. Wenn diese 125 Kunden ihrerseits fünf Kunden ansprechen, erhöht sich die Zahl Ihrer Kunden in Ihrer Downline bereits auf 625 Kunden. Ich könnte diese Zahl bis ins Unendliche ausrechnen, während Kritiker behaupten, dass es ja gar nicht so viele Kunden geben kann. Doch diese Spötter verstummen schnell, wenn sie sich die nachstehende Rechnung genauer anschauen. Nehmen wir nur einmal an, Sie würden selbst nur einen Menschen monatlich ins Geschäft bringen und dieser Mensch würde seinerseits ebenfalls einen weiteren ins Geschäft bringen, dann hätten Sie schon zwei Geschäftspartner in Ihrer Downline. Nehmen wir an, diese Kette der Empfehlungen würde ein Jahr durchgehalten werden, dann könnten Sie sich am Ende über 4.096 neue Partner freuen. Wohl gemerkt: Diese Zahl entspringt nur einem einzigen monatlichen Kontakt(!). Ich überlasse es Ihnen zu prüfen, für wie realistisch Sie es sehen, zwölf eigene Menschen in Ihr sensationelles Geschäft zu bringen. Je mehr Personen in Ihrer Downline arbeiten, desto höher fällt Ihre Provision aus, und darum geht es doch.

Die Hauptmotive für die Tätigkeit als Networker sind nämlich die Verdienstaussichten und ein zusätzliches Einkommen, so das Ergebnis der Studie[5] „Network-Marketing in Deutschland 2004“. Die hier genannten Motive finden sich als wesentliche Motivationsfaktoren für die Tätigkeit im Network-Marketing in allen internationalen Studien wieder.

Wie bedeutsam waren für Sie die nachfolgenden Gründe, als Sie damals im Network-Marketing begonnen haben:

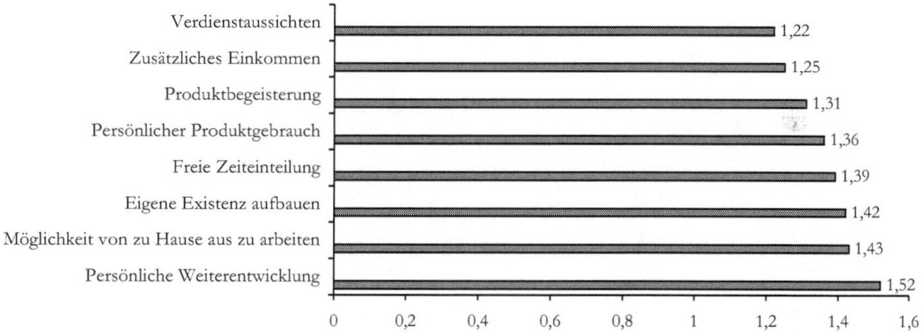

(Bewertung: 1=sehr hoch; 5 = keine.; Quelle: Fachhochschule Worms)

Wie zufrieden sind Sie mit Ihrer Tätigkeit im Network-Marketing?

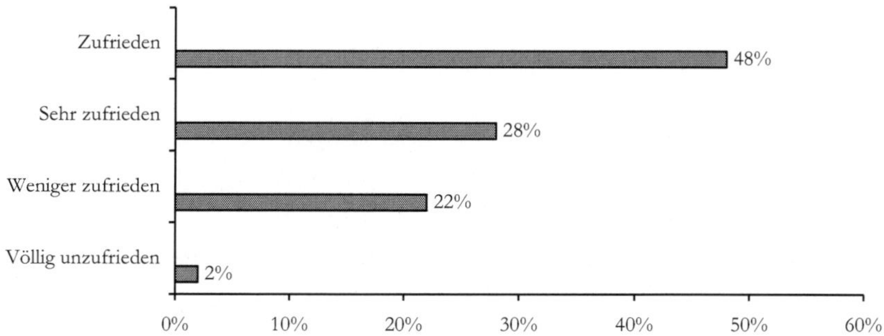

(Quelle: Fachhochschule Worms)

Die hohe Zufriedenheit der Networker mit ihrer Berufstätigkeit ist ebenfalls auffallend. Drei Viertel der Networker sind mit ihrer Tätigkeit zufrieden bzw. sehr zufrieden. Nur 22 Prozent der Befragten sind weniger zufrieden. Vergleicht man diese Zahlen vor dem Hintergrund einer Gallup-Befragung von Berufstätigen in Deutschland, so rückt diese Zahl noch in ein anderes Licht. Laut dieser Befragung gaben weniger als 20 Prozent an, dass sie engagiert in ihrem Beruf sind, d. h., dass sie motiviert und zufrieden sind.

MLM-Erfolgsregel Nr. 7

„Nur Vervielfältigung schafft ein hohes Einkommen. Je mehr Menschen Sie für Ihr Geschäft begeistern können, desto schneller wachsen Ihre Einnahmen."

3.04 Im Network-Marketing ist die Schulbildung egal

„Es ist einfacher, sich einzubilden, dass man über einem Berg schwebt, der ganz in der Ferne liegt, als in Wirklichkeit seinen Fuß zu heben, um über ein Steinchen zu treten."

Multatuli

Die Welt ist voller Wichtigtuer. Das sind Menschen, die nie etwas Wichtiges tun, die aber so tun, als würden sie etwas ganz Wichtiges tun! Sie strotzen nur so vor Selbstbewusstsein ob ihrer Schulbildung, sind aber kaum in der Lage, ihren Lebensunterhalt zu bestreiten.

Ich glaube nicht, dass es in unserem Land an gut ausgebildeten Leuten fehlt. Es fehlt an Menschen, die mutig und entschlossen neue Herausforderungen anpacken. Dabei spielt die Schulbildung keine Rolle. Die Geschichte ist voller interessanter Beispiele, wie Menschen, ungeachtet ihrer Schulbildung, Kultstatus erreichten. So arbeitete auch das Boxidol Max Schmeling mit 18 Jahren in einer Brunnenbaufirma, bevor er einer der erfolgreichsten Boxer aller Zeiten wurde. Nach dem Ende seiner Karriere legte er nicht die Hände in den Schoß. Das Gegenteil war der Fall. Er spuckte in die Hände und machte sich mit einer Coca-Cola-Lizenz in Hamburg einen Namen als erfolgreicher Unternehmer. Bis ins hohe Alter arbeitete er in seiner Firma. Das ist nur eines von vielen erwähnenswerten

Beispielen, von denen Geschichtsbücher berichten. Zu allen Zeiten gab es erfolgreiche Menschen, die mit der Schule nur wenig am Hut hatten. So konnte Albert Einstein wegen schulisch bedingter nervlicher Zerrüttung das Abitur an seiner Schule nicht machen. Er konnte deshalb nur das Polytechnikum besuchen. Weil er die Aufnahmeprüfung dafür im ersten Anlauf nicht schaffte, nahm er am Unterricht der obersten Klasse der Kantonsschule in Aarau teil. Auch den Eltern des späteren Chemikers Justus von Liebig ging es nicht besser. Ihnen bescheinigte der Rektor, ihr Sohn sei die Plage aller Pädagogen. Der Vater nahm ihn daher von der Schule und steckte ihn in eine Apothekerlehre. Als Justus mit seinem Hobby Chemie den Dachstuhl des Apothekers in die Luft gesprengt hatte, kannte sein Interesse für die Chemie keine Grenzen mehr.

Ähnlich erging es dem legendären Erfinder Thomas Alva Edison. Sein Lehrer nannte ihn vor der ganzen Klasse einen Hohlkopf. Edison verließ daraufhin den Klassenraum und ging nie wieder zur Schule zurück. Seine Mutter gab ihm Privatunterricht. Mit dem ersten naturwissenschaftlichen Buch „Schule der Naturphilosophie“ schenkte sie ihm den „goldenen Türöffner“ zur Physik und Chemie sowie zur Technik. Thomas Alva Edison wurde einer der erfolgreichsten Erfinder aller Zeiten, der es auch zu einem erfolgreichen Unternehmer brachte. Zusammen mit einem Partner gründete er die GE General Electric, heute das weltweit größte Unternehmen seiner Branche und eine der erfolgreichsten Aktiengesellschaften der Welt. Diese Personen und viele, viele andere mehr haben alle etwas gemeinsam. Sie haben sich nicht von den Umständen beirren lassen. Sie waren keine Theoretiker, sondern Menschen, die entschlossen handelten, egal wie die Umwelt darauf reagierte. Sie kümmerten sich mit Verlaub einen Dreck um das Getuschel der ewig Gestrigen und Besserwisser. Von dieser „Sorte“ aktiver Menschen brauchen wir mehr. Wir brauchen keine Menschen, die immer nur nach dem Staat schreien, der es für sie richten soll. Wir brauchen Menschen, die entschlossen Herausforderungen anpacken und Chancen nutzen. Wir brauchen buchstäblich Macher, ein Begriff, der gerade in der Kinowelt sehr häufig gebraucht wird: „… von den Machern von Ice-Age“ heißt es beispielsweise in der Werbung zum Kinospektakel Robots.

Also packen Sie es an, werden auch Sie ein echter Macher. Do it yourself ist das Gebot der Zeit.

In diesem Zusammenhang möchte ich nochmals aus der schon des Öfteren erwähnten Network-Studie zitieren. Prof. Zacharias ermittelte in seiner Studie, dass „nur“ rund 20 Prozent der befragten Networker über ein Hochschulstudium verfügen. Die Masse der Networker mit rund 40 Prozent hat einen Hauptschulabschluss oder die Mittlere Reife. Diese Zahlen beweisen eindrucksvoll, dass die Voraussetzungen für den Erfolg nicht von der akademischen Bildung abhängig sind. Network-Marketing bietet allen Menschen eine riesige Chance, gleichgültig, über welche Schulbildung, Ausbildung oder welches Elternhaus der Einzelne auch verfügen mag.

Ausbildungsstruktur der Networker

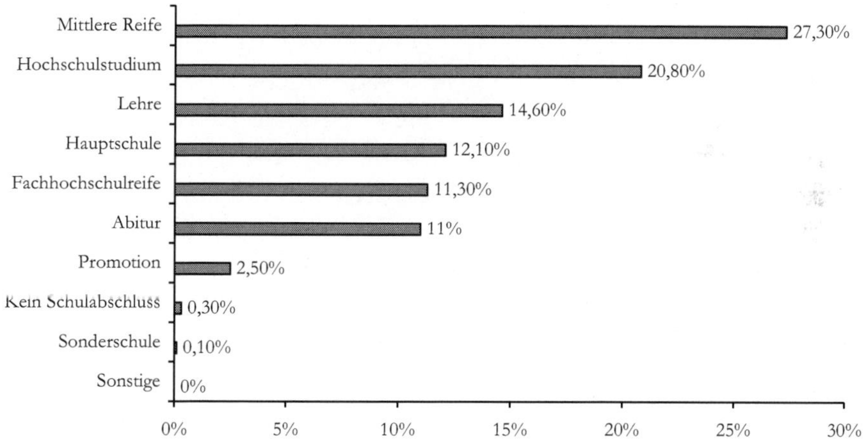

(Quelle: Fachhochschule Worms, Prof. Dr. Zacharias)

Ich bin mir sogar sicher, dass zu viel schulische Ausbildung eher hinderlich denn nützlich ist. Natürlich habe ich großen Respekt vor Menschen, die sich einen Doktortitel erarbeitet haben. Ich stelle ihre Leistung gar nicht in Abrede. Allerdings erhebt sich die Frage, ob ein Doktortitel heute noch ein Garant für wirtschaftlichen Erfolg und finanzielle Freiheit ist. Im Network-Marketing kann zu viel Ausbildung sogar eher hinderlich sein, so wie es bereits in einem Grimm-Märchen über den Dialog zwischen einem Fuchs und einer Katze hervorragend zum Ausdruck gebracht wird. Es beweist, dass es heute viel wichtiger ist, eine Sache richtig gut zu können und zu beherrschen, statt als Alleskönner durch die Lande zu streifen.

Es trug sich zu, dass die Katze in einem Wald den Fuchs traf. Die Katze begrüßte den Fuchs. Dieser rümpfte verächtlich die Nase und antwortete: „Oh du armseliger Bartputzer, du buntscheckiger Narr, Hungerleider und Mäusejäger, was kommt dir in den Sinn? Du unterstehst dich zu fragen, wie´s mir geht? Was hast du gelernt? Welche Künste und vor allen Dingen wie viele Künste kannst du?“ Die Katze antwortete voller Bescheidenheit: „Ich kann nur eine einzige. Sind Hunde hinter mir her, kann ich ganz schnell auf den Baum springen und mich retten.“ Der Fuchs rümpfte die Nase und fragte: „Ist das alles? Ich bin der Herr über hundert Künste und habe darüber hinaus noch einen ganzen Sack voller listiger Sachen.“ Plötzlich näherte sich ein Jäger mit vier Hunden. Die Katze sprang mit einem Satz auf den nächsten Baum und setzte sich in den höchsten Gipfel. Der Fuchs rannte davon und wurde alsbald von allen vier Hunden gefangen. „Herr Fuchs, bindet den Sack auf, bindet den Sack auf“, rief die Katze verächtlich. Aber es war zu spät, der Fuchs konnte sich nicht mehr befreien. „Ei, Herr Fuchs, ihr bleibt mit euren hundert Künsten ste-

cken. Hättet ihr herauf kriechen können, so wie ich, so wärt ihr noch am Leben“, resümierte die Katze.

Die Moral der Geschichte: Nicht die Quantität Ihrer Talente entscheidet über Leben oder Tod, sondern die Qualität. Die beste Arbeitsqualität, und damit das bessere Einkommen, erreichen Sie in aller Regel, wenn Sie sich auf eine Sache konzentrieren. Schon Goethe sagte:

„In der Konzentration zeigt sich der wahre Meister.“

Um im Network-Marketing erfolgreich zu sein, müssen Sie

einfach verkaufen

und nicht nach tausend Ausreden suchen, warum andere Menschen erfolgreicher sind als Sie. Gehen Sie los und verkaufen Sie, dann werden Sie Ihren Erfolg kaum verhindern können. Doch halt. Wenn ich vom Verkaufen rede, meine ich nicht das klassische Verkaufen. Beruhigt Sie das? Ich frage Sie das, weil die meisten Menschen unwillkürlich zusammenzucken, sowie sie das Wort *Verkaufen* hören. Wie ich bereits an anderer Stelle sagte, stößt kein anderer Begriff so sehr auf Ablehnung wie *Verkaufen*. Dabei verkaufen wir uns doch tagtäglich immer wieder aufs Neue. Ja, wir verkaufen uns, haben dafür aber andere Namen. Ein Arbeitnehmer verkauft seine Arbeitsleistung seinem Arbeitgeber und nennt es „zur Arbeit gehen“. Der Schüler verkauft sich seinem Lehrer, indem er durch eine rege Beteiligung am Unterricht von sich reden macht und sagt: „Ich habe mich oft gemeldet“. Die Kinder verkaufen ihren Eltern, dass sie, wenn sie dies oder jenes Bonbon erhalten, dann auch ganz lieb sein werden. Der Liebende verkauft sich jeden Tag aufs Neue seiner Geliebten und zeigt ihr durch Worte, Gesten und Taten, dass er ihre beste Wahl ist. Niemand kann auf das Verkaufen verzichten. So kommt auch kein Beruf ohne das Verkaufen aus. Ob Arzt, Friseur oder Automechaniker, sie alle leben vom Verkauf ihrer Leistungen. Nur dann, wenn sie es schaffen zu beweisen, dass sie von allen anderen die Besten sind, kommen neue Kunden. Natürlich würde nie ein

Arzt von sich aus behaupten, er würde seine Leistung verkaufen. Er heilt! Auch der Automechaniker würde nie das Wort Verkaufen in den Mund nehmen. Er repariert. Eine Friseurin schneidet nur die Haare, von Verkaufen würde sie nie sprechen. Diese Menschen leben vom Verkauf ihrer Leistungen und vermeiden doch, diesen Begriff in den Mund zu nehmen.

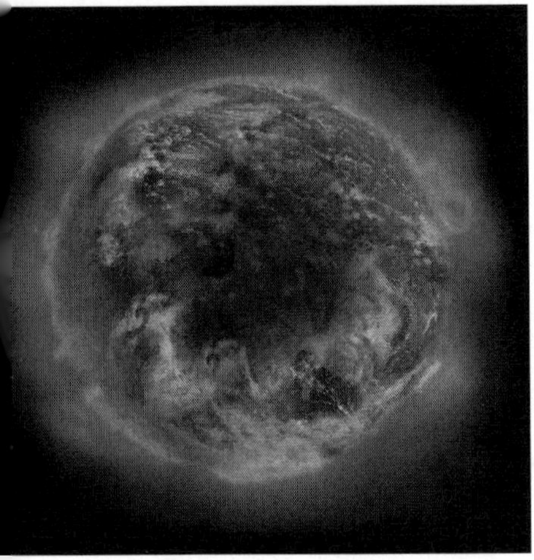

Dass sich die Menschen so verhalten, liegt am schlechten Image der Verkäufer, wie zahlreiche Studien immer wieder aufs Neue beweisen. So kommt z. B. eine Umfrage durch den Verlag „Das Beste" zu sehr interessanten Ergebnissen. Der Verlag geht einmal im Jahr der Frage nach, wie hoch das Vertrauen der Deutschen in die Berufsstände ist[6]. Es mag Sie wohl kaum überraschen, dass hier die Verkäufer neben den Politikern den letzten Platz belegen. Ein, wie ich finde, unfaires und zugleich erschreckendes Urteil. Keine Wirtschaft kommt ohne Verkäufer aus. Die beste Idee taugt nichts, solange niemand davon erfährt. Verkäufer sind der Schnittpunkt zwischen der Produktidee und dem Kunden. Die Welt ist voller gescheiterter Existenzen von Erfindern, Ingenieuren und Unternehmensgründern, die trotz großartiger Produkte am Ende Haus und Hof verloren. Nur erfinden und dann nicht verkaufen reicht nicht aus. Aber es gibt auch andere Beispiele, die beweisen, dass erfolgreiche Erfinder und Entdecker es verstanden haben, ihre Produkte an den Mann, pardon, auch an die Frau zu bringen. So ist nach „o.k." der Name Coca-Cola weltweit der am besten verstandene Begriff. Der Wert der Marke Coca-Cola wird auf fast 70 Milliarden Dollar geschätzt. In über 200 Ländern löschen die Menschen täglich mehr als eine Milliarde Mal (!) ihren Durst mit Produkten aus dem Hause Coca-Cola. Dieser gewaltige Erfolg geht zurück auf das Jahr 1886. In einem Hinterhof in Atlanta braute der Apotheker Dr. John S. Pemberton in einem Kessel eine karamelfarbene Flüssigkeit zusammen, die ursprünglich als Mittel gegen Kopfschmerzen, Schwäche und Müdigkeit angedacht war. Zunächst wurde der Sirup in seiner Apotheke verkauft. Nachdem sein Buchhalter aus den verwendeten Ingredienzien den Markennamen Coca-Cola zusammensetzte, begann eine Erfolgsstory ohnegleichen. Nein, das stimmt so nicht. Erfolg hat bekanntlich viele Nachahmer. Nur einige Jahre später, im Jahre 1898, erfand ebenfalls ein amerikanischer Apotheker, Caleb Bradham aus North Carolina, ein kohlensäurehaltiges Getränk aus Wasser, Zucker, Vanille, Kola-Nüssen und Ölen. Das Getränk erhielt zunächst den Namen „Brad´s Drink".

Doch noch im selben Jahr taufte er es um auf Pepsi Cola. Der Name Pepsi Cola ist auf die ursprünglichen Inhaltsstoffe Kola-Nüsse und Pepsin zurückzuführen. Von North Carolina trat Pepsi den weltweiten Siegeszug an. Heute wird die Cola in mehr als 200 Ländern der Erde getrunken. Sie sehen, zwei Marken, zwei Erfolgsgeschichten, die eindeutig zeigen, dass keine Wirtschaft ohne Verkäufer auskommt, und doch ist das Image dieses Berufsstandes so schlecht. Diese Geschichten beweisen noch etwas. Sie zeigen, dass die Märkte groß genug sind, zwei große Marken und noch mehr zu verkraften. Denn neben Coca-Cola und Pepsi gibt es noch die Afri-Cola oder auch die River-Cola eines großen deutschen Lebensmitteldiscounters. Und was lernen wir daraus? Es gibt keine gesättigten Märkte. Die Märkte sind immer dort, wo Sie mit Ihrem Produkt sind. Punkt. Wer Ihnen etwas anderes erzählt, sollte sich sein Lehrgeld auszahlen lassen und einen anderen Job suchen. Es ist schon so, wie Goethe sagte: *„Ein großer Geist irrt sich so gut wie ein kleiner, jener, weil er keine Schranken kennt, und dieser, weil er seinen Horizont für die Welt nimmt."*

Das Vertrauen der Deutschen in Berufsstände

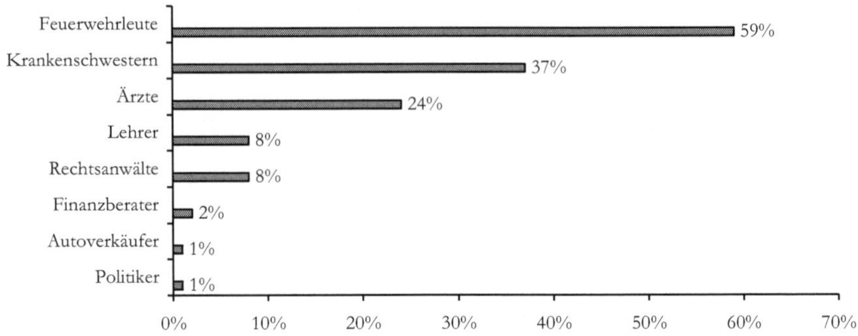

(Quelle: Das Beste 11/03)

Das höchste Ansehen genießen Feuerwehrleute. Dabei haben mehr als die Hälfte der Befragten mehr Vertrauen zu Feuerwehrleuten als zu den Ärzten. Finanzberater, Autoverkäufer und Politiker belegen mit 1 bzw. 2 Prozent die hintersten Plätze. Haben Sie eine Vorstellung davon, warum die Ergebnisse so unterschiedlich ausfallen? Ich kann Ihnen zwar keine wissenschaftlich fundierte Antwort geben, aber für mich ist klar, warum das Ansehen der Verkäufer in unserer Gesellschaft so schlecht ist. Viele Verkäufer arbeiten nach der unverschämten AUA-Methode. Also den Kunden anhauen (Hey Kunde, brauchst du…?), dann umhauen (Hey Kunde, du musst hier unterschreiben…) und dann abhauen (Hey Kunde, wo ist die Tür, ich muss gehen…). Kein Wunder, dass sich viele Kunden über den Tisch gezogen fühlen. Oft ist es ihnen nicht mehr möglich, dem unterschriebenen Vertrag zu widersprechen, und so ärgern sie sich den ganzen Tag über ihre eigene Dummheit. Dabei spielt die Summe nie eine Rolle. Der Ärger über den Kauf einer falschen Hose für 50 Euro ist genauso da wie beim falschen Kauf eines gebrauchten Motorrades für 2.000 Euro oder eines Autos für 5.000 Euro. Wer sich als Verkäufer so verhält und nur verbrannte Erde hinterlässt, darf sich nicht wundern, dass er bis ans Ende seiner Tage am Hungertuch nagt. Er wird sich nie wieder beim Kunden sehen lassen dürfen.

Statt von Stammkunden zu leben, muss dieser Verkäufertyp jeden Tag auf die Pirsch gehen und neue Kunden finden. Feuerwehrleute können zwar im Wortsinn die verbrannte Erde nicht mehr löschen, die solche Verkäufer allerorts hinterlassen, dafür kommen sie aber, wenn es an anderen Stellen brennt. Insofern müssten Networker in der Wertigkeit gleichauf liegen mit den Feuerwehrleuten, denn Networker kommen zum Kunden, wenn es bei ihm brennt! Ja, sie befriedigen das brennende Verlangen des Kunden nach finanzieller Freiheit. Das ist der Unterschied zum Verkäufer. Verkäufer kommen zum Kunden und verkaufen ihm einen Haufen unnützes Zeug. Viele von ihnen nutzen ihre Produkte noch nicht einmal selbst, so schlecht sind sie. So passierte es auch, dass ein junger Mann, nachdem er in der Zeitung die Ausschreibung eines vakanten Vertreterpostens gelesen hatte, zu der Firma ging. Schnell wurde er zum Chef vorgelassen. Der junge Mann behauptete: „Ich bin der beste Verkäufer der Welt." Angesichts dieser Worte wurde er Vertreter des Unternehmens. Doch schon nach einem halben Jahr kam er in die Zentrale zurück und meldete sich wieder beim Chef. „Ich habe Sie belogen, Herr Direktor", sagte er und schmiss einige Warenmuster auf den Schreibtisch. „Hier, sehen Sie sich das an: Ich bin bestenfalls der zweitbeste Verkäufer der Welt; der beste Verkäufer ist der, der Ihnen diese schlechten Waren verkauft hat."

Wer erfolgreich sein will, braucht natürlich gute Produkte. Das gilt besonders für Networker, die nicht verkaufen, sondern nur empfehlen und über diese Empfehlung automatisch verkaufen. Deshalb kommen Networker immer als Partner zum Kunden und gehen als

Freund. Erfolgreiche Networker nutzen natürlich die Produkte ihres Unternehmens. Das ist schließlich die beste Werbung. Ich kenne keine Tupperware-Beraterin, von denen es allein in Deutschland mehr als 70.000 gibt, die nicht ihre gesamte Wohnung mit Tupperware-Produkten ausgestattet hat. Genauso wenig ist mir je eine Avon-Beraterin über den Weg gelaufen, die nach einem Dior-Parfum roch. Sie benutzt die Produkte aus dem eigenen Haus. Oder kennen Sie eine PartyLite-Beraterin, die ihre Wohnaccessoires überwiegend bei IKEA kauft, statt ihre eigenen Produkte zu benutzen? Wohl kaum. Warum verhalten sich diese Menschen so? Die Antwort liegt doch auf der Hand: Sie sind von den Produkten überzeugt, deshalb benutzen sie die Dinge tagein, tagaus. Nur dann, wenn man die Produkte kennt und von ihrer Werthaltigkeit überzeugt ist, kann man diese weiterempfehlen. Wie will man sonst etwas empfehlen, was man selbst nicht ausprobiert hat? Das Wesen des Network-Marketings ist doch, dass ich keine wildfremden Leute anspreche, um ihnen meine Begeisterung zu zeigen. Denken Sie an mein Beispiel vom Kinobesuch. Ich würde nie auf die Idee kommen, das Kino zu verlassen und dem Erstbesten auf der Straße von diesem tollen Film berichten.

Ich würde es zunächst meinen Bekannten, Verwandten und Freunden erzählen, schließlich möchte ich, dass es ihnen gut geht. Im Network-Marketing ist es genauso. Auch hier spreche ich zunächst meinen Bekannten- und Verwandtenkreis an, um ihnen von einem einzigartigen Geschäft zu erzählen. Ich möchte doch, dass mir die Freundschaft auch nach dieser Empfehlung erhalten bleibt. Nichts ist schlimmer auf der Welt, als ein Leben ohne befreundete Menschen zu führen. Wenn ich meinem guten Freund etwas anbiete, dann möchte ich natürlich, dass er zufrieden ist. Also muss ich doch vorher quasi im Selbstversuch die Produkte getestet und auch angewendet haben, um sie mit ruhigem Gewissen weiterempfehlen zu können. Wenn auch Sie im Network-Marketing erfolgreich sein wollen, müssen Sie wissen, worüber Sie sprechen. Deshalb benutzen Sie die von Ihnen vertriebenen Produkte selbst und leben Sie vor, wie sich durch den Gebrauch dieser Produkte Ihr Leben zum Positiven veränderte und Sie dadurch Ihre finanzielle Freiheit erreicht haben.

Wichtig ist, dass Sie Ihre eigenen Ziele finden. Nicht jeder, der Produkte über Network-Marketing kauft, verknüpft damit automatisch den Drang nach finanzieller Freiheit. Network-Marketing verbindet beides. Sie entscheiden ganz allein, ob Sie beides oder nur eines von beidem nutzen möchten. Meine Mutter arbeitet seit mehr als 20 Jahren als Beraterin bei der Firma Avon, dem größten Direkt-Vertriebsunternehmen der Welt. Aufgrund ihrer Erfolge hätte sie es in diesem Unternehmen weit bringen können. Aber sie wollte nicht, und sie will es bis heute nicht. Für sie ist es wichtiger, unter Leute zu kommen, als den ganz großen Karriereschritt zu tun. Es reicht ihr, dass sie die Produkte benutzen kann und darüber hinaus einige Euros im Monat dazu verdient. Sie ist damit rundum zufrieden, während mich das überhaupt nicht zufrieden machen würde. Aber wir Menschen sind eben verschieden, und ein jeder sollte das tun, wozu er am meisten Lust hat. Ich habe Lust auf Geld, auf viel Geld. Und, worauf haben Sie am meisten Lust?

MLM-Erfolgsregel Nr. 8

„Network-Marketing ist das einzige Vertriebssystem, das jeden Menschen unabhängig von seiner Schulbildung reich machen kann. Mit Ihrem festen Willen zum Erfolg verfügen Sie über die besten Voraussetzungen.“

3.05 Network-Marketing verursacht geringe Investitionskosten

„Geld ist nicht alles. Das stimmt. Aber für Geld kriegt man alles. Und das stimmt auch."

Carl Fürstenberg

Kennen Sie die Situation? Sie sitzen mit mehreren Menschen in einem Raum, plötzlich geht die Tür auf und jemand kommt herein und alle sind fasziniert. Haben Sie sich schon mal gefragt, warum Menschen uns derart beeindrucken können? Verfügen sie über das gewisse Etwas, was uns vielleicht fehlt? Mitnichten! Niemand wird mit einem Glücks- oder Sympathie-Gen geboren. Die uns so faszinierenden Menschen haben eine Ausstrahlung, die uns so beeindruckt. Diese Menschen leben von innen nach außen, und diesen Zustand kann jeder erreichen. Von innen nach außen zu leben bedeutet nichts anderes als Zufriedenheit und mit sich und seiner Seele im Reinen zu sein. Wer von dem, was er tut, überzeugt ist, erreicht diesen Zustand der höchsten Vollendung. Bekanntlich zieht Gleiches Gleiches an. Erfolgreiche und positiv denkende Menschen ziehen sich genauso an, wie negativ gepolte Menschen nur missmutige Gleichgesinnte anziehen. Diese Menschen, die innerlich zerrissen, unzufrieden und unglücklich sind, verkaufen sich oft für einen Hungerlohn und wundern sich dann, dass sie nicht auf einen grünen Zweig kommen, wie man bei uns zu sagen pflegt.

Oft drängt sich mir der Eindruck auf, als wollten diese meine Worte nicht gehört werden oder die Menschen wollen nicht glauben, wie einfach die Dinge sein können. Wie sonst ist es zu erklären, dass noch immer viel zu viele Menschen für einen Hungerlohn Tag für Tag arbeiten gehen, als die sich bietenden Chancen zu ergreifen und vom ersten Tag an richtig Geld zu verdienen? Dieser Eindruck verstärkte sich bei mir, als ich eines Morgens in der Zeitung blätterte und auf eine Tabelle schaute. Mir ist fast vor Schreck die Kaffeetasse aus der Hand gerutscht. Das Bundeswirtschaftsministerium veröffentlichte eine Gehaltsliste[7], die sich für mich eher als Horrorliste der schlechtbezahltesten Jobs Deutschlands las. Es ist mir bis heute unverständlich, dass es Menschen gibt, die bereit sind, für diesen Lohn morgens überhaupt aufzustehen.

Die schlechtbezahltesten Jobs Deutschlands:

Beruf	**Bundesland**	**Alter**	**Verdienst pro Stunde**
Gebäudereiniger	Sachsen	-	4,09 €
Wachmann (Nachtarbeit)	Mecklenburg-Vorpom.	-	4,00 €
Angestellter in Bekleidungsindustrie	Berlin	unter 18	3,99 €
Wachmann	Sachsen-Anhalt	-	3,91 €
Hilfsarbeiter in der Landwirtschaft	Rheinland-Pfalz	unter 18	3,33 €
Gartenarbeiter ohne Ausbildung	Thüringen	-	3,33 €
Erntehelfer	Sachsen	-	3,27 €
Frisör	Thüringen	-	3,18 €
Hilfsarbeiter im Gartenbau	Sachsen	-	2,74 €

Damit wir uns richtig verstehen, ich habe vor jedem Menschen Respekt, der frühmorgens aufsteht und sich auf den Weg zur Arbeit macht. Arbeiten zu gehen ist noch immer besser, als zu Hause herumzulungern oder arbeitslos zu sein. Doch wo bleibt das Selbstwertgefühl, wenn jemand für einen Stundenlohn von 2,74 Euro arbeitet? Bei einer 40-Stunden-Woche verdient dieser arme Kerl (kann natürlich auch eine Frau sein) nicht einmal 470 Euro im Monat. Das ist schon unterhalb der Armutsgrenze, die von immer mehr Menschen durchstoßen wird. Aus dem zweiten Armuts- und Reichtumsbericht des Bundesministeriums für Familie, Senioren, Frauen und Jugend geht hervor, dass der Anteil der unter der Armutsgrenze lebenden Menschen von 1998 bis 2003 von 12,1 auf 13,5 Prozent angestiegen ist. Von den Familien seien sogar 13,9 Prozent arm. Damit gelten mehr als elf Millionen Bundesbürger als arm. Als arm werden die Bürger in den Haushalten bezeichnet, die weniger als 60 Prozent des mittleren Einkommens zur Verfügung haben. Diese Grenze liegt bei 938 Euro. Nach Adam Riese und Eva Zwerg, also unter mathematischen Gesichtspunkten, müssen die Menschen aus der vorherigen Gehaltstabelle buchstäblich von der Hand in den Mund leben. Ich frage mich wirklich, warum diese Menschen bereit sind, ein Leben in Armut zu führen. Sind sie arm an Mut oder haben sie einfach nur Angst vor ihrer eigenen Courage? Zugegeben, die Angst vor der Arbeitslosigkeit ist angesichts von mehreren Millionen Arbeitslosen nicht von der Hand zu weisen. Wie die nachstehende Datenerhebung eindrucksvoll beweist, nimmt die Sorge um den eigenen Arbeitsplatz den größten Raum ein:

Die wichtigsten Gründe für finanzielle Probleme
(Angaben in %, Mehrfachnennungen möglich)

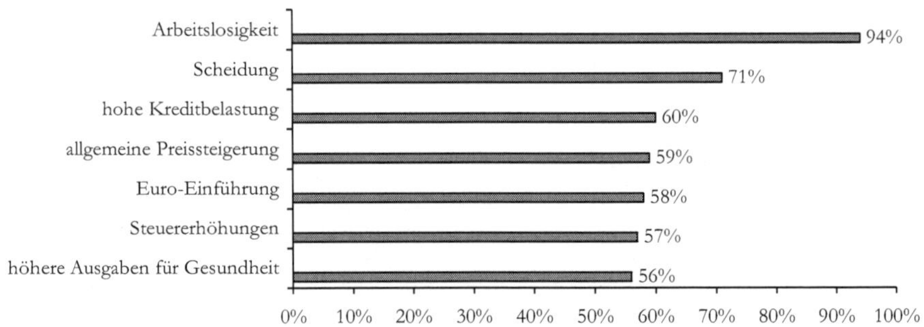

(Quelle: Intrum Justitia AG)

Die Grafik verdeutlicht, dass fast alle Befragten Angst vor einer Arbeitslosigkeit haben. Im Grunde genommen lässt sich das Problem der Arbeitslosigkeit relativ schnell lösen. Angst entsteht doch immer dann, wenn einen die Sorge umtreibt, das, was man besitzt, zu verlieren. Wer einen Arbeitsplatz „besitzt", hat danach natürlich eine Grundangst, selbigen zu verlieren. Wenn er jetzt aber sein eigener Chef wäre, dann fiele doch die Angst weg, den Arbeitsplatz zu verlieren. Als Chef im eigenen Unternehmen arbeite ich ausschließlich für mich und nicht mehr für die anderen. Also brauche ich mir doch dann auch keine Sorgen mehr um einen festen Arbeitsplatz zu machen. Was immer ich tue, ich tue es für mich.

Genauso wie die Ameise, die in der Steppe auf ein Kamel traf. Das Kamel schaute auf den Boden und beobachtete zu seinen Füßen eine kleine Ameise, wie sie sich abmühte, einen im Verhältnis zu ihrer Körpergröße überdimensionalen Strohhalm zu tragen. Das Kamel schaute der Ameise eine Weile zu und meinte dann: „Je länger ich dir so zuschaue, desto mehr bewundere ich dich. Du schleppst einen Strohhalm, der zehnmal größer ist als du selbst, als wäre das gar nichts. Ich knicke schon unter der Last eines einzigen Sackes zusammen. Warum ist das so?" „Warum das so ist?", fragte die Ameise. Sie überlegte kurz und sagte dann: „Es ist, weil ich für mich selbst arbeite und du für deinen Herrn."

So wie das Kamel, so müssen sich meiner Meinung nach auch die „Pseudo-Selbstständigen" fühlen. Das sind für mich Unternehmer, die sich einem Franchise-System angeschlossen haben. Network-Marketing wird ja sehr häufig mit diesem System verglichen. Wer aber diesen Vergleich anstellt, vergleicht Äpfel mit Birnen. Wenn es überhaupt einen gemeinsamen Nenner gibt, dann den, dass beide Systeme ein erfolgreiches und bewährtes Unternehmenskonzept weitergeben. Doch dann hören die Gemeinsamkeiten schon auf. Das Geschäftsprinzip im Franchise-System ist schnell erklärt. Sie machen sich selbstständig und dürfen den Namen des Franchisegebers benutzen, wie z. B. McDonalds, Obi, Ihr Platz oder auch BurgerKing. In der Regel erwerben Sie die Lizenz nicht auf Lebenszeit, sondern nur für eine vorher vereinbarte Laufzeit, in der Regel 20 Jahre. Dafür zahlen Sie eine einmalige Einstiegsgebühr von 15.000 bis 25.000 Euro und monatlich, je nach Unternehmen, eine Provision zwischen 2 und 15 Prozent vom Umsatz! Neben dem Recht, den Namen des Franchisegebers führen zu dürfen, bekommen Sie darüber hinaus eine Menge Know-how geliefert, um das Geschäft erfolgreich zu führen.

Wenn Sie diese Zeilen gelesen haben, dürfte Ihnen sprichwörtlich die Spucke wegbleiben, oder? Dafür, dass Sie sich in dem System selbstständig machen „dürfen“, sollen Sie erst einmal bis zu 25.000 Euro auf den Tisch des Hauses blättern. Schlimmer noch. Wenn Sie jetzt durch Ihre Schaffenskraft Umsatz generieren, dürfen Sie davon bis zu 15 Prozent vom Umsatz an den Franchisegeber abführen. Bei 100.000 Euro Umsatz sind das bereits 15.000 Euro „for nothing“. Darüber hinaus steht nach einigen Jahren Ihre Firma auf dem Prüfstand, weil der Franchisegeber am Ende der vertraglichen Laufzeit entscheiden darf, ob er weiter mit Ihnen arbeitet oder nicht. Das hat für mich mehr mit moderner Sklaverei und weniger etwas mit freiem Unternehmertum zu tun.

Diese Strukturen verdeutlichen, dass zwischen dem Franchise-System und dem Network-Marketing Welten liegen. Im Network-Marketing müssen Sie in der Regel nur eine so genannte Einschreibgebühr von unter 100 Euro bezahlen. Network-Marketing ist nie zeitlich begrenzt. Ihre Mitgliedschaft gilt auf Lebenszeit! Keine Franchisegebühr, keine anteilige Umsatzprovision, keine Geschäftskosten für einen Laden, etc. Network-Marketing ist Selbstständigkeit in Reinkultur. Es gibt kein System auf der Welt, das einem Menschen mehr finanzielle Freiheit garantiert als das Network-Marketing.

Deshalb setzen immer mehr Unternehmen auf Network-Marketing, wie Prof. Dr. M. Zacharias weiß:

> *„Immer mehr deutsche Unternehmen setzen Network-Marketing als zusätzlichen oder ausschließlichen Vertriebsweg ein … Network-Marketing hat sich mit diesen Wachstumsraten in der Bundesrepublik in einer Reihe von Märkten voll etabliert und wird in den folgenden Jahren große Zuwachsraten erzielen… Doch entscheidend ist das zweistellige Umsatzwachstum im Vergleich zur Stagnation des Umsatzes im traditionellen Einzelhandel."*

Wenn Sie sich die nachstehende Tabelle anschauen, werden Sie sehen, warum Network-Marketing jede andere Vertriebsform schlagen wird.

Unterschied zwischen Franchise und Network-Marketing

Franchise	Network-Marketing
hohe Einstiegskosten	keine oder nur sehr geringe Einstiegskosten
in der Regel nur hauptberufliche Betätigung	nebenberuflicher Einstieg möglich
hohes finanzielles Risiko	geringes finanzielles Risiko
laufende Lizenzgebühren	keine Lizenzgebühren
hohe laufende Gebühren, wie z. B. Umsatzbeteiligung und Kosten für Werbung und Marketing	in der Regel keine zusätzlichen Gebühren
sehr häufig ein zugeteiltes Verkaufsgebiet, dessen Grenzen nicht überschritten werden dürfen	keine Gebietsbeschränkung, Sie dürfen weltweit verkaufen
je nach Branche müssen Ladengeschäfte angemietet werden	Start von zu Hause aus möglich, dadurch keine großen Investitionskosten
je nach Branche ist ein Warenlager erforderlich	keine Lagerbevorratung, die Ware wird direkt vom Hersteller zum Kunden geliefert
der Franchisenehmer ist häufig weisungsgebunden seitens des Franchisegebers	fast unbeschränkte Entscheidungsfreiheit

Finanzielle Freiheit bedeutet für mich auch die Freiheit von Schulden. Angesichts der horrenden Gebühren, die fast jeder Franchisenehmer an seinen Franchisegeber zu zahlen hat, müssen die meisten Unternehmensgründer wohl mit Schulden anfangen. In einem Interview mit Focus-Money[8] sagte der Vorstand des Franchiseunternehmens PC-Spezialist dazu:

> *„Unser Konzept ist solide. Rund 90 Prozent unserer Partner erhalten eine Kreditzusage von ihrer Hausbank."*

Ich finde es nicht gerade motivierend, sein eigenes Geschäft auf Schulden aufzubauen. Wohin das führen kann, habe ich Ihnen bereits weiter oben erzählt. Neben den normalen Kosten müssen nämlich noch die Zinsen und die Tilgung für den Kredit erwirtschaftet werden. Bei einem Kredit von 50.000 Euro, der in fünf Jahren getilgt werden soll, sind das im Monat bereits 950 Euro. Dieses Geld muss zusätzlich verdient werden! Ich kann mir nicht vorstellen, dass so etwas sehr motivierend ist. Im Grunde genommen könnte doch jeder Franchisegeber seine Lizenz kostenlos abgeben und nur von der Umsatzprovision leben. Ich bin mir sicher, dass dadurch viele Franchisegeber die Zahl ihrer Franchisenehmer drastisch erhöhen würden. Durch dieses Mehr an Betrieben erhält der Franchisegeber deutlich mehr Provisionen als mit den wenigen Betrieben, von denen er noch eine Einstiegsgebühr verlangt. Wahrscheinlich haben die meisten Franchisegeber das noch gar nicht erkannt, sonst würden sie es doch tun. Sie würden das hergeben, was sie am meisten schätzen, ihr Un-

ternehmens-Know-how, um dann von den Provisionseinnahmen zu leben.

Genauso wie der amerikanische Farmer, der auf den staatlichen Landwirtschaftsmessen immer den ersten Preis gewann. Er hatte die Angewohnheit, seine besten Samen mit allen Farmern der Nachbarschaft zu teilen. Als man ihn fragte, warum er das täte, sagte er: „Eigentlich liegt es in meinem ureigensten Interesse. Der Wind trägt die Pollen von einem Feld zum anderen. Wenn also meine Nachbarn minderwertigen Mais züchten, vermindert die Kreuzbestäubung auch die Qualität meines Korns. Darum liegt mir daran, dass sie nur den allerbesten anpflanzen."

Lassen Sie mich die wesentlichen Aspekte aus diesem Kapitel übersichtlich wie folgt zusammenfassen:

Die Aufgaben eines Networker sind:

1. die Produkte selbst zu benutzen
2. die Produkte zu kennen
3. die Produkte weiterzuempfehlen

Sein Einkommen erzielt ein Networker durch:

1. den Produktverkauf
2. Provisionen aus der Downline (mit jedem Produkt, was von seinen Vertriebspartnern verkauft wird, erhält der Networker eine Provision)

Das ist schon alles. Wenn Sie diese Punkte beachten, sind Sie auf dem besten Weg, Ihre finanzielle Freiheit zu erreichen. Dann können Sie sich kaufen, was immer Sie möchten, so wie ich. Auch ich kann mir heute kaufen, was immer ich möchte. Das war nicht immer so. Ich sagte Ihnen bereits, dass ich aus ganz einfachen Verhältnissen komme und es bis nach ganz oben geschafft habe. Während dieser Entwicklung stellte ich fest, dass es eigentlich drei Stufen des Einkaufs gibt. Für mich ist die dritte Stufe dabei die angenehmste.

Stufe I

-„Kann ich mir das leisten?“-

Auf dieser Stufe stehen die meisten Menschen, so auch ich vor mehr als zwanzig Jahren. Es gab Tage, da hatte ich gerade einmal 20 Mark in der Tasche und ich stand vor der Entscheidung, davon etwas zum Essen zu kaufen oder den Wagen zu betanken, um zum nächsten Geschäftstermin zu kommen. In der Regel habe ich mich für´s Letztere entschieden. Auf eine warme Mahlzeit kann man schon verzichten, was letztlich auch gut für die Figur ist. Aber auf einen Kontakt sollte man niemals verzichten. Dieser Kontakt kann vielleicht der wichtigste Kontakt im Leben eines Networkers sein. Weil ich vorher nie wusste, wie gut oder schlecht dieser Kontakt ist, blieb mir nur eine Möglichkeit: Ich musste den Termin wahrnehmen. Nur so hatte ich die Chance, mit meinen potentiellen Geschäftspartnern ins Gespräch zu kommen. Glauben Sie mir, ich habe oft mit knurrendem Magen in den Terminen gesessen. Aber ich wusste, dass ich es niemals bereuen würde. Ich habe Recht behalten.

Stufe II

-„Brauche ich das?“-

Wer in diese Stufe aufgerückt ist, braucht keine Gedanken mehr zu verschwenden, wie er die nächsten Tage überleben wird. Er hat genügend Geld, um sich gut zu versorgen. Er hat sogar so viel Geld, dass er sich nicht mehr die Frage stellen wird (siehe Stufe I): „Kann ich mir das leisten?“ Nein, er stellt sich die Frage, ob er das wirklich braucht, was er gerade im Begriff ist zu kaufen. Er hat die Freiheit, ohne Druck seine Entscheidungen zu treffen.

Stufe III

-„Will ich das?“-

In dieser Stufe können alle Wünsche befriedigt werden. Für den Betroffenen ist es ein gutes Gefühl zu wissen, dass er sich fast alles leisten kann. Dennoch ist es nicht ganz einfach, damit umzugehen. Wer die Wahl hat, hat bekanntlich die Qual, und so steht der Betroffene immer wieder vor der Frage: „Will ich das oder will ich das nicht?“ Will ich wirklich das Superplasma TV-Gerät für 20.000 Euro? Benötige ich einen Maßanzug für 2.000 Euro? Leiste ich mir heute Abend ein extra teures Glas Rotwein oder nehme ich doch nur eine Cola? Egal, wie seine Entscheidung auch ausfallen wird, er kann es sich leisten.

MLM-Erfolgsregel Nr. 9

„Sie können nur ernten, was Sie vorher gesät haben. Deshalb arbeiten Sie wie die Ameise und nicht wie das Kamel.“

Kapitel 4
Das Erfolgsgeheimnis von Network-Marketing

„Millionär werden Sie, wenn Sie rausgehen und die Lücke im Leben entdecken. Alle meine Ideen sind immer aus persönlichen Erfahrungen entstanden."

Richard Branson

4.01 Es irrt der Mensch, solange er strebt

„Ich will euch mein Erfolgsrezept verraten: Meine ganze Kraft ist nichts als Ausdauer."

Louis Pasteur

Im vorherigen Kapitel habe ich Ihnen den Unterschied zwischen einem Franchise-System und dem Network-Marketing vorgestellt. Sie haben gesehen, dass die Vorteile im Network Marketing deutlich überwiegen, wie auch Prof. Dr. Zacharias feststellt:

> *„Meine These lautet deshalb: Der Warenhandelsdirektvertrieb und dabei insbesondere die Spielart des Network-Marketing wird zum Wachstumsmotor Nr. 1 im Konsumgütervertrieb und wird die Erfolge des Franchisesystems in den Schatten stellen, weil es die gesellschaftlichen Trends erfüllt."*

Prof. Dr. M. Zacharias

Vor einiger Zeit sah ich im Fernsehen eine Talkshow, zu der unter anderem auch Bill Gates, der Mitbegründer von Microsoft, geladen war. Man diskutierte über seine unglaublichen Erfolge und sein bisheriges Leben. Den Anwesenden war klar, dass man mit einer solchen Idee nur einmal im Leben eine Punktlandung machen konnte und selbiges nie mehr zu wiederholen ist. Dennoch wurde Bill Gates danach befragt, was er heute tun würde, wenn er noch einmal die Chance hätte, neu anzufangen. Er überlegte nicht lange und sagte, dass er ins Franchise einsteigen würde. Als die Talkgäste das hörten,

mussten sie alle laut lachen. Darauf antwortete Bill Gates nur: „Sehen Sie, das ist der Grund, warum ich auf dieser Seite des Lebens stehe und Sie auf der anderen Seite.“ Doch Franchise war gestern, Network-Marketing ist heute, weil es eine deutliche Verbesserung des Franchise ist. Handeln Sie wie Bill Gates und ergreifen Sie die Chance, das Geschäft Ihres Lebens aufzubauen.

Das Verhalten der Talkgäste ist typisch für Menschen, die nichts erreicht haben im Leben und ohne Geld dastehen. Sie genieren sich nicht, einem Mann wie Bill Gates die Stirn zu bieten, der es in seinem Leben zu mehr gebracht hat als je ein anderer Mensch vor ihm. Aber die Dummen sterben nicht aus, die hat es immer gegeben und die wird es auch immer wieder geben, wie ein kleiner Ausflug in die Vergangenheit beweist. So stand in einem Artikel der Boston Post von 1865: „Gut informierte Leute wissen, dass es unmöglich ist, die Stimme über Drähte zu übertragen und dass, selbst wenn es möglich wäre, es keinen praktischen Nutzen hätte“. Professor Erasmus Wilson an der Oxford Universität meinte im Jahre 1878: „Ich denke, dass ich ohne Widerspruch behaupten kann, dass, sobald die Pariser

Ausstellung geschlossen hat, die Sache mit dem elektrischen Licht mit ihr den Abschluss finden wird und man niemals wieder etwas von ihm hören wird." Lord Kevin, Präsident der Royal Society, behauptete 1895: „Es ist unmöglich, dass eine Maschine, die schwerer ist als Luft, je wird fliegen können." Der Sprecher von Daimler-Benz meinte Anfang des 20. Jahrhunderts gar: „Es wird niemals einen Massenmarkt für Automobile geben, gerade mal 1.000 Stück in Europa, weil dies die begrenzte Zahl an verfügbaren Chauffeuren ist." Im Jahre 1939 titelte die New York Times: „Die amerikanische Durchschnittsfamilie hat keine Zeit zum Fernsehen." Auch der legendäre IBM-Firmenchef, Thomas Watson, irrte, als er 1943 in einem Interview sagte: „Ich denke, dass es einen Weltmarkt für etwa fünf Computer geben wird." Noch 14 Jahre später untermauerte der Chefredakteur der Sparte Business-Bücher vom Prentice Hall Verlag diese Aussage durch folgende Feststellung: „Ich bin durch die USA gereist und habe mit den intelligentesten Menschen gesprochen, und ich kann Ihnen versichern, dass Datenverarbeitung ein Trend ist, der kein Jahr mehr überleben wird." Hätte Bill Gates auf die Besserwisser gehört, gäbe es heute noch immer keinen PC, der mittlerweile fast in jedem Haushalt steht. Ich könnte meine Aufzählung unendlich weiterführen. Die Liste der Irrtümer ist lang. Doch die wenigen hier zitierten Aussagen verdeutlichen die Ahnungslosigkeit vermeintlicher Experten. Die Welt ist voller Menschen, die einem genau sagen können, warum es nicht geht, und viele lassen sich von diesen Meinungen in die Irre führen. Die aber, die bereit sind, ihren eigenen Weg zu gehen und durchaus einkalkulieren, dass es auch einmal schief gehen kann, sind die wahren Helden und Sieger. Seien wir doch ehrlich. Wer hätte vor 20 Jahren Bill Gates auch nur einen Cent seines Geldes anvertraut, indem er Aktien dieses Unternehmens gekauft hätte? Die wenigsten wären dazu bereit gewesen. „Wer bitte ist Microsoft?", fragten sich damals neunmalkluge Aktionäre und mieden diese Aktien. Dafür wurden sie abgestraft. Microsoft begann 1986, Aktien auf den Markt zu bringen. Seit dieser Zeit ist die Aktie um 6.000 Prozent gestiegen (!). Sie ist neben Coca-Cola eine der wichtigsten Aktien der Welt. So liegt das Handelsvolumen der Microsoft- und Coca-Cola-Aktien an der New Yorker Börse bei 8 Milliarden Euro täglich! Zum besseren Verständnis: Das tägliche

Handelsvolumen aller in Deutschland gehandelten Aktien liegt bei „nur“ 5 Milliarden Euro. Diese Zahlen verdeutlichen auf sehr eindrucksvolle Weise, wohin eine Vision führen kann. Darüber hinaus beweisen sie, was der französische Lyriker Victor M. Hugo bereits im 19. Jahrhundert sagte:

> *„Nichts auf der Welt ist so mächtig wie eine Idee, deren Zeit gekommen ist.“*

Natürlich können wir die Zeit nicht zurückdrehen. Auch bringt es nichts, diesen Zeiten nachzutrauern und seine Wunden wegen der verpassten Chancen zu lecken. Jeden Tag ergeben sich neue Wunder und Chancen, die es zu nutzen gilt. Auch das Wunder der exorbitanten Geldvermehrung ist heute noch möglich. Vorausgesetzt, Sie hören nicht auf Dummschwätzer, die auf Sie negativ einreden und mehr Probleme denn Chancen sehen. Sie verhalten sich wie die italienischen Frösche.

Eine Gruppe von italienischen Fröschen hatte sich zum Ziel gesetzt, die Spitze eines hohen Turms zu erreichen. Dieses Ereignis wollten sich zahlreiche Zuschauer nicht entgehen lassen und so versammelten sich einige hundert Frösche am Tag der Entscheidung am Fuße des Turms. Das Rennen konnte beginnen. Doch von den Zuschauern glaubte niemand wirklich, dass es möglich sein würde, dass die Frösche die hohe Turmspitze erreichen könnten. Alles, was man hören konnte, waren Rufe wie: „Ach, wie anstrengend“, „Das schaffen die nie“, „Der Turm ist viel zu hoch“, „Die werden nie ankommen“, etc. Angesichts dieser negativen Zurufe resignierten die Frösche schon auf den ersten Metern. Außer einem, der kraftvoll weiterkletterte. Auch ihm riefen die

Zuschauer hinterher: „Gib auf, das schaffst du nicht". Doch der Frosch hörte nicht auf und kletterte unbeirrt weiter, und mit enormem Kraftaufwand erreichte er als Einziger die Turmspitze. Die Zuschauer klatschten frenetisch Beifall, während die anderen Frösche auf ihn zugingen, sowie er wieder festen Boden unter seinen Schenkeln hatte. Sie wollten von ihm wissen, wie er diese großartige Leistung vollbringen konnte. Es stellte sich heraus, dass der Gewinner TAUB war. Die Moral der Geschichte: Hören Sie niemals auf Leute, welche die schlechte Angewohnheit haben, immer negativ und pessimistisch zu sein. Sie stehlen Ihnen die schönsten Wünsche und Hoffnungen, die Sie in Ihrem Herzen tragen. Unterschätzen Sie nie die Macht der Worte. Stellen Sie sich einfach taub, bevor Sie auf das Geschwätz der Besserwisser hören, die Ihnen erzählen wollen, dass Sie es nie schaffen werden, Ihren Traum zu leben. Schon haben Sie Ihre Ruhe. In diesem Zustand können Sie Schritt für Schritt an die Verwirklichung Ihrer Pläne gehen.

MLM-Erfolgsregel Nr. 10

„Denken Sie an die Worte Victor Hugo´s: „Nichts trägt im gleichen Maß wie ein Traum dazu bei, die Zukunft zu gestalten. Heute Utopia, morgen Fleisch und Blut."

4.02 Network-Marketing ist eine Goldader

„Ein gescheiter Mann muss so gescheit sein, Leute anzustellen, die viel gescheiter sind als er."

John F. Kennedy

Oder müsste ich sagen, dass es noch nie so einfach war wie heute, sein Geld zu vermehren? Sie müssen kein zweiter Bill Gates werden oder auswandern, um im fernen Alaska nach einer Goldader zu suchen. In heutiger Zeit auf eine Goldmine zu stoßen, ist angesichts knapper werdender Rohstoffe ohnehin für uns Normalsterbliche fast unmöglich. Das ist aber nicht weiterhin tragisch, denn es gibt eine viel bessere Alternative, die weniger schweißtreibend, dreckig und unsicher ist wie das Aufspüren einer Goldader. Mit Network-Marketing haben Sie diese alternative Goldader gefunden. Wenn Sie hier die Dinge richtig anpacken, brauchen Sie in Ihrem Leben nie wieder zu ackern, malochen oder bis zum Umkippen zu arbeiten. Sie brauchen keine schweren Sachen mehr zu tragen oder sonstige Dinge, wie z. B. einen schweren Eimer Wasser schleppen, um Geld zu verdienen. Was es damit auf sich hat, lesen Sie in der nachfolgenden Geschichte.

In einem kleinen, von der Sonne verwöhnten Dorf lebten die Menschen friedlich zusammen. Es hätte alles so schön sein können, gäbe es nicht ein kleines Problem. In dem Dorf gab es kein Wasser. Selbst wenn es regnete, reichte der Vorrat nur für einige Stunden. Weil es so nicht weitergehen konnte, beschloss der Ältestenrat des Dorfes, ab sofort Wasser liefern zu lassen. Zwei Freiwillige waren bereit, diese Aufgabe zu übernehmen. Der Ältestenrat nahm beide unter Vertrag, weil ein Wettbewerb zum einen für niedrige und faire Preise sorgt und zum anderen einen ständigen Vorrat an Wasser sicherstellt.

Der erste Vertragspartner, nennen wir ihn Karl, lief sofort los, kaufte zwei Stahleimer und begann den Weg zum eine Meile entfernten Fluss hin- und zurückzulaufen. Er fing sofort an Geld zu machen, indem er sich von früh bis spät abmühte, mit seinen beiden Eimern Wasser aus dem Fluss zu holen. Er leerte sie in den großen Wasserspeicher, den die Dorfältesten eigens bauen ließen. Jeden Morgen musste Karl aufstehen, bevor die anderen Dorfbewohner erwachten, um sicherzustellen, dass ein ausreichender Wasservorrat vorhanden war. Es war eine anstrengende Arbeit, aber Karl war sehr froh darüber, dass er mit dieser Tätigkeit Geld verdiente.

Der zweite Vertragspartner, Albert, verschwand für eine Weile. Monatelang war keine Spur von ihm zu sehen, was Karl sehr glücklich machte, da er keine Konkurrenz hatte. Karl verdiente das ganze Geld.

Doch anstatt zwei Eimer zu kaufen, um mit Karl in Wettstreit zu treten, hatte Albert einen Geschäftsplan ausgearbeitet, ein Unternehmen gegründet, vier Investoren gefunden und einen Direktor eingestellt, der die Arbeit erledigte. Sechs Monate nach Abschluss des Vertrages kehrte Albert mit einem Bautrupp zurück. Innerhalb eines Jahres hatte sein Team eine Wasserleitung aus rostfreiem Stahl mit einer großen Kapazität gebaut, die das Dorf mit dem Fluss verband.

Bei der großen Eröffnungsfeier verkündete Albert, dass sein Wasser sauberer sei als Karls. Albert wusste, dass es Beschwerden über Schmutz in Karls Wasser gegeben hatte. Albert gab auch bekannt, dass er das Dorf ab sofort 24 Stunden am Tag, 7 Tage pro Woche, mit Wasser versorgen könne. Karl konnte nur an Wochentagen Wasser liefern, er arbeitete nicht am Wochenende. Dann verkündete Albert, dass er für die bessere Qualität und die verlässlichere Zulieferung seines Wassers 75 Prozent weniger verlangen werde als Karl.

Die Menschen seines Dorfes jubelten und stürzten sich sofort auf den Wasserhahn am Ende von Alberts Leitung.

Um mithalten zu können, senkte Karl den Preis für seine Wasserzulieferung umgehend um 75 Prozent, kaufte zwei weitere Eimer, versah sie mit Deckeln und schleppte nun jedes Mal vier Eimer hin und zurück. Um seine Dienstleistungen zu verbessern, ließ er sich während der Nachtschicht und an den Wochentagen von seinen zwei Söhnen helfen. Als seine Söhne aufs College kamen, sagte er zu ihnen: „Kommt schnell zurück, denn eines Tages wird euch dieses Unternehmen gehören." Doch aus irgendeinem Grund kehrten seine beiden Söhne nie zurück. Schließlich stellte Karl Mitarbeiter ein und bekam Probleme mit der Gewerkschaft. Die Gewerkschaft forderte höhere Löhne, bessere Zusatzleistungen und verlangte, dass ihre Mitglieder nur einen Eimer auf einmal tragen sollten.

Albert hingegen kam zu der Erkenntnis, dass, wenn sein Dorf Wasser brauchte, andere Dörfer ebenfalls auf Wasser angewiesen sein müssten. Er überarbeitete seinen Geschäftsplan und begann, sein Zulieferungstempo, die große Kapazität, den niedrigen Preis und die Sauberkeit seines Wasserzulieferungssystems an Dörfer auf der ganzen Welt zu verkaufen. Er verdiente nur 1 Cent pro Eimer gelieferten Wassers, aber er lieferte Tausende Eimer Wasser täglich. Unabhängig davon, ob er arbeitete oder nicht, verbrauchten Tausende von Menschen Tausende Eimer Wasser, und dieses ganze Geld floss auf sein Bankkonto. Albert hatte neben der Wasserleitung zu den Dörfern auch ein Leitungssystem entwickelt, durch welches ihm Geld zuströmte. Albert lebte glücklich und zufrieden, und Karl arbeitete für den Rest seines Lebens hart, ständig begleitet von finanziellen Problemen.

Diese Geschichte wirft zwei Fragen auf, von deren Antworten Ihre finanzielle Freiheit abhängt:

1. Bauen Sie eine Wasserleitung oder schleppen Sie Eimer?

2. Malochen Sie rund um die Uhr oder arbeiten Sie clever?

Erinnern Sie sich noch an mein „Rad der finanziellen Freiheit“ im Kapitel „Das Märchen vom sicheren Arbeitsplatz“? Dann wissen Sie, dass auf der linken Seite des Rades die Angestellten und Arbeiter stehen. Das sind die Menschen, die täglich vier Eimer Wasser schleppen, aber nur einen Eimer bezahlt bekommen. Darüber hinaus setzen sie sich einem ungeheuren Stress aus, wie eine Betriebsrätebefragung des Wirtschafts- und Sozialwissenschaftlichen Instituts (WSI) der Hans-Böckler-Stiftung ergab. Termin- und Zeitdruck, schlechtes Führungsverhalten von Vorgesetzten und die Angst, den Arbeitsplatz zu verlieren, das sind die größten Belastungen für Arbeitnehmer.

Arbeitsbelastung in den Betrieben

Bewertung auf einer Skala von 1 (= sehr gering) bis 7 (= sehr hoch):

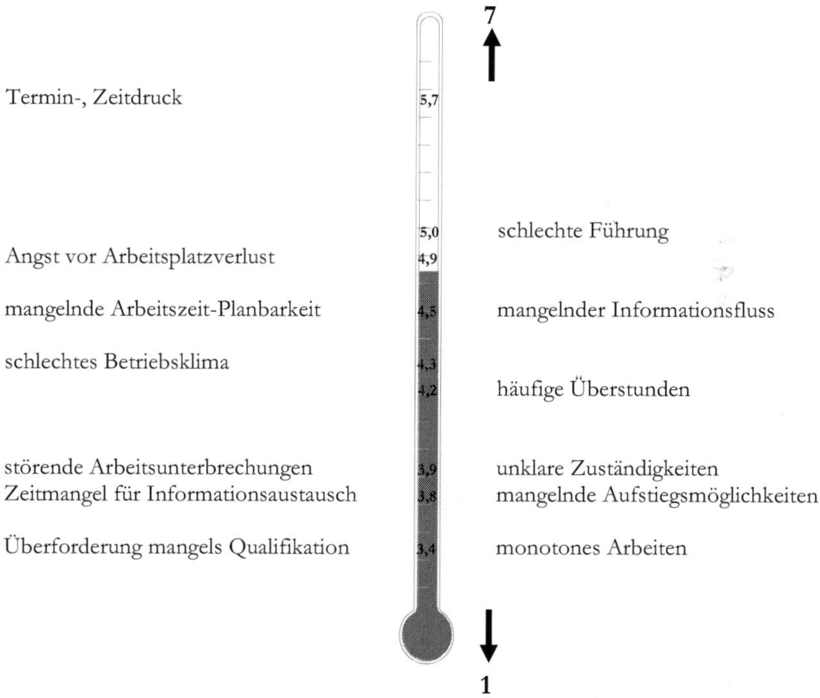

Wollen Sie sich mit diesen Belastungen ein Leben lang herumplagen oder ist es nicht vernünftiger, Veränderungen anzustreben? Der Weg in die Selbstständigkeit ist keine Lösung, wie ich bereits mehrfach zum Ausdruck gebracht habe. Sie erinnern sich, dass auf derselben Seite des Rades ebenfalls die Selbstständigen stehen. Auch sie schleppen jeden Tag vier Eimer Wasser, bekommen aber vier Eimer bezahlt. Dadurch unterscheiden sie sich schon von den Angestellten. Doch einfacher haben sie es auch nicht. Dazu müssten sie die Seiten wechseln, und zwar auf die Seite der Unternehmer (rechte Seite des Rades). Unternehmer lassen Eimer schleppen, spielen Tennis und verdienen während dieses Vergnügens Geld. Ähnlich wie der Albert aus der kleinen Geschichte haben diese Unternehmer nachgedacht und ihre Wasserleitung gebaut. Jeder, ich möchte betonen jeder, kann seine eigene Wasserleitung bauen und von den Erträgen aus dieser Wasserleitung ein angenehmeres Leben führen, vorausgesetzt, er will es wirklich. Ganz im Sinne des alten Sprichwortes: „Des Menschen Wille ist sein Himmelreich." Sie ganz allein entscheiden, ob Sie weiterhin Eimer schleppen wollen oder Eimer schleppen lassen. Es ist wirklich so einfach, eine Wasserleitung zu bauen, um davon ein Leben lang zu profitieren. Weil es so einfach ist, glauben viele Menschen nicht daran, weil wir von Kindesbeinen an subjektiv konditioniert werden. Wir machen nie das, was uns gefällt, sondern immer das, was anderen gefällt. Wir übernehmen deren Verhalten, ohne zu fragen, warum wir so und nicht anders handeln müssen. Unser Verhalten gleicht dem einer Ehefrau, die eine Lammkeule auf eine ganz besondere Art zubereitet.

Der Ehemann schaut zu, wie seine Frau eine Lammkeule halbiert und beide Stücke nebeneinander in einen großen Brattopf legt. „Warum machst du das?", will er wissen. „Der Topf ist doch groß genug, um die Keule am Stück hineinzulegen?" Darauf sagt die Frau zu ihm: „Das kann ich dir nicht sagen. Ich habe es von meiner Mutter gelernt und sie meinte, man machte das immer so." Der Ehemann will es genau wissen und geht somit zu seiner Schwiegermutter und stellt ihr dieselbe Frage, worauf sie antwortet: „Ich habe es so von meiner Mutter gelernt und denke, dass es einfach besser ist." Der Mann hat Glück, dass die Mutter der Schwiegermutter noch lebt, zwar im betagten Alter, aber immerhin noch bei Verstand. So fährt er zu ihr und fragt sie: „Oma Meyer, warum hast du deiner Tochter den Rat gegeben, die Lammkeule zu teilen?" Darauf die alte Dame: „Unser Bratentopf war zu klein, deshalb teilte ich die Keule."

Auch wenn Sie nun darüber lachen mögen, aber das Leben ist tatsächlich so. Als Kinder übernehmen wir das Verhalten unserer Eltern, sehr oft auch deren Meinung, ohne zu hinterfragen, warum so und nicht anders zu handeln ist. Grundsätzlich ist daran auch nichts zu bemängeln, solange die Eltern in der Lage sind, die Dinge objektiv zu sehen. Weil das aber selten der Fall ist und Menschen durch ihre Erfahrungen geprägt werden, werden wir von Kindesbeinen an subjektiv beeinflusst. Der Vater, der als Beamter arbeitet, wird seine Kinder sicherheitsbewusster erziehen als ein Unternehmer. Ein Lehrer wird seinen Fokus mehr auf das Wissen und weniger auf die praktische Veranlagung setzen. Ein Arzt wünscht sich, dass seine Kinder es ihm gleich tun und ebenfalls Medizin studieren. In einer solchen Entwicklung bleibt natürlich wenig Raum für neue, unkonventionelle Dinge. Das Gegenteil ist häufig der Fall. Oft übernehmen die Kinder Klischees und glauben bis ans Ende ihrer Tage daran.

Das Verhalten der Eltern erinnert mich an Raucher innerhalb der Familie, die ihren Kindern predigen, nicht zur Zigarette zu greifen, während sie sich im selben Moment die nächste Fluppe anstecken. Sowie Sie Kinder haben, sollten Sie endlich aufhören, Ihre Kinder zu erziehen, sie tun sowieso nur das, was Sie tun und ihnen vorleben! Wenn Sie erfolgreiche Kinder haben wollen, müssen Sie selber erfolgreich sein. Mein Vater meinte, dass es auch anders gehen würde. So sagte er mir immer: „Udo, dass du arme Eltern hast, dafür kannst du nichts, wenn du dir aber arme Schwiegereltern suchst, bist du selbst schuld." Spaß beiseite. Das Thema ist viel zu ernst. Tatsache ist doch, dass wir es gewohnt sind, auf andere zu hören und deren Meinung zu übernehmen, statt unseren eigenen Kopf zu benutzen. Wir glauben, dass es normal ist, im Schweiße unseres Angesichts Geld zu verdienen. Wir glauben, es sei normal, dass es nur wenige Menschen gibt, die reich werden dürfen, während wir ein Leben am unteren Limit führen müssen. Wir glauben, dass es normal sei, seine Ansprüche zurückzustellen und anderen den Vortritt zu lassen. Mit dieser Einstellung werden wir niemals unsere finanzielle Unabhängigkeit erreichen. Wer so denkt, degradiert sich auf die unterste Stufe der Erfolgsleiter oder, wie Fußballer zu sagen pflegen, man spielt nur noch Kreisliga, statt in der ersten Liga mitzuspielen. Alles, was nach der ersten Liga kommt, interessiert niemanden mehr, oder wissen Sie, wer in der zweiten Liga die Tabelle anführt? Sie sehen, der zweite Sieger ist der erste Verlierer! Daher mein Rat:

„Hören Sie auf, normal zu sein!“

Tun Sie endlich das, was Sie für richtig halten, und bauen Sie Ihre eigene Wasserleitung. Dazu müssen Sie nur Ihre Einstellung ändern. Sie sind heute das Produkt Ihrer Gedanken von gestern und werden morgen das Produkt Ihrer Gedanken von heute sein. Wenn Sie also etwas verändern möchten in Ihrem Leben, müssen Sie heute damit beginnen.

Wenn Sie bereit sind, sich jetzt zu verändern, sollten Sie es einmal auf den nachfolgenden Versuch ankommen lassen. Die typische Situation am Fahrstuhl ist jedem hinlänglich bekannt. Wenn man seit Jahren in demselben Haus wohnt, kennt man die Leute, die immer zur selben Zeit in den Fahrstuhl ein- und aussteigen. Man stellt sich zu ihnen, wartet, bis sich die Fahrstuhltür öffnet, steigt in die Kabine und drückt verlegen den Knopf fürs Erdgeschoss, obwohl die anderen diesen Knopf bereits gedrückt haben. Die Tür schließt sich. Man dreht verlegen seinen Kopf hin und her und liest das Typenschild des Fahrstuhls, das man schon auswendig kennt. Man weiß, dass der Fahrstuhl am 10.01.1976 gebaut wurde, dass das zulässige Gesamtgewicht bei 900 kg liegt und dass maximal 10 Personen gleichzeitig mitfahren dürfen. Der Fahrstuhl setzt sich in Bewegung und oberhalb der Tür können wir erkennen, wie langsam sich die Kabine abwärts bewegt, 5. Stock, 4. Stock, 3. Stock, …. Erdgeschoss. Die Tür öffnet sich, und schnell rennen die Menschen heraus, als wäre eine Wespe hinter ihnen her. Das Szenario wiederholt sich Tag für Tag, Monat für Monat und Jahr für Jahr. Immer die gleiche Prozedur, die Erinnerungen an den Kultfilm „Und täglich grüßt das Murmeltier" weckt. Und nun kommen Sie ins Spiel. Machen Sie es doch einmal ganz anders. Reagieren Sie so, wie man es von Ihnen gar nicht erwartet hätte. Wenn das nächste Mal die Fahrstuhltür aufgeht, betreten Sie die Kabine und begrüßen Sie die anwesenden Fahrstuhlgäste mit: „Einen wunderschönen guten Morgen." Was, glauben Sie, wird passieren? Als Erstes bekommen Sie mehr Platz, weil einige Leute etwas zurücktreten werden. Zweitens wird der eine oder andere tuscheln und Sie schnappen Sätze auf wie „Der hat wohl zuviel gesoffen" oder „Ist der schon ganz nüchtern?". Andere Gäste werden vielleicht ein verlegenes „Moin Moin" wünschen.

Für die nicht norddeutschen Leser unter Ihnen sei an dieser Stelle angemerkt, dass Moin Moin soviel wie „Leck mich am Allerwertesten" heißt, um es vornehm auszudrücken. Mit anderen Worten: Die Situation, die Sie mit einem einzigen Satz ausgelöst haben, ist für viele dieser Menschen fremd. Sowie Sie dann den Fahrstuhl verlassen, drehen Sie sich nochmals zu den Menschen um, die noch immer etwas verstört an der hinteren Fahrstuhlwand kauern, und wünschen ihnen noch einen schönen Tag. Am nächsten Morgen wiederholen Sie Ihr Verhalten. Sie begrüßen die Menschen mit denselben Worten. Ich bin mir sicher, dass der eine oder andere Fahrgast vielleicht etwas zögerlich nicken wird. Vielleicht vernehmen Sie auch schon ein zartes, kaum wahrnehmbares „Guten Morgen" aus der rechten Ecke des Fahrstuhls (nicht politisch gemeint). Wenn Sie Ihr Verhalten einige Tage durchhalten, werden Sie sehen, dass die ganze Atmosphäre im Fahrstuhl wesentlich entspannter, lockerer und unterhaltsamer geworden ist als je zuvor. Plötzlich reden die Menschen miteinander. Ihr Verhalten hat dazu beigetragen, dass Sie plötzlich bekannt sind wie ein bunter Hund. Die Leute aus dem zwölften Stock sind schon ganz aufgeregt, weil sie wissen, dass Sie im sechsten Stock zusteigen werden. „Gleich kommt wieder der Verrückte aus dem sechsten Stock", werden sie sagen und dabei ein wenig schmunzeln. Lassen Sie sich nicht irritieren und ziehen Sie das Ganze zwei Wochen durch. Doch am Montag der dritten Woche ändern Sie Ihr Verhalten. Jetzt betreten Sie den Fahrstuhl wie früher. Sie senken Ihren Kopf, grüßen nicht und sagen auch sonst keinen Ton. Können Sie sich vorstellen, was nun passieren wird? Die Leute gucken sich ganz entsetzt an und werden sich fragen, ob Sie vielleicht krank sind. Sie werden Sie fragen, ob Ihnen etwas Schlimmes widerfahren ist oder ob gar jemand gestorben ist. Plötzlich nimmt man Anteil an Ihnen. Sie sind diesen Menschen nicht mehr gleichgültig.

Üben Sie sich dabei in Geduld. Rom wurde auch nicht an einem Tag gebaut. Sie werden es schaffen, Sie sind als Sieger geboren. Haben Sie je über die Kämpfe nachgedacht, die Sie gewannen, bevor Sie überhaupt geboren wurden? Millionen von Samenzellen nahmen an einem großen Wettkampf teil, und nur eine dieser Zellen siegte! Aus dieser Zelle sind Sie entstanden. Es war ein einzigartiger, großer Wettlauf, und das Ziel war eine kostbare Eizelle, die einen klitzekleinen Kern enthielt. Dieses Ziel, das die Samenzellen zu erreichen versuchten, war kleiner als eine Nadelspitze, und jede der Samenzellen war so klein, dass es einer zigtausendfachen Vergrößerung bedurft hätte, um sie für das menschliche Auge sichtbar zu machen. In dieser mikroskopisch kleinen Welt haben Sie den wichtigsten Kampf Ihres Lebens ausgetragen und gewonnen! Dagegen ist das, was Ihnen jetzt bevorsteht, ein Spaziergang. Sie wurden als Sieger geboren, und welche Herausforderungen jetzt auch auf Sie warten mögen, sie sind nicht im Entferntesten so groß wie diejenigen, die Sie im Augenblick Ihrer Zeugung und Ihrer Geburt bereits überwunden haben.

MLM-Erfolgsregel Nr. 11

„Schleppen Sie nie wieder schwere Eimer, bauen Sie stattdessen Ihre eigene Wasserleitung. Dadurch erzielen Sie ein lebenslanges passives Einkommen."

Kapitel 5
Das sollten Sie über Network-Marketing wissen

„Die Geduld nicht verlieren, auch wenn es unmöglich scheint, das ist Geduld."

Japanisches Sprichwort

5.01 Fluch und Segen des Network-Marketings

„Nichts wird so unwiederbringlich versäumt wie die Gelegenheit, die sich täglich bietet."

Marie von Ebner-Eschenbach

Ich hoffe, Sie fühlen sich nun als Sieger. Ohne Ihre Euphorie dämpfen zu wollen, so möchte ich an dieser Stelle doch mahnend den Zeigefinger heben. Natürlich dürfen Sie sich als „Sieger" fühlen, weil Sie das Feld der Konkurrenten hinter sich ließen. Sich jetzt aber auf diesen Lorbeeren auszuruhen ist der falsche Ansatz. Als Sieger müssen Sie immer weiter voranschreiten, sonst werden Sie von anderen „Siegern" überholt. Überlegen Sie bitte einmal, wie lange Sie warten mussten, bis Sie endlich in das Licht der Welt blicken durften. In der Regel vergehen vom ersten Kampf um die Eizelle bis zur Geburt zehn Monate. Volkesmeinung ist eine andere. Die meisten Menschen glauben, eine Schwangerschaft dauere nur 9 Monate. Tatsächlich aber sind es 40 Wochen! Wie sagte schon der römische Dichter Ovid so treffend?: „Glaubt dem, der es erfahren hat." Ich weiß, wovon ich spreche, schließlich bin ich vierfacher Vater.

Egal, wie lange nun eine Schwangerschaft dauern mag, sie macht eines deutlich: Sie schlüpfen nicht sofort als Sieger auf die Welt, Sie müssen sich schon etwas in Geduld üben. Das aber scheint eine Tugend zu sein, die viele vergessen haben. Wer im Network-Marketing erfolgreich arbeiten will, braucht Geduld. Oft viel Geduld. Es gibt Menschen, die sind sofort Feuer und Flamme für eine neue Network-Marketing-Idee. Voller Elan stürzen sie sich in die Arbeit, beseelt von dem Gedanken, es allen zeigen zu wollen. Im Wortsinn bauen sie ihre Wasserleitung Meter für Meter. Dann gerät ihre Arbeit ins Stocken und sie hören auf, diese Wasserleitung weiterzubauen. Mit anderen Worten: Sie lassen sich für das Geschäft begeistern, fangen an, die ersten Kontakte zu knüpfen, also die ersten Meter der Wasserleitung zu legen, und geben auf, wenn die fünfte Absage ins Haus hagelt. Network-Marketing ist ein Segen für die Menschen. Doch gleichzeitig wird es auch von einem Fluch begleitet. Es ist der Fluch: „Wenn ich keinen Erfolg habe, höre ich morgen wieder auf". So einfach, wie man im Network-Marketing beginnen kann, so einfach kann man auch wieder aufhören. Die Menschen, die beträchtliche Summen in ein Franchise-System investierten, sind zum Erfolg verdonnert, ansonsten verlieren sie viel Geld. Sie beißen sich durch, arbeiten hart und lassen sich auch von keinem noch so starken Orkan, der ihnen ins Gesicht bläst, unterkriegen. Sie kämpfen wie ein Löwe, denn schließlich ist es ihr Geld. Wer kein Geld investiert hat, kann es auch nicht verlieren, und genau hier liegt das Problem. Im Network-Marketing muss so gut wie kein Geld investiert werden. Das Einzige, was jeder Networker investiert, ist seine Zeit. Deshalb ist es auch so einfach aufzuhören. Dort, wo weder emotionale Bindung noch Geld eingebunden sind, ist es leicht aufzuhören, wenn die ersten Probleme auftreten. Diese Menschen glauben, sie sind in ein „So werde ich schnell reich"-System eingestiegen, quasi eine Art Rolltreppe zum Erfolg. Nur noch aufsteigen und alles andere geht vollautomatisch. Doch dann würde es No-Network-Marketing heißen. Das Gegenteil ist der Fall. Network-Marketing ist kein Glücksspiel und kein System für faule Menschen. Es heißt Network. Darin kommt das englische Wort *work* für arbeiten vor, wobei in diesem Zusammenhang nicht von harter körperlicher Arbeit die Rede ist, sondern vom Fleiß. Denn Network-Marketing ist super einfach und alles andere als harte körperliche Arbeit. Network-Marketing ist ein System, das einem Networker Geduld, Fleiß und viel Disziplin abverlangt. Die Disziplin, jeden Tag aufs Neue dieselben Aufgaben zu verrichten:

> „Täglich Menschen begeistert von den Produkten
> und der Geschäftsmöglichkeit erzählen."

Deshalb muss man telefonieren, persönliche Gespräche führen und natürlich auch Präsentationen abhalten. Darüber hinaus muss die Vertriebsmannschaft tagtäglich motiviert werden, neue Interessenten einzuladen, sie zu einer Präsentation zu bringen, um ihnen dort die Produkte und das Geschäft zu zeigen. Mit der Rekrutierung neuer Geschäftspartner verbringt der erfolgreiche Networker die meiste Zeit am Tag, wie die nachstehende Grafik aus der mehrfach zitierten Studie zeigt.

Durchschnittlich verbringen Networker ihre Tätigkeit wie folgt:

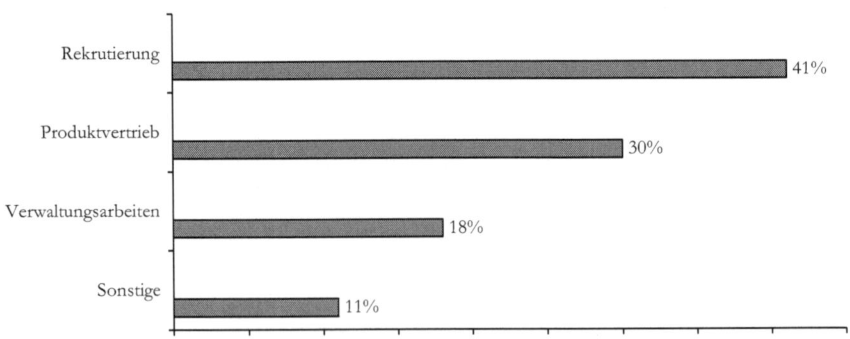

Die meisten Menschen, die von einem reichen und erfüllten Leben träumen, können sich nicht in Geduld üben, wenn es darum geht, ihr Ziel zu erreichen. Das ist sehr schade. Bekanntlich ist nämlich noch kein Meister vom Himmel gefallen. Niemand erwartet von Ihnen, dass Sie schon zu Beginn perfekt sind. Erfolgreiche Networker werden nicht geboren. Erfolgreiche Networker werden gemacht. Es ist vergleichbar mit dem Fahrradfahren. Kein Kleinkind ist in der Lage, eigenständig Fahrrad zu fahren, ohne vorher intensiv zu üben. Nach einigen Übungen und Stürzen, verbunden mit zahlreichen Blessuren, sitzt das Kind aufrecht im Sattel und fährt selbst die schwierigsten Strecken kinderleicht. Das Lernen ist immer eine Sache, das Durchhalten eine andere. Gern schauen wir uns die Menschen an, die ganz oben stehen. Wir bewundern sie und sind sogar vielleicht ein bisschen neidisch.

Wer so denkt, übersieht, dass wir alle sprichwörtlich mit dem nackten Hintern auf die Welt gekommen sind. Ich will damit sagen, dass die Ausgangssituation für jeden Menschen zunächst einmal gleich ist. Der Unterschied liegt in der Umwelt, in der wir aufwachsen. Es gibt Menschen, die werden als Thronanwärter geboren. Andere wachsen in einer Familie auf, die von der Sozialhilfe lebt. Die meisten Bundesbürger werden aber in so genannte durchschnittliche Familien hineingeboren. Es ist den Unterlassern zu Eigen, dass sie sich auf diese Umstände berufen und behaupten, sie könnten ja gar nicht anders reagieren, weil sie in dieser oder jener Familie groß wurden. Wer so denkt, hat schon verloren. Die Menschen, die so oft bewundert werden, weil sie es geschafft haben, hatten vielleicht dieselbe oder sogar eine noch schlechtere Ausgangsposition wie Sie.

Dennoch gibt es einen Unterschied. Erfolgreiche Menschen verhalten sich anders. Sie suchen nicht nach passenden Ausreden, sondern sie handeln, so wie es der Situation angemessen ist. Mit anderen Worten: Diese Menschen haben ein klares Ziel und sie setzen Himmel und Hölle in Bewegung, dieses Ziel zu erreichen. Gleichgültig, aus welchem Haus sie kommen. Das erinnert mich an einen Alkoholiker mit Zwillingssöhnen. Der eine von ihnen verließ nach einigen Jahren die Sonderschule, brach seine Lehre ab und verbrachte jeden Abend bis Ultimo in der Kneipe. Einige Jahre später war er genauso von der Flasche abhängig wie sein Vater. Der zweite, jüngere Sohn war ehrgeiziger. Er schaffte das Abitur, studierte Jura und wurde ein erfolgreicher Rechtsanwalt. Eine Reporterin fand diese Entwicklung der beiden Söhne so erstaunlich, dass sie in einem Interview die Frage an die beiden richtete: „Warum stehen Sie heute dort, wo Sie stehen?“ Beide antworteten fast gleichzeitig: „Kein Wunder, bei dem Vater!“ Sie sehen, für den einen war der Vater an der Alkoholsucht schuld, für den anderen die Motivation, sich durch einen guten Beruf nicht in eine ähnliche Situation zu bringen. Man kann es drehen und wenden wie man will, es gibt immer zwei Seiten, und Sie, nur Sie allein entscheiden, welche Seite Sie sehen wollen. So wie ein junger Mann, der innerhalb von 25 Jahren mehrere Schicksalsschläge einstecken musste:

- Er machte Bankrott.
- Er kandidierte für den Senat und wurde nicht gewählt.
- Er machte nochmals Bankrott.
- Das Mädchen, das er über alles liebte, starb. Daraufhin erlitt er einen Nervenzusammenbruch.
- Er kandidierte für den Kongress und wurde nicht gewählt.
- Er kandidierte erneut für den Kongress und kam wieder nicht durch.
- Jetzt kandidierte er noch einmal für den Senat und verlor wieder.
- Er kandidierte für das Amt des Vizepräsidenten der Vereinigten Staaten und wurde geschlagen.
- Er wurde auch beim dritten Versuch nicht in den Senat gewählt.

Kennen Sie diesen Mann? Mit Sicherheit. Denn nach all diesen Rückschlägen wurde er der populärste Präsident in der Geschichte der Vereinigten Staaten von Amerika: Abraham Lincoln. Sein Verhalten ist Zeugnis dafür, dass es jeder schaffen kann, wenn er bereit ist, nie aufzugeben und alles zu geben. Abraham Lincoln hat gezeigt, wozu wir Menschen imstande sind. Dabei ist Lincoln beileibe kein Einzelfall. Ich denke an einen Schauspieler, der es genauso schwer hatte. Der Name dürfte Ihnen ein Begriff sein. Lassen Sie mich seine Geschichte erzählen, bevor ich seinen Namen verrate.

Der Mann wuchs in bescheidenen Verhältnissen auf und träumte von der ganz großen Karriere als Boxer. Dazu trainierte er jahrelang hart in Fitnessstudios, um dann auf Boxveranstaltungen in der Provinz auftreten zu dürfen. Das ging ihm gegen den Strich, weil er auf diesen Veranstaltungen mit Schützenfest-Charakter nicht wirklich das Geld verdiente, das er dringend zum Leben benötigte. Da kam ihm in den Sinn, ein Drehbuch zu schreiben. Im Wortsinn eine Story, die das Leben schrieb. Tatsächlich war es so, dass dieser Mann seine ganze leidgeprüfte Erfahrung in diesem Drehbuch verarbeitete. Während er nachts schrieb, jobbte er tagsüber in fast allen Gelegenheitsjobs, um sich und seine Frau über Wasser zu halten. Das Geld blieb knapp, und dennoch arbeitete er wie ein Besessener an seinem Drehbuch. Ein Drehbuch zu schreiben ist eine Sache, es zu verkaufen eine andere. Er musste sich eingestehen, dass das Verkaufen eines Skriptes genauso schwierig ist wie das Erstellen eines solchen. Als das Drehbuch nämlich fertig war, suchte er nach einem Produzenten, der ihm sein Erstlingswerk abkaufen und verfilmen sollte. Doch kein Produzent interessierte sich für seine Arbeit. Er rannte von einem zum anderen und fing sich eine Absage nach der anderen ein. Nicht etwa, weil die Produzenten sein Drehbuch schlecht fanden. Das Gegenteil war der Fall. Sie fanden es sogar gut, weshalb sie ihm auch eine ansehnliche

Summe dafür boten. Doch er willigte nicht ein, weil er den Verkauf des Drehbuches an eine entscheidende Bedingung knüpfte: Er wollte selbst die Hauptrolle spielen. Die Rolle des Boxers, der unermüdlich trainiert und immer wieder Niederlagen einstecken muss, der fast schon aufgeben will, sich dann aber doch noch mit einem unglaublichen Siegeswillen hochpowert - und gewinnt. Diesen Boxer wollte er spielen, aber die Produzenten sahen nicht auf seinen durchtrainierten Körper. Sie fanden, dass er für diese Rolle einfach nicht groß genug war. Außerdem war sein Gesicht durch die Lähmung eines Muskels entstellt. Die Produzenten waren der Meinung, dass so ein Gesicht einfach nicht auf eine Filmleinwand passte. Obwohl er das Geld dringend benötigte, war er nicht bereit, dafür auf seinen Traum, selbst vor der Kamera zu stehen, zu verzichten.

Wie gesagt, es gab wenig zu beißen, und dieser Mann hätte mit dem Erlös aus seinem Drehbuch seine finanziellen Sorgen sicher für einige Zeit vergessen können. Doch er blieb stur und beharrte auf seine Forderung. Selbst die Trennung von seiner Frau, die ihn aufgrund seines Verhaltens verließ, konnte ihn nicht umstimmen. Er blieb mit seinem Mischlingshund allein in der heruntergekommenen Wohnung zurück. Als eines Tages überhaupt kein Geld mehr vorhanden war und er somit auch kein Hundefutter mehr kaufen konnte, entschied er sich, das Tier zu verkaufen. Er stellte sich vor einen Supermarkt und bot seinen Mischlingshund den vorbei laufenden Passanten an. Schließlich fand sich ein Mann, der ihm 25 Dollar dafür gab. Schweren Herzens trennte er sich von dem Hund. Was dann geschah, erinnert mich an ein altes deutsches Sprichwort: „Immer wenn du meinst, es geht nicht mehr, kommt irgendwo ein Lichtlein her". So war es auch bei ihm. Plötzlich fand sich ein Produzent, der seine Bedingungen erfüllte. Er kaufte ihm das Drehbuch ab und übertrug ihm die gewünschte Hauptrolle. Bei Vertragsunterschrift erhielt er eine nicht unerhebliche Summe als Anzahlung. Endlich hatte er mehr Geld, als er in all den Jahren zuvor verdient hatte. Sein erster Gedanke war, seinen Hund zurückzukaufen. Doch er hatte sich damals weder den Namen noch die Adresse des Käufers geben lassen. Er konnte jetzt nur noch hoffen, diesem Mann auf der Straße zu begegnen. Er ging zu dem Supermarkt und harrte einige Tage aus, bis endlich der Mann mit dem Hund vorbeikam. Er bot ihm die doppelte Summe, doch dieser lehnte ab. Der Mann verhielt sich wie so viele andere. Er spürte, dass sein Gegenüber bereit war, mehr zu investieren. Also nutzte der Passant die Situation schamlos aus. Am Ende übergab er ihm den Hund für die stolze Summe von 2.500 Dollar! Aber wie heißt es so treffend?: „Freunde in der Not, tausend auf ein Lot." Der Hund war sein einziger Freund, der ihm noch geblieben war. Deshalb war er auch bereit, diese Summe zu zahlen. Der Film wurde gedreht, der Mann übernahm die Hauptrolle, sein Hund eine Nebenrolle. Sie wissen bereits, von welchem Mann die ganze Zeit die Rede ist. Es ist Sylvester Stallone in der Hauptrolle als Rocky. In dem Film begleitet der Hund ihn auf seinen Trainingsläufen und spornt ihn immer wieder an, zu trainieren.

Sie sehen, durchhalten ist eine Kunst, die nur wenige beherrschen. Lincoln und Sylvester Stallone alias Rocky haben bewiesen, warum es sich lohnt, durchzuhalten. Es ist egal, ob jemand Präsident werden möchte, Schauspieler oder Networker. Sie alle werden nach Leistung und damit auch fürs Durchhalten bezahlt und nicht fürs vorzeitige Aufgeben. Deshalb gibt es auch nur wenige, die richtig viel Geld verdienen. Die anderen, die aufgeben oder sich nur so ein bisschen mit Network-Marketing beschäftigen, verdienen auch nur ein bisschen. Die Masse der Networker (54 Prozent) verdient weniger als 250 Euro im Monat. Doch fast jeder fünfte Networker (19 Prozent) verdient mehr als 2.000 Euro im Monat. Mehr als 5 Prozent der Networker verdienen sogar über 100.000 Euro im Jahr[9]. Sie zählen damit zu den Spitzenverdienern in Deutschland und können vom Gehalt her durchaus mit anderen Persönlichkeiten konkurrieren. Diese Zahlen beweisen objektiv, dass man in diesem Geschäft durchaus ein hohes Einkommen erzielen kann. Man muss es nur wollen. Wer diesen Erfolg haben will und viel Geld verdienen möchte, muss eine klare EntSCHEIDUNG treffen. Sie sehen, ich schreibe Teile des Wortes in großen Buchstaben, denn eine Entscheidung zu treffen bedingt zwangsläufig, sich zu trennen, sich im Wortsinn zu scheiden. Wer eine klare Entscheidung getroffen hat, lässt das Gestern hinter sich und greift heute entschlossen zu den Chancen, die ihm geboten werden. Ein deutliches Ja oder ein klares Nein, das ist das Vokabular der Erfolgreichen. Dazwischen gibt es nichts. Schließlich wird auch keine Frau ein bisschen schwanger.

Die größte Herausforderung im Network-Marketing besteht darin, Leistung zu bringen und durchzuhalten. Wenn Sie diese beiden Eigenschaften erfüllen können, ist es an der Zeit, ins Network-Marketing einzusteigen. Es gibt keinen Grund mehr abzuwarten. Jetzt ist der beste Einstiegszeitpunkt, denn merke[10]:

> *„Weltweit werden über Network-Marketing mittlerweile über 100 Milliarden Euro umgesetzt, und in Europa steht der große Boom erst noch bevor."*

Auch Sie können von diesem Boom profitieren und so Ihr Lebenspendel in die richtige Richtung schwenken. Sie allein haben es in der Hand, in welche Richtung Ihr Lebenspendel ausschlägt. Sie ganz allein!

Das Pendel Ihrer Entscheidung

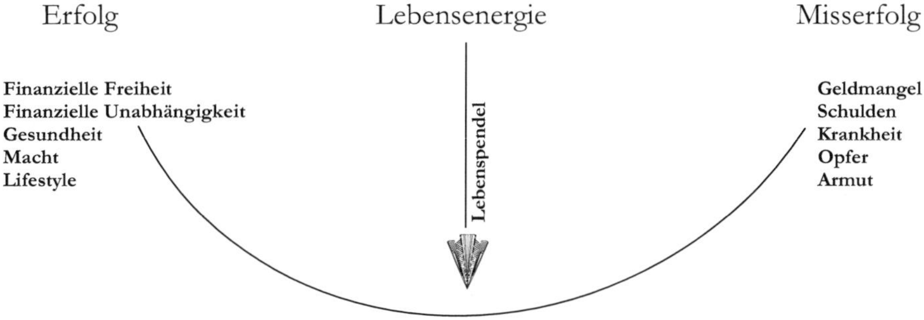

Fangen Sie jetzt an, weil jetzt der beste Zeitpunkt ist, und denken Sie daran, dass drei Dinge im Leben nicht zurückgeholt werden können:

1. die soeben vergangene Sekunde
2. das gesprochene Wort
3. eine verpasste Chance

Das Leben ist voller Gelegenheiten und Chancen, man muss sie nur erkennen. Sie werden uns nicht auf einem silbernen Tablett serviert. Chancen kommen oft über Umwege zu uns. Wer kennt sie nicht, die Geschichte der legendären Haftzettel, Post-it von 3M? Dieses Unternehmen hatte Anfang der 70er-Jahre einen Klebstoff entwickelt, den offensichtlich kein Mensch brauchte. Erst als ein angestellter Chemiker eher beiläufig ein eigenes „Problem" damit löste, entstand ein Millionenmarkt. Dieser Chemiker war begeisterter Kirchenchorsänger. Als solcher klebte er sich in sein Notenheft Merkzettel, die ihn an seinen „Einsatz" erinnern sollten. Doch diese Merkzettel rutschten immer wieder aus dem Liederheft. Erst als er den bewussten Kleber zum Einsatz brachte, hafteten die Merkzettel. Nach dem Gesang konnten diese Haftzettel ohne Rückstände wieder aus dem Liederbuch entfernt werden. Der „Post-it"-Notizzettel war geboren. Der Chemiker erkannte sofort die Chance, die mit dem Produkt verbunden war. Seine Idee wurde bis zur Serienreife weiter entwickelt. Heute ist 3M weltweit Marktführer für selbstklebende Haftzettel.

Es gibt Persönlichkeiten, vor denen ich in Ehrfurcht auf die Knie fallen möchte, weil sie Unglaubliches bewegt haben. Sie haben gekämpft bis zum Umfallen, hielten unbeirrt an ihren Überzeugungen fest und sind dafür sogar ins Gefängnis gegangen. So würde ich gern einmal Nelson Mandela treffen. Alle seine herausragenden Taten hier aufzuzählen wäre gar nicht möglich. Es würde mehrere Bücher füllen. 1964, also noch vor meiner Geburt, wurde Nelson Mandela zu einer lebenslangen Gefängnisstrafe verurteilt, weil er für die Rechte und für die Freiheit der Schwarzen kämpfte. 1990 kam er endlich frei. Nur vier Jahre später, dreißig Jahre nach seiner Verhaftung, wurde er zum ersten schwarzen südafrikanischen Präsidenten gewählt. Terror, Folter und Gefängnis haben ihm mit Sicherheit zugesetzt, doch er hatte nie den Glauben an die Sache, für die er eintrat, verloren. Sein zähes Ringen um Gerechtigkeit, sein fester Glaube und die Engelsgeduld sind die Grundpfeiler seiner Erfolge.

Sie wie ich, wir alle leben in einem freien Land. Hier wird niemand anders Denkende verhaftet. Das ist eine großartige Errungenschaft, die es zu nutzen gilt. Wie alt sind Sie heute? Wenn Sie 35 Jahre alt sind, was haben Sie in den 35 Jahren alles bewegt? Können Sie auf eine ähnliche Entwicklung blicken wie die von z. B. Nelson Mandela, die von Vision, Mut und Entschlossenheit geprägt ist? Sind Sie mit Ihrem bisherigen Leben zufrieden, oder wie wollen Sie die nächsten 30 Jahre bis zur Rente verbringen? Wollen Sie auf Chancen warten oder erkennen Sie, vielleicht auch durch dieses Buch, dass die Chancen vor Ihren Füßen liegen? Das Geld liegt quasi auf der Straße. Sie müssen es nur noch aufheben. Dazu brauchen Sie kein zweiter Nelson Mandela zu werden. Es reicht, wenn Sie dort anfangen, wo Sie heute stehen, der Rest kommt dann von ganz allein. Ganz im Sinne von Goethe: „Der Worte sind genug gewechselt, lasst mich auch endlich Taten sehen."

Anfangen und nie die Geduld verlieren, das sind die Tugenden eines Networkers. Sie wissen, wenn sie nur lange genug durchhalten, wird sich ihr Geschäft fantastisch entwickeln. Dann werden sie überdurchschnittlich verdienen. Diese Situation ist vergleichbar mit einer großen Wiese, auf der Sonnenblumen angepflanzt werden sollen. Nehmen wir an, Sie möchten, dass die Wiese eines Tages von Sonnenblumen überwuchert ist. Dieses Ziel soll erreicht werden, indem sich die Anzahl der Sonnenblumen jede Woche verdoppelt. Also pflanzen Sie einige Sonnenblumensamen und warten ab. Sie warten tatsächlich, denn in den ersten Wochen passiert so gut wie gar nichts. Nach zwei Wochen sind erst zwei Sonnenblumen auf der Wiese, nach drei Wochen erst vier.

Kein Wunder, dass Sie diese geringe Menge auf der großen Wiese nicht ausmachen können. Es braucht ganze 28 Wochen, bis die Wiese zu einem Viertel mit Sonnenblumen zugewachsen ist. Das sind 7 ganze Monate, in denen so gut wie gar nichts passiert. Aber bereits in der 29. Woche ist die Hälfte der Wiese zugewachsen, und in der 30. Woche ist die ganze Wiese mit Sonnenblumen übersät. Diese Entwicklung verdeutlicht, dass gerade die Zeit am Anfang immer wieder den Eindruck erweckt, dass nichts passiert. Auf die Welt des Network-Marketings übertragen bedeutet eine solche Entwicklung, sich abgestrampelt zu haben, ohne ein wirklich gutes Ergebnis zu sehen. Jetzt kommt es aber darauf an, nicht aufzugeben und weiterzumachen. Verlierer geben in dieser Zeit auf, die Gewinner nicht. Sie schaffen es bis zur 29. Woche und ernten dafür in der 30. Woche den Ertrag. Dieses Zahlenbeispiel ist vom Prinzip her übertragbar auf die Einkommenssituation im Vertrieb, nur die Zeiten sind unterschiedlich. Ich habe Partner in meiner Struktur, die konnten bereits nach wenigen Wochen die nächste Stufe im Karriereplan nehmen und verdienten nicht selten bereits fünfstellig. Andere wiederum brauchten mehr Zeit, um dieses Ergebnis zu erreichen. Egal, wie viel Zeit jeder Networker auch braucht, entscheidend ist doch nur, dass er dabei bleibt und nicht aufgibt.

MLM-Erfolgsregel Nr. 12

„Auch Rom wurde bekanntlich nicht an einem Tag erbaut. Arbeiten Sie kontinuierlich und üben Sie sich in Geduld. So stellt sich der Erfolg ganz bestimmt ein."

5.02 Network-Marketing ist kein Pyramidensystem

*„Für die Dinge, die wir umsonst bekommen,
zahlen wir manchmal den
höchsten Preis."*

Chinesisches Sprichwort

Network-Marketing bietet Ihnen die Chance, neben dem Produktnutzen eigene Mitarbeiter zu rekrutieren. Sehr häufig wird dieses Vorgehen mit einem Schneeballsystem verglichen. Das aber ist völlig falsch. Weil der Begriff des Schneeballsystems heute inflationär eingesetzt wird, sind viele Laien überfordert, das eine vom anderen zu unterscheiden. Sie vergleichen sehr schnell bewährte Vertriebssysteme mit einem kriminellen Schneeballsystem, weil sie nicht in der Lage sind, den Unterschied zwischen diesen grundsätzlich verschiedenen Systemen, die auch in keinem direkten Zusammenhang stehen, zu erklären. Es gibt tatsächlich einen sehr großen Unterschied, der ganz klar zum Ausdruck bringt, warum das eine System legal und das andere illegal ist. Deshalb möchte ich an dieser Stelle zunächst erklären, was ein Schneeballsystem ist und wie es funktioniert. Sie werden dann schon sehen, dass eine Tätigkeit in einem seriösen Vertriebsunternehmen nichts, aber wirklich gar nichts mit einem Schneeballsystem zu tun hat.

Ein Schneeballsystem ist ein betrügerisches System, das am Ende nur Verlierer kennt. Deshalb sprechen die Gerichte immer wieder von Betrug, weil die Initiatoren von Anfang an wissen, dass nur sie viel Geld verdienen werden und andere leer ausgehen. Das erfüllt den Tatbestand des Betruges. Damit das System möglichst lange überlebt, benötigen die Teilnehmer einen nie versiegenden Strom von neuen Mitspielern. Die Teilnehmer geben Geld an ihre Anwerber weiter und werben neue Teilnehmer, die wiederum ihnen Geld geben sollen. Aus kleinen Anfängen entsteht so ein Schneeballsystem. Es heißt so, weil die Struktur einem kleinen Schneeball ähnelt, der den Berghang herunterrollt und so immer größer wird. Oft wird ein Schneeballsystem auch Pyramidenspiel genannt, weil der Aufbau dieser Struktur einer Pyramide ähnelt. An der Spitze der Pyramide steht die erste Person, die dann ihrerseits zehn Personen anwirbt. Wenn nun jede dieser zehn „neuen" Personen zehn weitere Personen anwirbt, entsteht darunter eine Struktur von weiteren 100 Personen, die ihrerseits auch je 10 Menschen anwerben, so dass dann bereits eine neue Unterstruktur von 1.000 Personen entsteht. Nach nur zehn (!) Ebenen ergibt sich in der zehnten Ebene eine Zahl, die größer ist als Menschen auf dieser Erde leben:

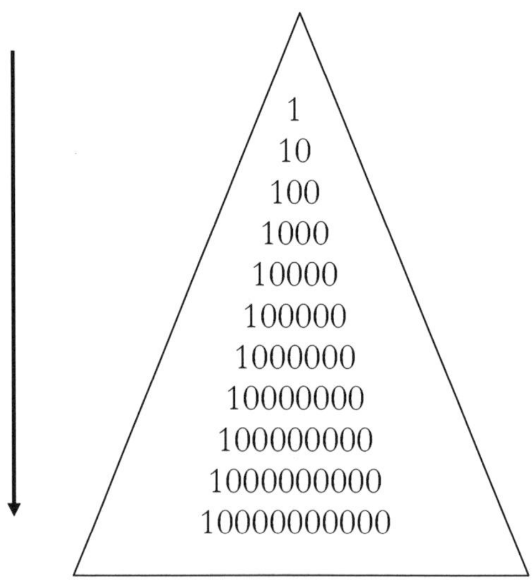

Auf diesem Planeten gibt es mehr als 6 Milliarden Menschen. Nehmen wir an, alle würden an diesem Schneeballsystem teilnehmen, dann wären in der untersten Ebene mehr als 90 Prozent der Menschheit versammelt. Somit kommen auf 500 Millionen Gewinner mehr als 5,6 Milliarden Verlierer. Ein Schneeballsystem ist illegal und verboten, weil Menschen getäuscht werden, um an ihr Geld zu kommen. Juristisch gesehen ist das ausgemachter Betrug und damit zu Recht strafbar. Trotzdem gibt es immer wieder neue Pyramidenspiele, die nur deshalb funktionieren, weil sie den Menschen versprechen, schnell Millionen verdienen zu können, ohne dafür arbeiten zu müssen. Auf diese Versprechen fallen viel zu viele Menschen herein. Sie glauben noch immer an das Märchen, man könne viel Geld „verdienen“, ohne sich wirklich anstrengen zu müssen. Widerstehen Sie solchen Verlockungen. Noch nie ist jemand wirklich reich geworden, ohne etwas dafür getan zu haben. Nur wer für sein Geld gearbeitet hat, weiß es auch zu schätzen. Geld, das unredlich verdient oder einfach nur geschenkt wurde, ist schnell wieder verloren. Die meisten Lottomillionäre sind bereits nach wenigen Jahren pleite, weil sie für dieses Geld nie richtig arbeiten mussten. Deshalb haben sie auch nie den richtigen Umgang damit gelernt.

Network-Marketing, Pyramidensysteme und Schneeballsysteme haben nichts gemeinsam und man sollte aufpassen, hier einen Zusammenhang zu konstruieren. Im Network-Marketing werden keine Kopfprämien gezahlt. Beim Network-Marketing steht der Produktverkauf im Vordergrund. Darauf erhält der Networker eine Provision. Sein Kunde nutzt das Produkt. Er kann, muss aber nicht, ebenfalls als Networker einsteigen. Darüber hinaus wird eine Mitarbeit in einem Network-Marketing-Unternehmen nie vom Kauf des Produktes abhängig gemacht.

Natürlich gibt es auch so genannte „schwarze Schafe" in der Network-Branche, so wie es sie in jeder Branche gibt. Aber nur weil eine Minderheit jeden gebotenen Respekt verliert und die Menschen nach Strich und Faden betrügt, ist nicht die gesamte Branche schlecht. Doch diese Minderheit reicht häufig aus, um ein ganzes System in Verruf zu bringen. Wenn Sie einen Tropfen Altöl in ein Fass mit eintausend Liter Wasser tropfen lassen, ist es im weitesten Sinne nicht mehr zu genießen. Ein Tropfen reicht aus, um Millionen anderer Tropfen zu verunreinigen. So in etwa müssen Sie sich die Situation in einer zu Unrecht in Verruf geratenen Branche vorstellen. Oft reicht ein einzelner Betrüger aus, um eine ganze Branche quasi über Nacht in Misskredit zu bringen.

Die Versicherungsbranche kann davon ein Lied singen. Obwohl jeder Mensch Versicherungen braucht, um sich abzusichern, werden die Versicherungsvertreter gemieden wie die Pest. Es gibt nämlich immer wieder schlechte Berater, die ihren Kunden unsinnige und natürlich überteuerte Verträge aufschwatzen. Nach Jahren erkennt der Kunde diesen „Betrug". Seinen Frust bringt er durch lautes Wehklagen und ein Verfluchen aller Versicherungsvertreter zum Ausdruck. Ein Außenstehender schnappt diese Worte auf und fühlt sich bestätigt, dass die Welt schlecht ist. Aber genau diese Bestätigung suchen die Leute, weil sie gerne Opfer sind. Es ist noch immer einfacher, sich über Gott und die Welt aufzuregen, als selber aktiv zu werden. Und so schimpfen dann die Leute über ihren Arbeitgeber, ihre Kinder und nicht zuletzt über die Regierung. Ich bin fest davon überzeugt, dass diese Menschen ihre negative Grundeinstellung gar nicht verändern wollen, ansonsten würden sie es tun. Was ist denn daran so schön, immer nur in Armut, Mangel und mit Sorgen zu leben? Wäre es nicht viel schöner, endlich Geld im Überfluss zu haben und ein Leben auf der Sonnenseite zu führen? Das ist möglich, doch die Spötter glauben es nicht. Sie glauben es nicht, weil sie es nie ausprobiert haben, sich zu verändern. Es ist noch gar nicht so lange her, da versuchte sich ein Zeitschriftenverlag an einer Tageszeitung, die nur über gute, schöne und positive Dinge berichtete. Alles Negative, Grausame und Scheußliche wurde einfach weggelassen. Die Zeitung überlebte nur wenige Monate, dann wurde sie eingestellt. Der Grund: Es gab zu wenige Leser! Scheinbar sind die Menschen nur zufrieden, wenn sie schlechte Stories mit möglichst viel Leid, Elend und Blut lesen. Ich denke, die Menschen brauchen das, weil sie so die Bestätigung bekommen, dass es ihnen doch noch etwas besser geht als den anderen.

Wenn Sie Zeit finden, dann schauen Sie sich einmal das Heute-Journal an. Ich meine das durchaus zynisch, denn ein guter Networker hat um diese Tageszeit keine Zeit zum Fernsehen. Entweder ist er auf einer Geschäftspräsentation oder er arbeitet mit seinen Networkern. Aber gut, jeder soll nach seinen eigenen Vorstellungen leben. In besagter Nachrichtensendung gibt es Moderatoren und Moderatorinnen, die nicht objektiv berichten, sondern meiner Meinung nach ihre ganz persönliche Meinung in die Berichterstattung einbringen. Hierzu ein Beispiel. Nehmen wir an, das Bruttosozialprodukt ist um 1 Prozent gestiegen, dann müsste eine neutrale Berichterstattung dieses wie folgt melden: „…. stieg das Bruttosozialprodukt um 1 Prozent". Bewerteter Journalismus, wie ich das Verhalten dieser Moderatoren nenne, formuliert dagegen anders: „…. stieg das Bruttosozialprodukt nur um 1 Prozent". Erkennen Sie den Unterschied?

Allein durch den Zusatz „nur" erreichen die Medien etwas ganz anderes. Sie bestätigen im Grunde genommen die Menschen in ihrer negativen Haltung. Sie haben soeben gehört, dass das Bruttosozialprodukt wieder einmal nur um 1 Prozent gestiegen ist. Obwohl die meisten gar nicht wissen, was das ist, glauben sie, dass alles noch schlechter wird. Würden die Journalisten neutraler informieren, entstünde zwangsläufig ein positiverer Eindruck. Die obige Aussage ist doch durchaus positiv. Denn das Bruttosozialprodukt ist doch gestiegen, wenn auch nur um 1 Prozent. Aber es ist gestiegen, und das ist gut so. Wie gesagt, das wird von den meisten einfach verdrängt. Sie suchen weiter nach Sensationsmeldungen, die überdies noch lange in guter Erinnerung bleiben. Oder haben Sie z. B. den Tod von

Lady Diana vergessen? Die Frau wurde, so tragisch wie es ist, Opfer eines Verkehrsunfalls, ausgelöst durch überhöhte Geschwindigkeit und möglicherweise Trunkenheit des Fahrers. Das ist bitter, aber das ist das Leben. Statt diese Dinge so hinzunehmen, lieferten sich die Gazetten weltweit einen Nachrichtenschlagabtausch, der bisher beispiellos in der Geschichte der Zeitungen ist. Besonders die britischen Zeitungen kämpften unerbittlich um die Vorherrschaft über das Wissen der vermeintlich wirklichen Todesursache. Von Intrigen, einem Komplott oder sogar verschwörerischen Mafiabanden war die Rede. Alles wilde Spekulationen, die bis heute nicht bewiesen wurden. Doch solange die Menschen so einen Blödsinn hören und lesen wollen, so lange werden die Zeitungen genau das drucken. Schließlich bringt ihnen das Millionen ein, weil mit jeder Sensationsmeldung die Auflagen steigen. Ob man will oder nicht, aber man kann sich vor derlei Unsinn nicht wirklich schützen. Denn negative Schlagzeilen werden überall und öfter verbreitet als positive. Ob Zeitung, Fernsehen oder Radio, allerorts trifft man auf diese so genannten Sensationsmeldungen. Wer dann so zugedröhnt wird, behält diese Dinge natürlich länger in Erinnerung als gute Nachrichten, über die eh weniger berichtet wird. Wann haben Sie das letzte Mal in der Zeitung gelesen, dass in Ihrer Heimatgemeinde 10, 12 oder 20 neue Arbeitsplätze von mutigen und entschlossenen Menschen geschaffen wurden? Sehen Sie, Sie können sich wahrscheinlich gar nicht mehr erinnern, so selten wird darüber gesprochen. Doch sobald eine hiesige Firma Arbeitsplätze abbaut, finden Sie darüber jeden Tag etwas Neues in der Zeitung.

Genauso ist es in der Welt des Network-Marketings. Auch hier verbreiten sich negative Nachrichten und Beispiele viel schneller als gute. Woraus eben nicht zu schließen ist, dass Network-Marketing schlecht ist. Lassen Sie sich nie von negativen Nachrichten beeinflussen. Es kommt ganz allein auf Ihre Sicht an. Wenn Sie eine klare Vorstellung, eine Vision, haben von dem, was Sie einmal erreichen wollen, werden Sie die Herausforderungen im Network-Marketing als Ansporn und nie als Bedrohung sehen. So wie ein Arbeiter, der am Bau einer Kathedrale beteiligt war. Eines Tages besichtigte der bekannte Architekt Sir Christopher Wren (1632-1723) den Bau einer seiner Kathedralen, um zu sehen, ob alles nach Plan verliefe. Er beobachtete eine Zeit lang das bunte Treiben auf dem Bauplatz. Dann ging er auf einen der Bauarbeiter zu und fragte ihn, womit er beschäftigt sei. „Nun", sagte der Handwerker, „ich hole die Steine vom Stapel und trage sie zu den Maurern, damit sie die Wände herstellen können." Ein anderer antwortete: „Ich bringe Nägel nach oben zu den Zimmerleuten." Einer aber antwortete mit stolz geschwellter Brust: „Ich helfe, eine Kathedrale zu bauen." Sir Christopher Wren drehte sich gerührt um und wischte sich die Augen. Auf dieser großen Baustelle hatte er einen Menschen gefunden, der sein Werk verwirklichen half. Die anderen hatten eine Beschäftigung. Aber da war ein Arbeiter, für den Zement im Eimer zu tragen und mühselig das Gerüst heraufzuklettern, um seine schwere Last oben in den Maurerkübel zu schütten, bedeutete, eine Kathedrale zu bauen.

Bewerten Sie die Dinge realistisch und geben Sie weniger auf das Geschwätz anderer Leute. Es ist mir ein besonderes Anliegen, dass Sie keinem betrügerischen Unternehmen auf den Leim gehen. Deshalb sollten Sie die nachstehenden Anregungen aufmerksam lesen, um die guten von den schlechten Network-Unternehmen zu unterscheiden.

Daran erkennen Sie die Aufrichtigkeit eines Unternehmens

Seriöses Network-Unternehmen	Unseriöses Network-Unternehmen
Die Networker werden umsatzabhängig bezahlt.	Das Unternehmen möchte in erster Linie neue Vertragspartner anwerben, für die der Werber dann eine Provision erhält. Dadurch wird der Produktverkauf zur Nebensache.
Die Provisionsabrechnung erfolgt zentral über ein Unternehmen.	Der Verkaufserlös eines Vertragspartners wird direkt um die Umsatzprovision für den Sponsor auf der nächst höheren Ebene gekürzt.
Die Produkte werden direkt vom Hersteller bezogen, und zwar über alle Hierachieebenen zum gleichen Preis.	Die Produkte werden jeweils von der nächst höheren Stufe gekauft oder von Stufe zu Stufe mit Preisaufschlag weiter verrechnet.
Die Mitarbeit als Vertriebsmitarbeiter wird nicht vom Erwerb des Produktes abhängig gemacht.	Eine Mitarbeit ist nur möglich, wenn vorher das Produkt gekauft wurde.
Für die Mitarbeiter wird die Teilnahme an Ausbildungsprogrammen und sonstigen Kursen kostenlos ermöglicht oder zu moderaten Preisen.	Für Kurse jeder Art müssen die Teilnehmer überteuerte Gebühren bezahlen.

Network-Marketing ist ein reines Empfehlungsgeschäft, so wie es im Grunde genommen fast alle großen Firmen und Institutionen praktizieren. Oder wie würden Sie es nennen, wenn Sie Kunde einer Bank sind, die Ihnen Sachgeschenke verspricht, sowie Sie ihr neue Kunden vermitteln? Viele Banken haben sogar Wunschlisten, aus denen Sie sich Ihre Prämie auswählen können.

Wählen Sie Ihre Wunschprämie aus:

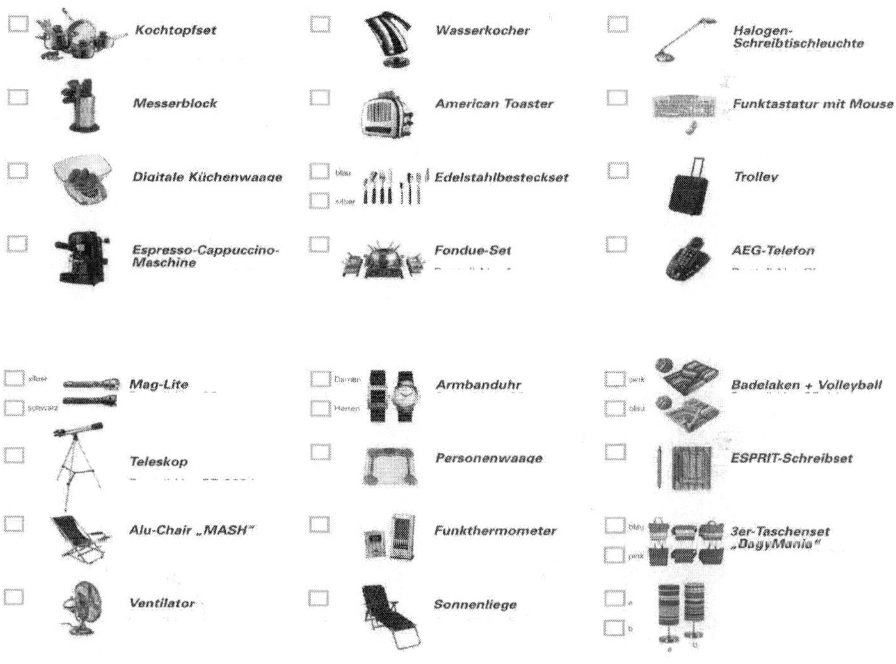

An unserem Prämienprogramm können alle Kunden d ilnehmen, Mitarbeiter ausgeschlossen. Der neu gewonnene Kunde muss mindestens 14 Jahre alt sein und darf bisher nicht Kunde der bank sein. Prämiert wird der Abschluss folgender Produkte: Girokonto inkl. Startkonto, Geldanlagen ab 2.500 Euro, Sparverträge, MasterCard und MasterCard Gold, Visa und Visa Gold, Ratenkredite, Immobilienfinanzierungen, Bausparverträge, Versicherungen. Je Neukunde wird eine Prämie vergeben.

Wenn di bank aufgrund der Empfehlung einen neuen Kunden für eines der prämienberechtigten Angebote gewinnt, erhalten Sie nach ca. zwei Wochen die gewü
de
un wird durch die umseitige Unterschrift zugestimmt. Änderungen in Form, Farbe und Ausführung der einzelnen Prämien bleiben vorbehalten. Dieses Angebot gilt nur in Deutschland.

Im Kleingedruckten heißt es: „An unserem Prämienprogramm können alle Kunden der … Bank teilnehmen. Prämiert wird der Abschluss folgender Produkte: Girokonto inkl. Startkonto….“ Auch hier hat der Werber die Qual der Wahl, kann er doch vom Toaster über den Wasserkocher wählen, wonach das Herz gelüstet. Wahrscheinlich kann sich die Bank vor neuen Kundenempfehlungen kaum noch retten angesichts dieser fantastischen Prämien. Mit Blick auf die hohen Gewinne der Banken und der Gehälter ihrer Vorstände finde ich diese Art der Kundengewinnung lächerlich. So bezieht z. B. der Vorstandschef der Deutschen Bank, Josef Ackermann, ein Jahresgehalt von 10 Millionen Euro. Auch der Chef der Commerzbank, Klaus-Peter Müller, geht mit mehr als einer Million Euro nach Hause.

Doch nicht nur Banken gehen so auf Neukundenfang, sondern auch die Krankenkassen, die in ihrer Größe und Funktion einer Bank in nichts nachstehen. Hier ein Prämienbeispiel einer Krankenkasse:

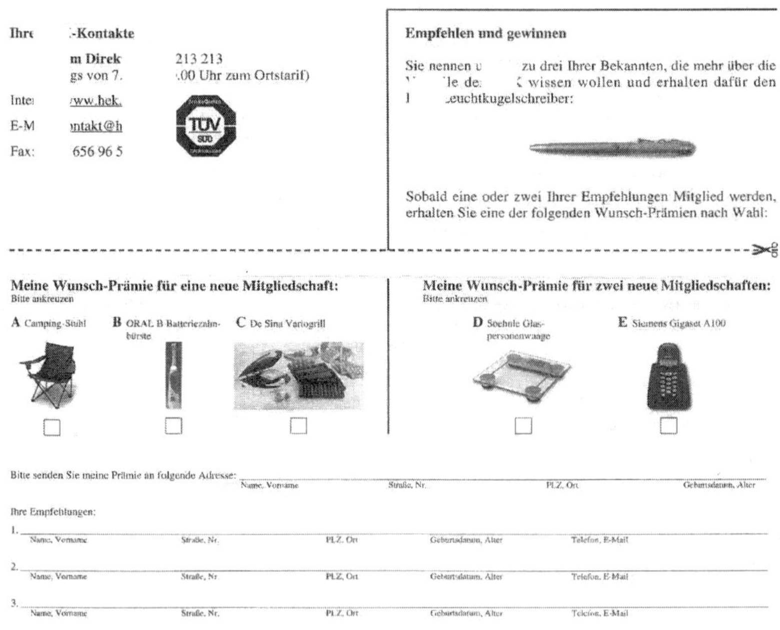

Ihr -Kontakte

m Direk 213 213
gs von 7. .00 Uhr zum Ortstarif)

Inte ww.hek.

E-M ntakt@h

Fax: 656 96 5

Empfehlen und gewinnen

Sie nennen u zu drei Ihrer Bekannten, die mehr über die le de wissen wollen und erhalten dafür den euchtkugelschreiber:

Sobald eine oder zwei Ihrer Empfehlungen Mitglied werden, erhalten Sie eine der folgenden Wunsch-Prämien nach Wahl:

Meine Wunsch-Prämie für eine neue Mitgliedschaft:
Bitte ankreuzen

A Camping-Stuhl ☐
B ORAL B Batteriezahnbürste ☐
C De Sina Variogrill ☐

Meine Wunsch-Prämie für zwei neue Mitgliedschaften:
Bitte ankreuzen

D Soehnle Glaspersonenwaage ☐
E Siemens Gigaset A100 ☐

Bitte senden Sie meine Prämie an folgende Adresse: ____________
Name, Vorname Straße, Nr. PLZ, Ort Geburtsdatum, Alter

Ihre Empfehlungen:

1. ____________
Name, Vorname Straße, Nr. PLZ, Ort Geburtsdatum, Alter Telefon, E-Mail

2. ____________
Name, Vorname Straße, Nr PLZ, Ort Geburtsdatum, Alter Telefon, E-Mail

3. ____________
Name, Vorname Straße, Nr. PLZ, Ort Geburtsdatum, Alter Telefon, E-Mail

Auch hier scheut die Krankenkasse weder Kosten noch Mühen, um ihre Kunden zufrieden zu stellen. Schließlich bekommt man ja nicht alle Tage ein neues zahlendes Mitglied. Immerhin bringt das der Kasse monatlich rund 400 Euro ein. Deshalb ist ihr das auch eine satte Prämie wert, und der Kunde hat wieder einmal die Qual der Wahl. Soll er den Camping-Stuhl wählen oder doch eher die Batteriezahnbürste?

Mit Verlaub, das ist doch eine ausgemachte Lachnummer! Was soll man mit diesem Kram wirklich anfangen? Im Grunde genommen hat doch heute schon jeder Haushalt einen Messerblock, einen Toaster, ein Kochtopfset, etc. Aber das Vorgehen ist typisch für große Institutionen, die an Knauserigkeit nicht zu überbieten sind. Während Network-Unternehmen faire Provisionen auszahlen, damit die Networker frei über ihr Geld verfügen können, speisen die Banken ihre Kunden mit billigen Sachgeschenken ab, statt ihnen das zu geben, was viel wichtiger ist: Geld! Geld ist doch noch immer die beste Motivation. Von Geld kann man nie genug haben, was schon Jean Paul Getty behauptete. In einem Interview in London stellte ihm ein Reporter die Frage: „Wenn Sie jetzt aufhörten zu arbeiten, glauben Sie, dass Ihr Vermögen eine Milliarde betragen würde?" Getty schien eine Weile zu rechnen und antwortete dann: „Ich denke schon", um gleich darauf einzuschränken: „Aber vergessen Sie nicht, eine Milliarde ist heute auch nicht mehr das, was sie einmal war."

MLM-Erfolgsregel Nr. 13

„Im Network-Marketing werden die fairsten Provisionen gezahlt. Je fleißiger Sie sind, desto mehr verdienen Sie."

5.03 Networker verdienen überdurchschnittlich

„Ein Idealist ist ein Mensch, der anderen Menschen dazu verhilft, zu Wohlstand zu gelangen."

Henry Ford

Nicht selten wird der Vorwurf laut, dass im Network-Marketing überhöhte Provisionen gezahlt werden. Das ist absurd und von Neidern an den Haaren herbeigezogen. Niemand kann sich den Gesetzen der Marktwirtschaft entziehen und teure Produkte anbieten, um höhere Provisionen zu bezahlen. Der Kunde wird dieses Verhalten mit Kaufenthaltung honorieren. In der Tat ist es aber so, dass die Networker doch deutlich mehr Provisionen verdienen als typische Verkäufer. Jedes Produkt muss zunächst einmal hergestellt werden. Dafür fallen Herstellungskosten in Abhängigkeit von Material und Lohn an.

Das ist schon die einzige Gemeinsamkeit aller Produkte. Jetzt kommt es entscheidend darauf an, wie dieses Produkt weiterverkauft wird. Wenn Sie in einem Supermarkt ins Regal greifen, um sich eine Ware in den Einkaufswagen zu legen, hat dieses Produkt einen langen Weg hinter sich und viele Menschen finanziell bereichert. Die meisten Hersteller arbeiten mit Verkäufern zusammen. Einige Unternehmen beschäftigen eigene Verkäufer, andere bedienen sich der Hilfe von Handelsvertretern. Wie dem auch sei, diese Kosten werden natürlich auf den Produktpreis aufgeschlagen, damit der Hersteller diese Leute bezahlen kann. Wenn die Verkäufer erfolgreich gearbeitet haben, wird die Ware an den Großhandel geliefert. Der Großhändler beschäftigt ebenfalls Verkäufer, welche die Ware an die Einzelhändler verkaufen müssen. Diese Vertriebskosten, aber auch Kosten für Werbung und Lagerung, werden ebenfalls auf den Produktpreis aufgeschlagen. Hat sich der Einzelhändler für ein Produkt entschieden, wird auch er daran verdienen wollen. Mit anderen Worten: Er erhöht den Preis des Produktes um seine Gewinnmarge. Dieses Procedere ist dafür verantwortlich, warum Produkte, die in der Herstellung nur einige Euros kosten mögen, am Ende zweistellig kosten. Niemand kann dabei den Verkaufspreis willkürlich nach oben schrauben.

Schließlich bestimmen die Nachfrage und die Konkurrenz den Preis. Deshalb ist der Vorwurf absurd, Network-Unternehmen würden überhöhte Provisionen zahlen, die sie durch überteuerte Kaufpreise finanzieren. Das wäre nämlich nur möglich, wenn die Kunden auch bereit wären, jeden Preis zu zahlen. Tun sie aber nicht. Deshalb wird kein Network-Unternehmen seine Preise am Markt vorbei definieren können. Die Wahrheit ist, dass die Produkte der Network-Unternehmen bei gleicher Qualität häufig deutlich billiger sind als Vergleichsprodukte aus dem Supermarkt, die oft schlechtere Qualitätsmerkmale aufweisen. Dass aber die Networker mehr Geld erhalten als „normale“ Verkäufer ist damit zu erklären, dass die Ware nicht einen Umweg über zahlreiche Zwischenhändler nimmt, sondern direkt vom Hersteller zum Kunden gelangt.

Unterschied zwischen einem klassischen Verkauf und Network-Marketing

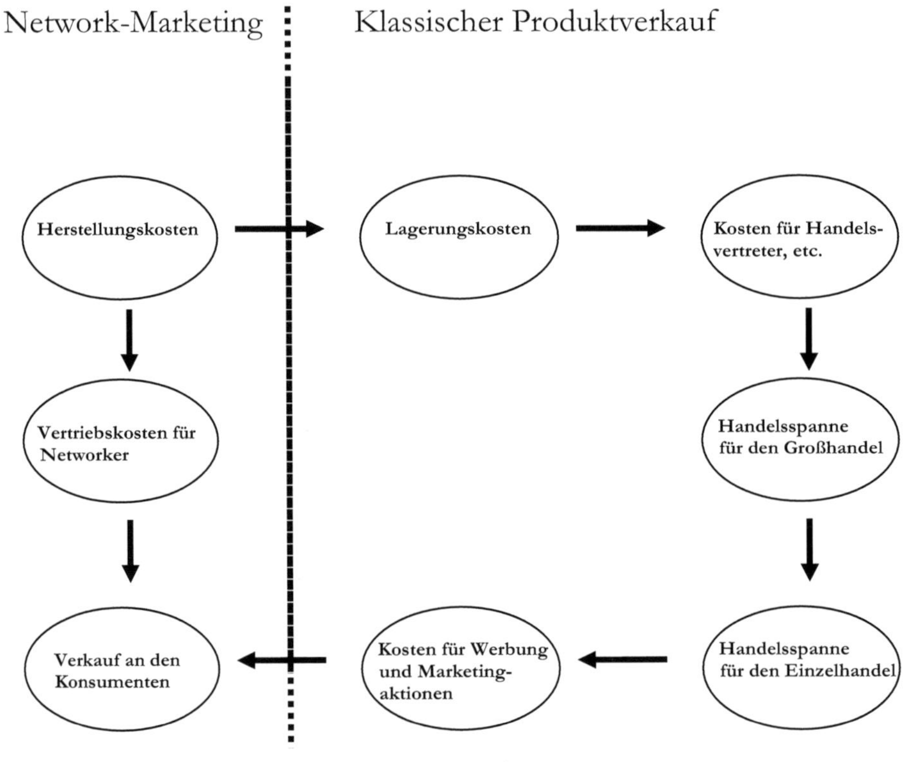

Zwischen Hersteller und Endkunde ist nur eine einzige Person zwischengeschaltet: der Networker! Er ist es, der den Kontakt zum Kunden herstellt und dafür entsprechend entlohnt wird. Durch diese Ausrichtung spart das Network-Unternehmen sehr viel Geld. Geld, das dann zur Zahlung höherer Provisionen herangezogen wird. Deshalb verdient der einzelne Networker deutlich mehr als ein fest angestellter Verkäufer. Aus diesem Grund sind Network-Unternehmen so erfolgreich. Sie verkaufen nicht nur die besseren

Produkte, sondern sie zahlen überdies auch noch die besten Provisionen, was wohl jeden ehrgeizigen Menschen mehr motiviert als alles andere. Deshalb hat dieses Vorgehen keinen nachteiligen Einfluss auf den Verkaufspreis des Produktes. Mit anderen Worten: Im Network-Marketing gibt es nur Gewinner:

1. den Hersteller, weil seine Kosten deutlich geringer sind
2. den Networker, weil er deutlich höhere Provisionen erhält
3. den Kunden, weil er die besten Produkte zum günstigen Preis erhält
4. den Arbeitsmarkt, weil erfolgreiche Networker nicht arbeitslos sind
5. die Allgemeinheit, weil Networker wegen der besseren Provisionseinnahmen höhere Steuern zahlen; damit leisten sie einen wichtigen Beitrag zur Sanierung der Staatsfinanzen

MLM-Erfolgsregel Nr. 14

„Im Network-Marketing entfällt der Zwischenhandel. Dadurch kann Ihr Einkommen außergewöhnlich stark steigen. Deshalb verdienen erfolgreiche Networker überdurchschnittlich."

5.04 Network-Marketing ist die Vervielfältigung von Zeit

„In dem Augenblick, in dem du von etwas überzeugt bist, von diesem Augenblick an wird dein Traum Wirklichkeit."

Robert P. Collier

Jeder Mensch hat 24 Stunden Zeit am Tag. Das ist eine der wenigen Gerechtigkeiten dieser Welt. Die Frage ist nur, was fangen wir damit an? Das „Rad der finanziellen Freiheit" hat Ihnen gezeigt, dass Sie auf der richtigen Seite stehen müssen, um finanziell unabhängig zu werden. Diese reichen Menschen, die auf der richtigen Seite des Rades stehen, schöpfen ihre finanzielle Freiheit aus einer einzigartigen Quelle. Es ist

„der richtige Umgang mit der Zeit".

Zeit ist relativ, das wissen wir spätestens seit Albert Einstein, der übrigens eine sehr eigenwillige Art hatte, Begriffe zu erklären. So soll er auf die Frage nach der Relativität gesagt haben:

„Wenn man zwei Stunden mit einem netten Mädchen zusammensitzt, meint man, es wäre eine Minute. Sitzt man jedoch eine Minute auf einem heißen Ofen, meint man, es wären zwei Stunden. Das ist Relativität."

Gerade im Network-Marketing ticken die Uhren im Wortsinn ganz anders. Hier potenziert sich die Zeit, und das ist einzigartig. Über 30 Millionen Menschen in Deutschland addieren ihre Arbeitsleistung und kommen somit sprichwörtlich auf keinen grünen Zweig. Vereinfacht ausgedrückt tauschen diese Menschen Zeit gegen Geld. Als fest Angestellte erhalten sie einen Festlohn bzw. ein festes Gehalt, im Handwerk dagegen wird häufig zum Stundenlohn abgerechnet. Ob Maurer, Zimmermann oder Elektriker, sie alle arbeiten im Stundenlohn, dessen Höhe vorher in Tarifverträgen ausgehandelt wurde (!). Mit anderen Worten: Diese Gruppe der Arbeiter überlässt es übergeordneten Institutionen, oft Gewerkschaften, wie viel Geld sie verdienen darf. Mir wird bei diesem Gedanken noch immer ganz schlecht.

Wenn ich mir vorstelle, ein mir völlig fremder Gewerkschaftsfunktionär, der überdies sechsstellig verdient, verhandelt mein Gehalt, bekomme ich Magenkrämpfe. Mit welcher Arroganz diese Herren Funktionäre auftreten, habe ich wahrhaftig am eigenen Leibe gespürt. Ich kann mich noch sehr gut an eine IG Metall-Veranstaltung bei meinem früheren Arbeitgeber erinnern. Wir saßen in einem großen Saal und lauschten den Worten des Betriebsratsvorsitzenden unserer Firma. In der anschließenden Diskussionsrunde gab ich sprichwörtlich „meinen Senf dazu". Ich ergriff das Wort und sagte nur ein paar Sätze zu der vorherigen Rede. Scheinbar habe ich mir damit wenige Freunde gemacht. Denn einige Tage später wurde ich zum Abteilungsleiter gerufen, der mir eine Viertelstunde lang eine Standpauke hielt, die sich gewaschen hatte. Der Abteilungsleiter fragte mich, was mir denn wohl einfallen würde, eine mit viel Beifall bedachte Rede so zu kritisieren? Man verpasste mir für spätere Veranstaltungen einen Maulkorb. Ganz nach dem Motto: „Wessen Brot ich ess, dessen Lied ich singe." Wortwörtlich sagte mir mein damaliger Vorgesetzter, ich hätte die Klappe zu halten. Ich kochte innerlich und regte mich noch Tage später über diese Kleingeister in dieser Firma auf.

Mir war klar, dass ich unter solchen Bedingungen nicht bis ans Ende meiner Tage arbeiten wollte. Ich hatte nur auf den richtigen Zeitpunkt gewartet, um alles hinzuschmeißen und das zu tun, was ich für richtig hielt, und nicht, was mir ideologisch verbohrte Betonköpfe vorschrieben. Sie verhielten sich schon so, wie es an einer Stelle in der Bibel steht: „Was aber siehst du den Splitter, der in deines Bruders Auge ist, den Balken aber, der in deinem eigenen Auge ist, nimmst du nicht wahr."

Scheinbar stehe ich mit meiner Meinung nicht allein da. Immer mehr Menschen erkennen, dass Gewerkschaften auch nicht mehr das sind, was sie einmal waren. So verlor die IG Metall im Jahre 2004 rund 100.000 Mitglieder. Und die Dienstleistungsorganisation Verdi steckt seit ihrer Gründung in einer finanziellen Krise, die sie zum Teil auf Kosten ihrer Angestellten (!) lösen möchte. So mussten die Mitarbeiter dieser Gewerkschaft ein Zwangsdarlehen in Höhe von fünf Prozent ihres Gehaltes gewähren. Für mich ein Skandal. Was glauben Sie, wie diese Gewerkschaften ihre Mitglieder mobilisiert hätten, wenn auch nur einer ihrer Arbeitgeber eine solche Maßnahme durchgeprügelt hätte? Mit roten Fahnen und Trillerpfeifen wären die Gewerkschafter auf die Straße gegangen, um gegen das Diktat des Kapitalismus zu demonstrieren. Aber bei den Gewerkschaften ticken die Uhren scheinbar anders. Verlogene Welt, kann ich da nur sagen. Ich dagegen habe mein Schicksal selbst in die Hand genommen und führe genau das Leben, was ich mir immer erträumte. Während die Herren Gewerkschafter noch immer mit ihren alten Rostlauben zur Arbeit fahren, um hinter ihren muffigen Schreibtischen Platz zu nehmen, kann ich es mir erlauben, off the Road zu fahren, natürlich mit dem passenden Auto.

In meiner Garage habe ich für jeden Anlass das richtige Auto, ob Lamborghini, Porsche, Mercedes, BMW oder auch Smart. Will ich mir dagegen frischen Wind um die Nase wehen lassen, setze ich mich einfach auf eines meiner Motorräder, am liebsten auf die Harley Davidson.

Ich will niemandem zu nahe treten, aber ein jeder sollte für sich überlegen, ob er weiterhin seine ganz persönliche finanzielle Freiheit von Dritten regeln lassen möchte oder ob er die Zeichen der Zeit richtig deutet und jetzt endlich selbst das Zepter in die Hand nimmt. Nur das ist der erste wirkliche Schritt zur finanziellen Unabhängigkeit.

Arbeitnehmer tauschen Zeit gegen Geld

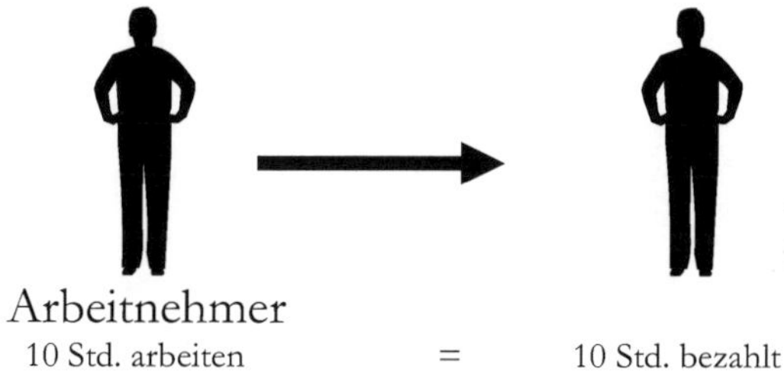

Da verhalten sich die Selbstständigen schon etwas cleverer, weil sie ihre Zeit multiplizieren. Nehmen wir an, Sie haben eine Unternehmensberatung. Solange Sie allein arbeiten, verhalten Sie sich nicht anders als ein Arbeitnehmer. Sie addieren Ihre Zeit. Sie können also maximal 24 Stunden arbeiten und für diese Zeit auch nur bezahlt werden, wenn Ihre Dienstleistung mit Ihnen als Person verbunden ist. Da wohl kein Mensch ohne Schlaf auskommt, gehe ich davon aus, dass Sie über einige Jahre hinweg durchaus 14 bis 16 Stunden am Tag arbeiten können, für die Sie dann auch bezahlt werden. Nehmen wir an, Sie erhalten pro Stunde 100 Euro, was für einen guten Unternehmer normal ist. Nehmen wir ferner an, Ihr Unternehmen ist gut ausgelastet und Sie haben fünf Tage die Woche zu tun. Nehmen wir ferner an, dass Sie am Tag 10 Stunden bezahlt bekommen, weil die restliche Zeit für Vor- und Nacharbeiten verwendet wird, was nicht extra berechnet wird. Dann können Sie also pro Monat rund 20.000 Euro verdienen.

Wenn Sie sich nun aber aus dem aktiven Beratungsgeschäft ausklinken und dafür Mitarbeiter einstellen, sieht Ihre Rechnung ganz anders aus. Nehmen wir an, Sie beschäftigen fünf Berater und Sie verbringen jetzt ebenfalls 10 Stunden im Büro, dann wird Ihr Unternehmen nun nicht mehr für 10 Stunden, sondern für 50 Stunden am Tag bezahlt.

Arbeitgeber multiplizieren ihre Zeit

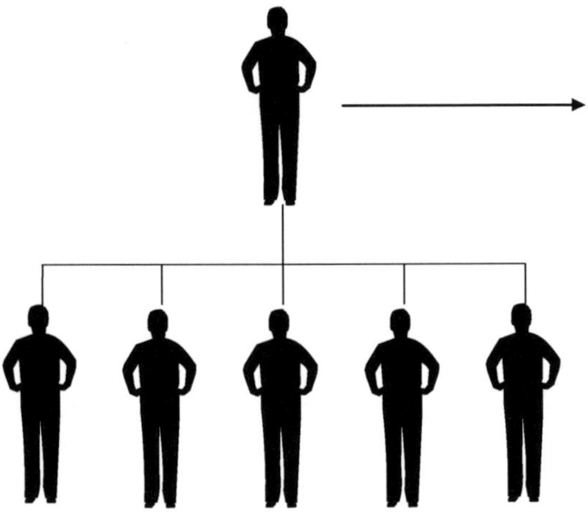

Sie als Arbeitgeber arbeiten 10 Stunden täglich.

Ihre Arbeitszeit investieren Sie in das Team. Ihre 5 Mitarbeiter arbeiten für Sie „an der Front". 5 Mitarbeiter à 10 Std./tgl. = 50 Stunden pro Tag.

Natürlich geht die Rechnung nun aber nicht mehr so glatt auf. Zwar verdient das Unternehmen nun rund 100.000 Euro im Monat, also deutlich mehr als die 20.000 Euro. Doch von den 100.000 Euro (5 x 10 Std./tgl. zu je 100 Euro/Std. x 4 Wochen) müssen natürlich die Angestellten bezahlt werden. Angesichts der hohen Lohnnebenkosten kann es sein, dass Sie trotz des größeren Umsatzes deutlich weniger verdienen.

Sie sehen, das macht Sie auch nicht reich. Die dritte ist gleichzeitig die beste Möglichkeit, effektiv zu arbeiten und dabei reich zu werden. Statt Mitarbeiter einzustellen und ihnen ein Gehalt zu zahlen, bauen Sie sich eine Vertriebsstruktur mit Mitarbeitern auf, die ausschließlich leistungsorientiert bezahlt werden.

Networker potenzieren ihre Zeit

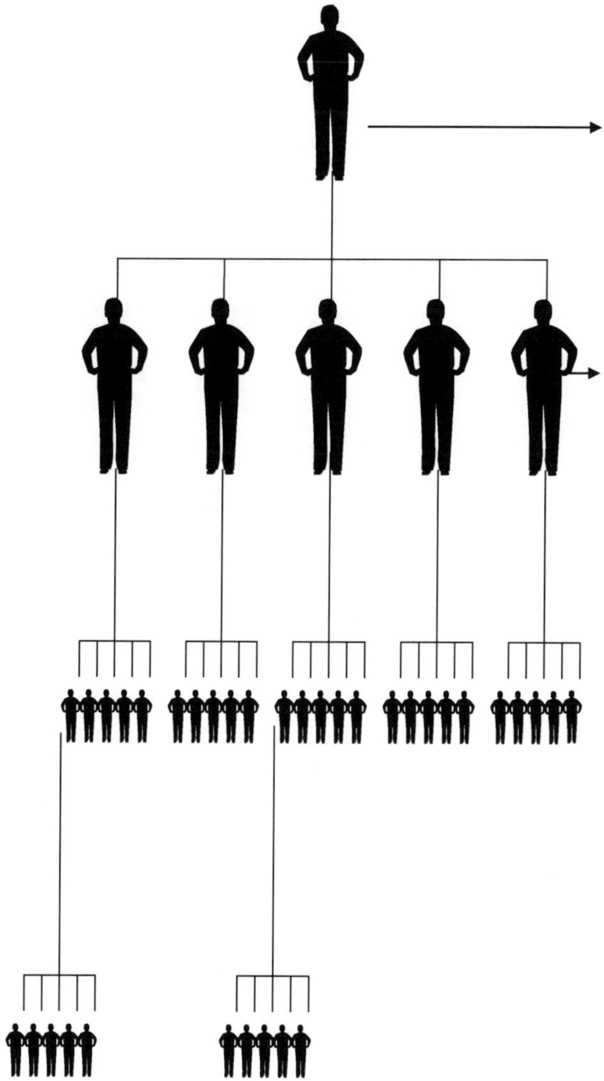

Sie als Networker bauen Ihre eigene Downline auf. Dafür arbeiten Sie täglich 10 Stunden.

Ihre Downline:

Ihre Arbeitszeit investieren Sie in das Führungsteam. Ihre 5 Mitarbeiter arbeiten für Sie „an der Front". 5 Mitarbeiter à 10 Std./tgl. = 50 Stunden pro Tag.

Ihre Upline der 1. Ebene:

Ihre fünf Führungskräfte rekrutieren ihrerseits wieder fünf Networker. 5 Führungskräfte finden je 5 Networker. Die arbei ten ebenfalls alle 10 Stunden täglich. 25 Mitarbeiter à 10 Std./tgl. = 250 Stunden pro Tag.

Ihre Upline der 2. Ebene:

Die Networker aus der 1. Ebene rekrutieren ihrerseits weitere Networker.

usw.

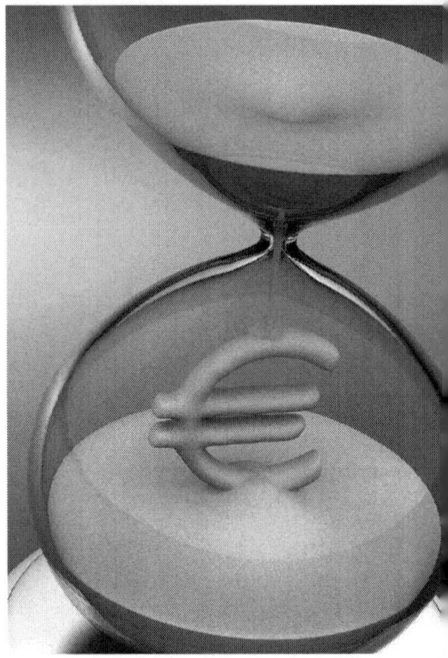

Beim erfolgreichen Verkaufsabschluss erhalten Ihre Mitarbeiter eine Provision. Verkaufen sie nichts, gibt es auch kein Geld. Network-Marketing arbeitet nach diesem Prinzip. Sie können sich eine Downline mit mehreren Tausend Mitarbeitern aufbauen, die Sie nur dann entlohnen müssen, wenn vorher etwas verkauft wurde. Mit anderen Worten: Sie brauchen keine hohen Personalkosten zu fürchten. Es fallen nur Kosten an, wenn wirklich Leistung erbracht wurde. Weil Sie nicht durch Kosten in die Enge getrieben werden können, ist es möglich, eine Struktur mit mehreren Tausend Mitarbeitern aufzubauen. Wichtig ist nur, dass die Mitarbeiter auch arbeiten und nicht nur als Statisten geführt werden.

Sie investieren 10 Stunden Zeit am Tag. Bei einer Downline von 5 Führungskräften mit einer Upline von je 5 Networkern potenzieren Sie somit Ihre Zeit auf mehr als 300 Stunden täglich. Nach oben hin gibt es quasi keine Grenze. Denn jeder Networker innerhalb Ihrer Struktur hat die Möglichkeit, ebenfalls seine eigene Downline aufzubauen, die unter Ihrer Downline aufgehängt ist. Mit anderen Worten: Jeder neue Networker innerhalb Ihres Systems erhöht automatisch Ihr Zeitkonto, und wie heißt es so schön: „Zeit ist Geld". Die untere Tabelle gibt Ihnen einen Überblick, wie sich die Zahl der Networker potenziert.

Das Gesetz der Zahl

	x 2 neue Networker	x 3 neue Networker	x 4 neue Networker	x 5 neue Networker	x 6 neue Networker
1. Ebene	2	3	4	5	6
2. Ebene	4	9	16	25	36
3. Ebene	8	27	64	125	216
4. Ebene	16	81	256	625	1.296
5. Ebene	32	243	1.024	3.125	7.776
6. Ebene	usw.	usw.	usw.	usw.	usw.

Nehmen wir an, in jeder Ebene werden fünf neue Networker rekrutiert, dann haben Sie in der ersten Ebene nur fünf Networker. In der zweiten sind es aber bereits 25, und in der 5. Ebene arbeiten schon mehr als 3.000 Networker in Ihrer Downline. Die Zahl fünf ist hierbei nicht willkürlich gewählt. Sie hat eine strategische Bedeutung. Große Führungsstrukturen, allen voran die militärischen, befehligen max. fünf Mitarbeiter, denen ebenfalls fünf Mitarbeiter unterstellt sind. Allerdings wird die Struktur auch hier nach unten hin immer breiter, je geringer der Dienstgrad ist. Es hat sich herausgestellt, dass sich mit fünf Mitarbeitern besser und effektiver arbeiten lässt als mit einem Dutzend. Viele Networker machen den Fehler, dass sie sich in die Breite entwickeln und nicht in die Tiefe. Statt sich auf fünf wichtige Personen in der ersten Ebene zu konzentrieren, bauen sie sich eine Downline von mehreren Dutzend Personen auf und wundern sich dann, dass sie nicht mehr Herr der Lage sind. Sie gleichen einem Artisten im Zirkus, der nach und nach Teller auf einer Stange zum Drehen bringt und am Ende nur noch damit beschäftigt ist, diese Stangen in Bewegung zu halten, damit kein Teller herunter fällt. Networker, die diese Strategie anwenden, zerfleischen sich selbst. Statt sich auf das Geschäft zu konzentrieren, sind sie nur noch damit beschäftigt, die Masse von Networkern in der ersten Ebene bei Laune zu halten. Doch sobald sich ein Networker nicht ausreichend betreut fühlt, springt er ab. Es entsteht eine Lücke, die nur durch das Anwerben immer neuer Mitarbeiter in der ersten

Ebene kompensiert werden kann. Ein Networker, der sich so verhält, ist bereits nach wenigen Wochen am Ende, finanziell und gesundheitlich. Sowie Sie eine Vertriebsstruktur aufbauen, suchen Sie sich die besten fünf Geschäftspartner und arbeiten Sie mit ihnen täglich zusammen. Wenn sich diese fünf Mitarbeiter genauso effektiv verhalten und ihre Struktur nach unten genauso aufbauen, entsteht ein Netzwerk vergleichbar einem uneinnehmbaren Bollwerk, in dem alle zufrieden sind und sehr viel Geld verdienen können.

MLM-Erfolgsregel Nr. 15

„Wenden Sie die Strategie erfolgreicher Führungskräfte an, indem Sie mit fünf Ihrer besten Mitarbeiter enger zusammenarbeiten."

5.05 Network-Marketing löst Alltagssorgen

„Tue erst das Notwendige, dann das Mögliche, und plötzlich schaffst du das Unmögliche.“

Franz von Assisi

Wenn Sie angesichts der Zahlen aus dem letzten Kapitel noch immer regungslos auf Ihrem Stuhl verharren, haben Sie entweder das System Network-Marketing nicht wirklich begriffen oder Sie sind einfach nur sprachlos. Aber als ich vor mehr als zwanzig Jahren erstmalig von diesen gewaltigen Möglichkeiten hörte, hielt mich nichts mehr auf dem Stuhl. Schon während des Vortrags rutschte ich unruhig hin und her, um nach dem Ende der Veranstaltung sofort loszurennen und das Gehörte in die Tat umzusetzen. Ich war damals mehr als unzufrieden in meinem Job, so wie viele Menschen es heute noch sind. Neueste Untersuchungen bestätigen einen verheerenden Trend. Das Wirtschaftsmagazin DM/Euro fand im November bei einer Umfrage[11] heraus, dass 46 Prozent (!) der Arbeitnehmer innerlich gekündigt haben. Jeder Sechste ist nach dieser Studie schon auf der Suche nach einer Alternative. Leider war dieser Studie nicht zu entnehmen, wie sich diese Arbeitnehmer die Alternative vorstellen. Wer sich auch weiterhin an ein System klammert, in diesem Fall „du Chef, ich Angestellter“, fällt nicht selten vom Regen in die Traufe. Eine andere Studie bestätigt den Trend der Unzufriedenheit. Nach Recherchen der Firma Gallup[12] haben 18 Prozent der Deutschen keine emotionale Bindung an ihren Job. Neun von zehn deutschen Arbeitnehmern (88 Prozent) empfinden keine echte Verpflichtung ihrer Arbeit gegenüber. Weitere 70 Prozent machen lediglich Dienst nach Vorschrift und gehören daher zur Kategorie Mitarbeiter mit geringer emotionaler Bindung. Aus meiner Sicht macht es keinen

Sinn, einen bestehenden Arbeitsplatz zu kündigen, um mit der gleichen Demotivation bei einer anderen Firma anzufangen und dort den gleichen Dienst nach Vorschrift zu schieben. Wer unzufrieden ist, sollte sich überlegen, ob er seinem Leben grundsätzlich eine andere Richtung geben möchte.

Durch Network-Marketing wird ihm eine Möglichkeit geboten, die ohne Beispiel ist. Wer weiterhin auf die Pseudo-Sicherheit eines angeblich so sicheren Arbeitsplatzes setzen will, könnte auch erst einmal nebenberuflich starten, so wie 77 Prozent aller Networker. Rund ein Viertel aller Networker ist in diesem interessanten Markt hauptberuflich tätig[13]. Der durchschnittliche Arbeitsaufwand im Network-Marketing beträgt nach der bereits mehrfach zitierten Studie 17 Stunden in der Woche. 17 Stunden, die endlich einmal effektiv genutzt werden, statt vorm Fernseher zu hocken und eine Flasche Bier nach der anderen zu trinken. Network-Marketing gibt den Menschen wieder einen Lebenssinn. Es holt sie sprichwörtlich vor der Glotze weg und befördert sie hinein ins pralle Leben. Man hat eine Aufgabe, man kommt mit Menschen zusammen und man verdient so ganz nebenbei eine nicht unerhebliche Summe.

Glauben Sie mir, wenn sich alle Menschen so verhalten würden, gäbe es kaum noch Depressionen. Meiner Meinung nach entsteht diese Krankheit, weil es vielen an Perspektiven und Lebenssinn fehlt. Eine neue Studie[14] der EU offenbart in erschreckender Weise eine hohe Zahl von psychischen Erkrankungen. Danach leiden mehr als ein Viertel der EU-Bevölkerung (27 Prozent) an den zwölf häufigsten psychischen und neurologischen Erkrankungen wie Medikamentenmissbrauch, Depressionen und Angstzuständen. Ich will niemandem zu nahe treten. Natürlich ist mir klar, dass viele Krankheiten einen viel tieferen Sinn haben, und jeder, der sich schlecht fühlt, sollte unbedingt einen ärztlichen Befund einholen. Doch ich bleibe bei meiner Behauptung, dass Menschen auch erkranken, weil sie Angst vor der Zukunft haben oder eben nicht wissen, wie es weiter geht. Diesen Menschen möchte ich empfehlen, sich mit Network-Marketing zu beschäftigen. Die Gründe habe ich bereits weiter oben aufgeführt.

MLM-Erfolgsregel Nr. 16

„Network-Marketing gibt Ihrem Leben einen Sinn. Je stärker Sie sich hier engagieren, desto weniger finanzielle Sorgen werden Sie haben.“

5.06 Mit Network-Marketing in die Zukunft

„Die Zukunft hat viele Namen. Für die Schwachen ist sie das Unerreichbare. Für die Furchtsamen ist sie das Unbekannte. Für die Mutigen ist sie die Chance."

Victor Hugo

Wer heute ins Network-Marketing-Geschäft einsteigt, braucht sich um seine Zukunft nicht mehr zu sorgen. Ich will Ihnen die Gründe für meinen Optimismus nennen, die beweisen, dass Network-Marketing vor einem gewaltigen Boom steht. In einer repräsentativen Umfrage[15], die in den 11 größten europäischen Ländern durchgeführt wurde, stellte man folgende Frage: „Haben Sie innerhalb der letzten 12 Monate irgendwelche Produkte auf In-Home-Partys oder im klassischen Direktvertrieb (ohne Katalog- und Fernsehshopping) gekauft?" Europaweit beantworteten durchschnittlich 40 Prozent der Befragten diese Frage mit einem klaren „Ja!". Spitzenreiter war Großbritannien mit 48 Prozent, gefolgt von Italien mit 43 Prozent und Spanien, letzter in dieser Statistik, mit „nur" 27 Prozent. Diese Zahlen überraschen mich nicht wirklich. Die Zahl der Direktvertriebsunternehmen nimmt weltweit zu. Derzeit gibt es rund 700, in denen 46 Millionen Menschen (!) arbeiten. Der Umsatz lag 2002 bei rund 85,5 Milliarden Euro. Neben den USA und Japan ist Europa weltweit der größte Markt für Direktverkauf[16].

In Deutschland, Österreich und der Schweiz ist der Direktvertrieb in den letzten 10 Jahren schneller gewachsen als der Einzelhandel, was ebenfalls nicht wirklich überrascht. Allein in Europa sind bereits mehr als vier Millionen Menschen im Direktvertrieb tätig[17], mit steigender Tendenz.

Entwicklung der Vertriebspartner im Direktvertrieb

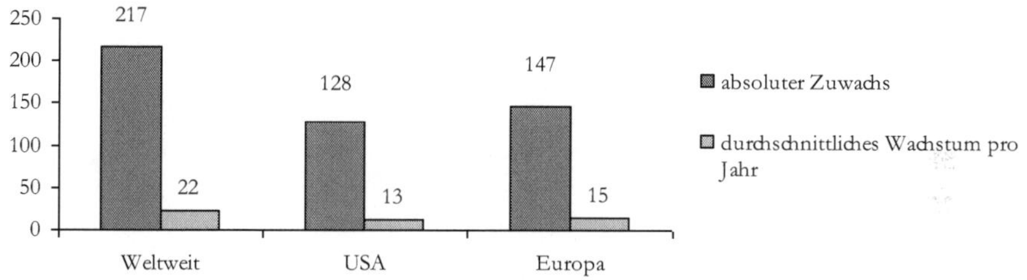

(Quelle: Network Academy, Prof. Dr. M. Zacharias)

Wenn nur die Hälfte dieser Networker jeden Tag nur einen Kontakt herstellt, erreichen sie täglich 2 Millionen potentielle Kunden. Von einer solchen Dichte an Interessenten können die Einzelhändler nur träumen. Das Jahr 2004 brachte für den Einzelhandel, zum dritten Mal in Folge, einen Umsatzrückgang. Die Einnahmen der Einzelhändler sanken um 1,6 Prozent auf insgesamt 365 Milliarden Euro[18]. Dagegen ist der weltweite Umsatz im Direktvertrieb von ca. 33 Mrd. US-Dollar in 1988 auf rund 86 Mrd. US-Dollar in 2002 und die Zahl der im Direktvertrieb tätigen Menschen von 8 Mio. auf knapp 47 Mio. Menschen gestiegen, wie die nachstehende Grafik eindrucksvoll beweist.

Zahl der Geschäftspartner im Direktvertrieb weltweit:

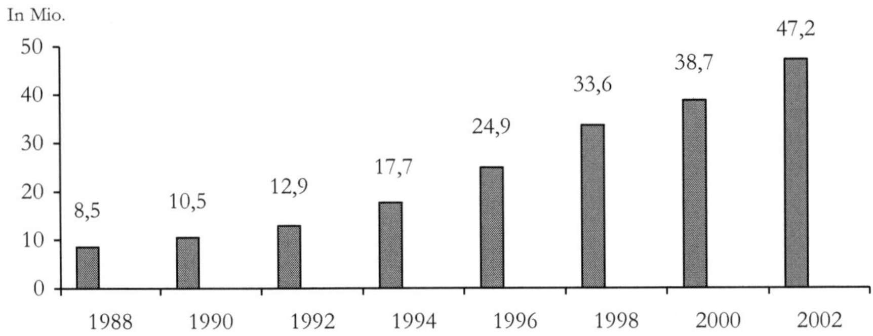

(Quelle: FEDSA, 2004)

Sie sehen, die Zahl der Geschäftspartner steigt nach wie vor kontinuierlich, und das nicht nur, weil die Menschen viel Geld verdienen wollen. Das ist ihre Motivation, aber diese Motivation muss auch befriedigt werden können. Die gesamte Wirtschaft lebt vom Handel mit Gütern und Dienstleistungen jeglicher Art. Wer etwas anbietet, muss einen Käufer für sein Angebot finden, nur dann kann er Umsatz und damit Provisionen erwirtschaften. Wie die Zahlen des klassischen Einzelhandels beweisen, mangelt es ja kaum an guten Angeboten, sondern eher an Kunden, weil die nicht in den Laden kommen. Wissenschaftler sind diesem Phänomen nachgegangen und haben eine Erklärung gefunden. Immer mehr Menschen und damit potentielle Kunden verlassen immer seltener ihr Haus. Sie igeln sich förmlich ein. Cocooning nennen die Experten dieses Verhalten. Das aus dem Englischen stammende Wort steht für „sich einspinnen". Warum sich die Menschen immer mehr einigeln, weiß niemand so ganz genau. Aber dass sie es tun, steht außer Frage. Dennoch haben diese potentiellen Kunden Wünsche und Bedürfnisse, die befriedigt werden müssen. Dazu bedienen sie sich zweier Möglichkeiten: 1. Sie kaufen übers Internet oder 2. sie kaufen ihre Produkte beim Direktvertrieb und damit größtenteils beim Networker. Diesem Berufsstand kommt daher auch eine besondere sozial-ökonomische Stellung zu. Networker versorgen ihre Kunden nicht nur mit nützlichen Produkten, sie holen diese Menschen auch aus ihrer selbst gewählten Isolation. Zum einen, weil zu einer Homeparty in der vertrauten häuslichen Umgebung andere Menschen eingeladen werden. Man hat zusammen viel Spaß, man spricht über dieses und jenes und lässt sich so ganz nebenbei über die neuesten Trends informieren. Zum anderen bieten Networker diesen Menschen die Möglichkeit, eine nebenberufliche Position im Network-Unternehmen anzunehmen. Dadurch erhalten die Menschen eine Aufgabe. Sie erkennen, dass sie wichtig sind. Deshalb sind sie auch bereit, an Veranstaltungen oder Seminaren teilzunehmen, um zu lernen und zu kommunizieren.

Ich denke, dass gerade im Zeitalter des Internets unsere Aufgabe als Networker immer wichtiger wird. Das Internet ist gut und nützlich. Nie zuvor in der Geschichte der Menschheit war es so einfach, an Informationen zu kommen. Das Wissen der Menschheit hat sich in den letzten Jahrzehnten überdurchschnittlich entwickelt. So verdoppelte sich das Wissen von 1800 bis 1900 in nur hundert Jahren, von 1900 bis 1950 in fünfzig Jahren und von 1950 bis 1960 in nur zehn Jahren. Danach verdoppelte es sich von 1960 bis 1966 in nur sechs Jahren. Mit anderen Worten: Ein Student, der 1960 sein Studium aufnahm, stand nach Studienabschluss im Jahre 1966 vor der doppelten Wissensmenge als zu Beginn seines Studiums. Heute wissen wir, dass diese Wissensexplosion für den Normalbürger nicht mehr zu bewältigen ist, denn alle fünf Jahre, so die Wissenschaft, verdoppelt sich derzeit das Wissen der Menschheit. Dadurch entstehen unglaubliche Datenmengen, die eben nur noch über Computersysteme verwaltet werden können. Durch entsprechende Webseiten ist es dann möglich, das Internet nach bestimmten Stichworten zu durchforsten. In Bruchteilen von

Sekunden stehen einem dann die Informationen zur Verfügung. Kein Buch der Welt könnte diesen Wettkampf aufnehmen.

Doch das Internet hat leider einen ganz großen Nachteil. Sie bekommen die Information nur, wenn Sie auch das richtige Stichwort eingeben. Mit anderen Worten: Sie müssen wissen, wonach Sie suchen. Klingt logisch, werden Sie vielleicht sagen. Klar ist das logisch. Wenn Sie einen bestimmten Artikel suchen, den Sie über das Internet kaufen wollen, ist das natürlich sehr einfach. Wenn Sie zum Beispiel die Kamera Canon Powershot S60 kaufen möchten, geben Sie diese Bezeichnung auf der Webseite von Google ein und schon erhalten Sie mehr als 697.000 Eintragungen! Nur zu diesem einen Produkt! Nun brauchen Sie nur noch Zeit, sehr viel Zeit, das günstigste Angebot herauszufinden. Natürlich geht es auch einfacher. Dann nämlich, wenn Sie auf Webseiten klicken, die Preisvergleiche anstellen, wie z. B. www.geizkragen.de. Hier reduzieren sich die Angaben auf einige Dutzend Eintragungen. Das eigentliche Problem liegt aber ganz woanders.

Es ist leicht, mit einem Suchbegriff die Recherche im Internet zu starten. Schwieriger wird es dagegen, wenn Sie gar nicht wissen, wonach Sie suchen. Nehmen wir an, Ihnen kommt spontan in den Sinn, dass Sie endlich etwas für Ihre Gesundheit tun möchten. Vitamine sollen es richten. Sie haben keine Lust auf Obst schneiden, deshalb wollen Sie sich die notwendigen Vitamine in Form von Pillen verabreichen. Also gehen Sie auf die Webseite von Google und geben als Stichwort Vitamine ein. Sie ahnen, was jetzt passiert. Sie erhalten mehr als 1,5 Millionen Einträge. Ich frage Sie: „Wie wollen Sie angesichts dieser Datenmengen das richtige Vitaminpräparat finden?“ Das ist fast unmöglich, es sei denn, Sie haben Zeit im Überfluss. Im Grunde genommen können Sie auf eine x-beliebige Seite klicken und dort eines der angebotenen Produkte kaufen. Eine realistische Chance, aus diesem Datenmaterial das beste Produkt herauszufiltern, gibt es nicht. Doch die Enttäuschung ist groß, wenn am Ende die Ware nicht hält, was sie versprochen hat. Sie sehen, ohne genauere Daten bzw. ohne ein entsprechendes Background-Wissen hilft das Internet nicht. Sie brauchen die richtigen Informationen, und die bekommen Sie am leichtesten, wenn Sie sich an Menschen wenden, die wissen, wovon sie sprechen. Viele Rat suchende gehen deshalb ins Einzelhandels-Fachgeschäft, um sich beraten zu lassen. Wie weiter oben ausgeführt, nutzen immer mehr Menschen einen anderen, bequemeren Weg. Sie lassen sich zu Hause beraten, indem sie den Berater einladen. Das ist die Stunde der Networker.

Ich denke, wenn es um die Frage geht, warum sich immer mehr Menschen einigeln, sollte man auch einen anderen Aspekt nicht unterschätzen. Es mag von diesen Menschen viele geben, die durchaus mehr aus dem Haus gehen würden, wenn sie nur wüssten wohin. Die Rede ist von Orten und Gemeinden, in denen um sieben Uhr abends im Wortsinn die Gehsteige hochgeklappt werden und der Mond mit der Stange weiter geschoben wird. In diesen Dörfern ist sprichwörtlich der Hund begraben. Mit anderen Worten: Außer ein paar freistehenden Häusern gibt es nichts, was zur Erheiterung oder zum Verweilen einlädt. Die Bewohner sind auf das Auto angewiesen, weil der nächste Supermarkt einige Kilometer weiter im nächsten Nachbardorf zu finden ist. Diese geografisch isolierten Menschen sind teilweise sehr froh, wenn man ihnen die Dienstleistung im trauten Heim anbietet. Das ist aus meiner Sicht auch der Hauptgrund, warum die erfolgreichsten Networker in Gemeinden mit weniger als 5.000 Menschen arbeiten. Aus Deutschland liegen mir keine Zahlen vor. Prof. Dr. Zacharias hat für Österreich diese Zahlen erforscht. Danach haben fast 50 Prozent aller Networker ihren Standort in einer kleinen Gemeinde. Rund drei Viertel aller Networker leben in Gemeinden mit bis zu 20.000 Einwohnern.

Mein Standort ist in einer Gemeinde mit ... Einwohnern

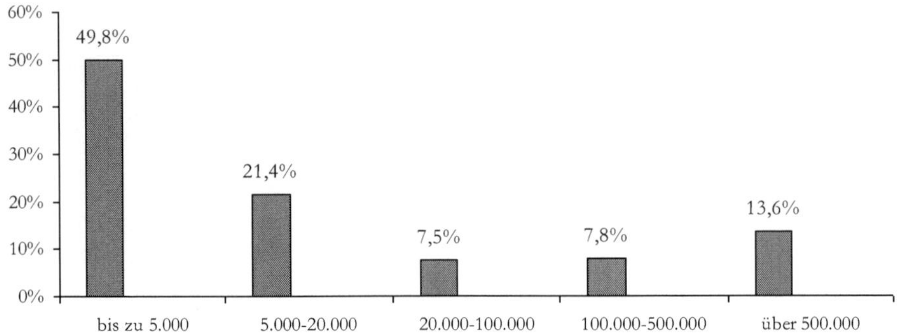

(Quelle: Zacharias Studie Direktvertrieb Österreich 2004)

Die umfangreiche Studie im Auftrag der Wirtschaftskammer über die Situation der Warenpräsentation im Direktvertrieb in Österreich gibt interessante Einblicke in die aktuelle Situation. So arbeiten rund 85 Prozent der im Direktvertrieb Tätigen in der dynamischen Form des Network-Marketings. Diese Zahl verdeutlicht, dass Network-Marketing die richtige Antwort auf das veränderte Kundenverhalten ist. Sind Sie dabei? Sehen Sie Chancen, die es gibt? Wohnen Sie vielleicht in einer Gemeinde mit weniger als 5.000 Einwohnern? Network-Marketing ist Ihre Chance auf finanzielle Unabhängigkeit. Es kommt einzig und allein darauf an, was Sie aus dieser einzigartigen Idee machen.

So wie die beiden Schuhverkäufer einer deutschen Schuhfabrik. Die Unternehmensleitung hatte sich entschieden, ihre Schuhe ins Morgenland zu exportieren. Sie schickten einen Schuhverkäufer buchstäblich in die Wüste, um die ersten Geschäftskontakte anzubahnen. Nach einigen Tagen rief der Verkäufer die Geschäftsleitung an und sagte, man müsse die Verhandlungen abbrechen. Es gäbe hier keinen Markt, alle Menschen liefen barfuss. Sie bräuchten keine Schuhe. Daraufhin beorderte die Geschäftsleitung ihren Schuhverkäufer zurück und schickte den besten Verkäufer ihrer Zunft ins Morgenland, der sein Glück versuchen sollte. Bekanntlich stirbt die Hoffnung zuletzt. Sein Flugzeug war kaum gelandet, als das Telefon des Chefs klingelte. Der Top-Verkäufer war außer sich vor Freude und brüllte ins Telefon: „Chef, erhöhen Sie sofort die Schuhproduktion und liefern Sie, was Sie können. Die Menschen laufen hier alle barfuß. Ein riesiger Markt. Jedem können wir unsere Schuhe verkaufen."

Dieses Beispiel verdeutlicht, dass es einzig und allein auf Ihre Sichtweise ankommt. Sie können in allem nur Nachteile sehen, so wie der erste Schuhverkäufer. Sie können aber auch die gewaltigen Chancen sehen, die überall zu finden sind, so wie der zweite Schuhverkäufer.

Sie allein entscheiden, ob Sie auf den Network-Zug aufspringen und die Chance Ihres Lebens nutzen oder ob Sie weiterhin am Bahnsteig stehen bleiben und auf die nächsten Züge, mit den vermeintlich besseren Chancen, warten bis zum St. Nimmerleinstag.

Es gibt nichts, was nicht im Network-Marketing verkauft wird. Von Nahrungsergänzung bis hin zu Putztüchern ist alles dabei. Niemand soll sagen, er finde nicht das richtige Produkt. Sie sollten sehr genau wissen, für welches Produkt Sie bereit sind, in den Ring zu steigen. Ein unsportlicher Typ mit untersetzter Figur sollte nicht unbedingt Diät-Pulver verkaufen. Ein Vegetarier wäre schlecht beraten, wollte er den Leuten Artikel rund um die Wurst verkaufen. Wer einen Gesundheitssaft verkauft, sollte nicht unbedingt zur Zigarette greifen. Damit wir uns richtig verstehen. Sie können alles und jedes verkaufen, es ist nur die Frage, wie glaubwürdig Sie sind und wie Ihr Verhalten beim Gesprächspartner ankommt. Der potentielle Kunde registriert sehr genau, ob Sie wirklich zu dem stehen, was Sie sagen und tun, oder ob das Ganze nur Mittel zum Zweck ist. Ich denke, Sie werden es auch einfacher haben, wenn Sie die Dinge verkaufen, von denen Sie wirklich überzeugt sind.

Die Möglichkeiten sind einzigartig. Es liegt ganz allein bei Ihnen, was Sie daraus machen. Mich erinnert diese Wahlmöglichkeit an den Einsatz von Stahl. Aus einem Stück Stahl lassen sich Hufeisen für 7,80 Euro fertigen. Aus dem gleichen Stück Stahl können auch Feuerhaken hergestellt werden, die dann schon das Zehnfache kosten, also 78 Euro. Eine andere Möglichkeit sehe ich darin, aus dem gleichen Stück Stahl einen Kotflügel fürs Auto zu pressen. Dieser würde schon 780 Euro kosten. Noch mehr Geld lässt sich mit Kochtöpfen verdienen, die aus diesem Stück Stahl gefertigt werden könnten, immerhin 7.800 Euro. Aber es geht noch besser, wie der elitäre Uhrmacher Rolex beweist. Er lässt aus einem Stück Stahl Uhrenfedern herstellen, welche dann in die teuren Uhren, teilweise zum Stückpreis von 78.000 Euro, verarbeitet werden. Sie sehen, es kommt immer darauf an, was man aus den angebotenen Möglichkeiten macht.

MLM-Erfolgsregel Nr. 17

„Es gibt mehr Leute, die kapitulieren, als solche, die scheitern." Network-Marketing bietet mehr Chancen als Risiken. Das ist die beste Voraussetzung für Ihren Erfolg."

Kapitel 6
Die ersten Schritte

„Den Beweis der Tüchtigkeit erbringt man nicht so sehr in dem, was man selber leistet, als vielmehr durch die Leistungen derer, mit denen man sich zu umgeben versteht."

Andrew Carnegie

6.01 Sagen ist nicht tun!

„Was mich anbetrifft, so zahle ich für die Fähigkeit, Menschen richtig zu behandeln, mehr als für irgendeine andere auf der ganzen Welt."

John D. Rockefeller sen.

In Goethes Faust lesen wir: „Die Botschaft höre ich wohl, allein mir fehlt der Glaube." So verhalten sich die Menschen, wenn sie das erste Mal von Network-Marketing hören. Sie glauben nicht, dass Network-Marketing wirklich für jeden geeignet ist und an Leichtigkeit seinesgleichen sucht. Sie glauben eher, dass der andere mehr Glück hatte und nur deshalb so erfolgreich wurde. Sie sehen nicht, dass der Networker auch ganz unten angefangen hat und durch seinen Arbeitseinsatz die Erfolgsleiter „hochfallen" konnte und nun ganz oben steht, wohin der ungläubige Networker-Aspirant blickt. Erinnern Sie sich noch an mein Lebenspendel im vorderen Teil dieses Buches? Das lässt sich auch übertragen auf die Situation eines potentiellen Networkers, der in seiner Entscheidung hin und her gerissen ist und zu keinem Ergebnis kommt.

Das Pendel Ihrer Entscheidung

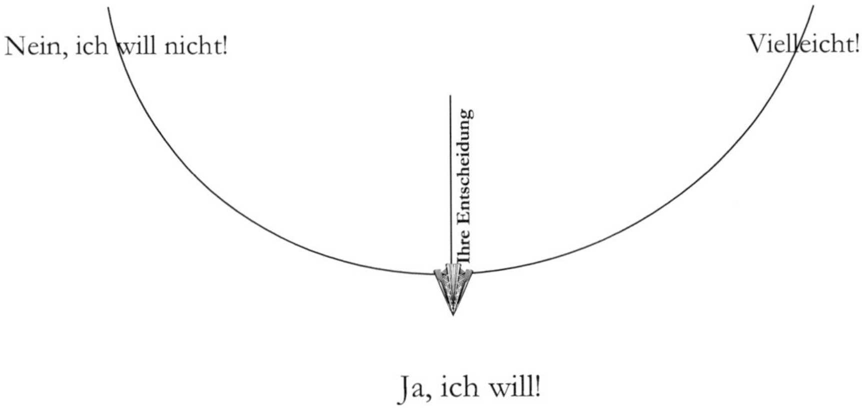

Wissen Sie, auch wenn es schmerzt, aber mir sind Menschen lieber, die auf eine gestellte Frage mit einem klaren Nein antworten als solche, die keine Entscheidung treffen. Noch lieber sind mir natürlich Menschen, die mit einem deutlichen Ja auf die Frage nach einer gemeinsamen Zusammenarbeit antworten. In beiden Fällen gibt es eine klare Basis und alle Beteiligten wissen, wie sie dran sind. Wer mich aber mit einem „Ich weiß noch nicht so genau" oder einem „Ich brauche noch etwas Zeit zum Nachdenken" oder „Ich bin mir nicht ganz sicher" etc. abspeisen möchte, stiehlt mir nur meine kostbare Zeit. Mit diesen Menschen kann und will ich mich nicht mehr beschäftigen. 99,9 Prozent aller unentschlossenen Menschen entscheiden sich nie. Sie halten andere nur von der Arbeit ab und nähren die falsche Hoffnung, irgendwann doch noch einzusteigen. Doch sie werden nie einsteigen. Wenn nicht heute, wann dann? Was ist morgen anders als heute? Wer wirklich etwas bewegen und verändern möchte, greift beherzt zu. In einem verblüffenden Experiment wurde nachgewiesen, dass Menschen, die sofort klare Entscheidungen treffen können, die erfolgreicheren sind. US-Psychologen ließen Versuchsteilnehmer aus fünf verschiedenen Kunst-Postern das auswählen und mitnehmen, das ihnen am besten gefiel. Die Hälfte der Teilnehmer musste sich nach wenigen Sekunden entscheiden, die anderen sollten die Bilder erst schriftlich bewerten. Einige Wochen später wurden alle telefonisch befragt, ob sie das Poster zu Hause aufgehängt hätten. Die spontanen Entscheider bejahten weit überwiegend. Die Nachdenker dagegen waren mit ihrer Wahl nicht glücklich: Keiner hatte das Poster an die Wand geheftet. Diese Studie bestätigt meine Meinung, dass es wichtig ist, sich sofort, spätestens innerhalb von 72 Stunden, zu entscheiden. Wer sich in dieser Zeit nicht entschieden hat, wird es nie mehr tun!

Verschwenden auch Sie Ihre Zeit nicht mit Menschen, die keine Entscheidung treffen wollen. Sie haben Besseres zu tun. Menschen, die sich nicht entscheiden können, sind Menschen, die auch keine Pläne, keine Wünsche und keine Zukunftsperspektiven haben. Das liegt doch auf der Hand. Wer mein Angebot zur Zusammenarbeit ausschlägt, tut dies doch nur, weil es ihm nicht zusagt oder weil es nicht zu ihm passt. Solche Menschen wissen, was sie wollen. Wer mein Angebot annimmt, weiß auch, was er möchte: nämlich Geld verdienen. Diese Menschen werden auch

Geld verdienen, sehr viel Geld sogar, weil sie wissen, was sie wollen. Zu welcher Gruppe der Entscheider gehören Sie?

Solange Sie sich nicht entscheiden können, schwankt das Pendel auch bei Ihnen hin und her. Erst bei einem klaren „Ja, ich will" bleibt das Pendel stehen und die Arbeit kann beginnen! Wirklich? Nun, es kommt zunächst darauf an, ob Sie wissen, was Sie anstreben.

Für eine klare Entscheidung brauchen Sie ein klares Ziel. Würden Sie für 100 Euro von der Kölner Rheinbrücke springen, wenn es stürmt und schneit? Würden Sie sich für fünf Quadratmeter mehr Wohnfläche mehr anstrengen und Ihr gesamtes Leben auf den Kopf stellen? Ich glaube nicht, dass Sie das tun würden. Sie würden sich Ihre Entscheidung leicht machen und das Angebot sofort ausschlagen. Aber wenn ich Ihnen 100.000 Euro für den Sprung von der Rheinbrücke anbiete oder Ihnen eine schicke Wohnung mit mehr als 200 qm verspreche, sieht die Welt schon anders aus. Unter diesen Gesichtspunkten eine Entscheidung zu treffen ist schwerer, oder? Für kleine Ziele würde sich nie jemand aufopfern. Bei echt großen, realistischen Herausforderungen schon eher. Darum geht es. Wer im Network-Marketing erfolgreich werden möchte, sollte sich nicht mit kleinen Wischi-Waschi-Zielen abgeben. Er muss ein klares Bild von dem haben, was er erreichen möchte, wofür es sich lohnt, sich mehr anzustrengen als bisher. Deshalb muss er sich die Frage stellen:

„Welchen Preis bin ich bereit dafür zu bezahlen?"

Das ist für mich eine der wichtigsten Fragen, wenn es um Ihren ganz persönlichen Erfolg geht. Sie merken schon, worauf ich hinaus will. Wenn Sie so weiterleben wie bisher und nur ein bisschen Network-Marketing machen möchten, wird sich nichts, wirklich gar nichts in Ihrem Leben verändern. Sie werden ein paar Euro im Monat mehr haben, die aber schnell wieder ausgegeben sind. Erst dann, wenn Sie bereit sind, sich auf eine grundlegende Veränderung Ihres bisherigen Tuns und Strebens einzulassen, werden Sie erfolgreich. Das aber geht nur, wenn Sie ein klares Ziel haben. Niemand wird sich anstrengen, wenn er nicht weiß, wofür er sich anstrengen soll. Deshalb scheitern ja auch so viele Menschen im Network-Marketing. Sie haben kein klares Ziel, wissen eigentlich gar nicht, warum sie sich mehr anstrengen sollen und wofür sie das zusätzliche Geld gebrauchen könnten. Ihnen fehlt die innere Motivation. Sie sind nur äußerlich motiviert. Vielleicht, weil sie eine super Geschäftspräsentation gesehen haben und nun der Meinung sind, in dem Laden „einmal mitmischen" zu müssen. Diese äußere Motivation ist aber nicht von Dauer. Es ist wie mit dem Essen. Wenn wir vor einem reich gedeckten Tisch sitzen, geht es uns gut und wir sind schnell satt. Doch schon am nächsten Morgen lechzen wir nach neuen kulinarischen Köstlichkeiten. Ein Blick in den leeren Kühlschrank lässt die überschäumende Motivation der vergangenen Tage gegen Null sinken, und schon befindet man sich wieder im selben Alltagstrott. Konfuzius sagt:

> *„Wer das Ziel kennt, kann entscheiden; wer entscheidet, findet Ruhe; wer Ruhe findet, ist sicher; wer sicher ist, kann überlegen; wer überlegt, kann verbessern."*

Sie können jedes Ziel erreichen, vorausgesetzt Sie wissen, welches Ziel Sie erreichen möchten. Ansonsten könnte es Ihnen so ergehen wie dem bekannten amerikanischen Richter Oliver Wendell Holmes. Während einer Zugfahrt suchte er verzweifelt nach seiner Fahrkarte. Der Schaffner sah geduldig zu, wie der Achtundachtzigjährige alle seine Taschen durchsuchte. Doch die Suche blieb ohne Erfolg. Natürlich hatte der Schaffner den Richter erkannt und beruhigte ihn: „Herr Holmes, machen Sie sich keine Sorgen. Sie brauchen Ihr Ticket nicht. Sie werden es wahrscheinlich erst dann finden, wenn Sie schon ausgestiegen sind. Wir vertrauen Ihnen. Sie können uns das Ticket später zusenden." Da sah der Richter den Schaffner verständnislos an und sagte: „Mein lieber Herr Schaffner, das ist doch gar nicht das Problem. Das Problem ist nicht: Wo ist mein Ticket - das Problem ist: Wohin geht die Reise?"

Wohin geht Ihre Reise? Sagen Sie bitte nicht, dass Sie viel Geld verdienen möchten. Davon gehe ich aus, sonst hätten Sie nicht zu diesem Buch gegriffen. Die Frage steht im Raum, was für Sie viel Geld ist. Das ist ein relativer Begriff. Für einen Bettler sind 10 Euro ein Vermögen, während ich mit diesem Betrag gerade einmal den Zapfhahn an der Tanksäule in Bewegung setzen kann. Wenn Sie sich viel Geld wünschen, was ich begrüße, dann sollten Sie sich die Dinge vorstellen, die Sie sich von diesem Geld kaufen wollen, und nicht einen Haufen bunter Geldscheine. Denken Sie immer daran, dass Geld nichts anderes ist als bedrucktes Papier. Ihr Unterbewusstsein ist nicht in der Lage, den Unterschied zwischen einem Haufen Euro-Scheine oder russischen Rubeln zu erkennen. Wenn Sie also nur Geldscheine visualisieren, wird Ihr Unterbewusstsein alles daran setzen, diese Scheine „zu beschaffen". Wundern Sie sich dann nicht, wenn Ihnen eines Tages ein Geldkoffer mit russischen Rubeln oder polnischen Zlotys übergeben wird. Dann haben Sie zwar einen Haufen Geldscheine, die aber nicht sonderlich viel wert sind. Einfacher ist es, genau das zu visualisieren, was Sie sich mit dem verdienten Geld kaufen wollen. Die Liste Ihrer Wünsche ist nicht begrenzt. Aufgrund meiner langjährigen Erfahrung mit Vertriebsleuten weiß ich, dass sich die Wünsche der meisten Networker zunächst auf die vier wichtigsten T´s reduzieren lassen.

Die vier wichtigsten T´s im Leben eines Networkers:

1. Traumauto

2. Traumhaus

3. Traumurlaub

4. Traum meines Lebens

Nachfolgend finden Sie zu diesen 4 T´s je ein Feld, in das Sie nun Ihre Traumbilder kleben. Sagen ist nicht tun. Lesen Sie erst weiter, wenn Sie Ihre Traumbilder in Ihr „Traumbuch" eingeklebt haben.

Meine vier wichtigsten T´s:

Mein Traumauto	
Mein Traumhaus	
Mein Traumurlaub	
Mein Traum des Lebens	

Haben Sie die Bilder eingeklebt? Vielleicht ein Bild von einem Ferrari? Wenn Sie sich dieses Sportauto wünschen, dann reicht es aber nicht aus, sich nun irgendeinen Ferrari zu wünschen. Ihr Unterbewusstsein möchte genau wissen, welchen Ferrari Sie sich wünschen, schließlich gibt es verschiedene Modelle. Wollen Sie ein Cabrio oder lieber einen geschlossenen Ferrari? Dann sollten Sie sich auch genau ausmalen, für welche Farbe Sie sich entscheiden werden. Für das klassische Ferrari-Rot oder eher für das Gelb? Wenn Sie ein klares Bild von Ihrem Auto haben, sollten Sie sich vor Ihrem geistigen Auge bereits im Besitz des Wunschautos sehen. Stellen Sie sich vor, wie Sie in diesem Wagen sitzen. Spüren Sie die harte Sitzschale an Ihren Oberschenkeln. Riechen Sie das frische Leder. Fühlen Sie den Schalthebel und das Lenkrad. Gehen Sie mit der flachen Hand über das Armaturenbrett. Spüren Sie, wie glatt sich die Chromteile anfühlen.

Drehen Sie nun den Zündschlüssel herum. Hören Sie den einzigartigen Sound, der von diesem genialen über 400 PS starken Motor ausgeht. Tippen Sie das Gaspedal leicht an. Sehen Sie, wie der Zeiger ein immer höheres Drehmoment anzeigt. Lassen Sie den Motor aufheulen. Legen Sie den ersten Gang ein und starten Sie durch, von Null auf Hundert in weniger als fünf Sekunden. Spüren Sie, wie Sie in den Sitz gepresst werden. Stellen Sie sich nun vor, Sie durchfahren mit diesem Traumauto die Nordschleife des Nürburgrings. Geben Sie noch mehr Gas. Die Tachonadel steigt und steigt und nähert sich der 300er-Marke. Sie sind am Ziel Ihrer Träume. Je deutlicher Sie sich dieses Szenario vorstellen können, desto eher werden Sie diesen Wagen leibhaftig in Empfang nehmen können. So deutlich müssen Sie sich vor Ihrem geistigen Auge alle Wünsche vorstellen, egal ob Haus, Boot oder Urlaub. Je intensiver Sie sich die Dinge vorstellen können, desto schneller werden sich diese Träume realisieren lassen. Sie müssen wissen, wohin Sie wollen. Nur dann können Sie dort auch ankommen. Insofern ist es sehr wichtig, dass Sie ein klares Bild von Ihren Zielen haben. Auch wenn Sie ein wenig schmunzeln mögen, aber sich seine Ziele vorzustellen ist noch immer am einfachsten, wenn Sie von allen Zielen ein klares Bild haben. Deshalb habe ich Ihnen auf der nächsten Seite eine Art Bilderbuch dargestellt. Beschaffen Sie sich zu Ihren Zielen genau die Bilder von den Dingen und Situationen, die Sie unbedingt erreichen und erleben möchten. Dann kleben Sie diese Bilder in die entsprechenden Felder und schauen so oft es geht auf diese Seite. Sie werden sehen, wie schnell Ihr Unterbewusstsein weiß, was zu tun ist.

Hier sehen Sie nur einen meiner vielen Träume, die ich durch Network-Marketing verwirklicht habe:

„Die Japaner haben eine raffinierte Art, ihren Stahl in die Vereinigten Staaten zu schmuggeln. Sie malen ihn an, stellen ihn auf vier Räder und nennen das ganze Auto."

Henry Ford

Rufen Sie Ihre Traumbilder mehrmals am Tag ab, und Sie können nicht verhindern, dass sich Ihr Leben von Grund auf ändern wird. Es ist ganz wichtig, dass Sie sich immer nur auf diese Bilder konzentrieren und andere Gedanken nicht zulassen. Wenn ich Sie jetzt bitten würde, nicht an einen Elefanten zu denken, denken Sie unweigerlich an den Elefanten. Ihr Unterbewusstsein hat hierzu ein Bild abgespeichert, was in Sekundenbruchteilen abgerufen wird. Solange aber das Unterbewusstsein kein klares Bild hat, werden auch keine klaren Ergebnisse möglich sein. Je klarer das Bild von den Dingen ist, die Sie sich wünschen, desto eher werden sie sich materialisieren.

Ihr Unterbewusstsein schafft die Voraussetzungen für die Erfüllung der Wünsche. Nur leider kann es nicht unterscheiden, ob Sie das, was Sie denken, auch wirklich wollen. Wenn Sie etwas nicht wollen, erhalten Sie es genauso zuverlässig wie das tatsächlich Gewollte. Unser Unterbewusstsein kennt keine Verneinungen, wie das obige Beispiel mit dem Elefanten gezeigt hat. Deshalb ist es sehr gefährlich, an ein im Minus stehendes Bankkonto zu denken. Wenn Sie es nicht schaffen, von diesem destruktiven Bild zu einem lebensbejahenden Bild (z. B. Ihre Traumbilder) zu wechseln, werden Sie nie aus dieser negativen Gefühlsstimmung herauskommen. Visualisieren Sie, und zwar richtig. Die Technik der Visualisierung ist keine neumodische Erfindung spinnender Gurus. Schon das Universalgenie Michelangelo machte sich diese Kraft zunutze. Michelangelo verbrachte den Großteil seines Lebens damit, vor seinem geistigen Auge alles auszuradieren, was nicht seinem Ideal entsprach. Die großartige Fähigkeit gab dem italienischen Bildhauer und Architekten die Kraft, sich immer wieder neu auf sein Schaffen zu konzentrieren. Er hinterließ nahezu vollkommene Kunstwerke.

Von dieser Fähigkeit sind die meisten Menschen weit entfernt. Ohne es zu bemerken, programmieren sich Menschen oft mit den Sätzen: „Wie gerne hätte ich einen Porsche. So ein Auto werde ich wohl nie fahren.“ Solche geistigen Selbstgespräche blockieren leider alles, was Sie sich doch so sehr wünschen. Durch diese Gedanken bestätigen Sie, dass Sie tatsächlich keinen Porsche haben, und verstärken somit weiterhin den Mangel. Mit Hilfe der kreativen Visualisierung können Sie diesen Leidensweg beenden. Sie können lernen, andere Dinge zu sehen.

Stellen Sie sich dazu eine beleuchtete Leinwand in einem Kino vor (das untere Bild zeigt mein privates Kino im Keller meines Hauses):

Konzentrieren Sie sich auf die Leinwand vor Ihrem geistigen Auge und stellen Sie sich vor, Sie sind ein Regisseur, der jetzt damit beginnt, den Film seiner Träume auf dieser Leinwand zu realisieren. Lassen Sie nichts aus. Verzichten Sie auf keine Details (siehe Beschreibung Ferrari weiter oben). Je genauer Sie sich die Situation vorstellen können, desto schneller werden sich Ihre Vorstellungen materialisieren. Lassen Sie nichts aus. Je genauer die Details, desto größer ist die Wirkung.

MLM-Erfolgsregel Nr. 18

„Je öfter und intensiver Sie Ihre Wünsche visualisieren, desto schneller werden sie sich erfüllen."

6.02 So erreichen Sie Ihre Ziele

„Niemand weiß, wie weit seine Kräfte gehen,
bis er sich versucht hat."
Goethe

Neben der Visualisierung Ihrer Wünsche und Träume kommt es auch darauf an, etwas zu tun. Bekanntlich fliegen uns keine gebratenen Tauben in den Mund. Vom Nichtstun ist noch niemand reich geworden. Sie werden es viel einfacher haben, Ihre Ziele zu erreichen, wenn Sie wissen, wo Sie heute stehen. So wie jeder Unternehmer einmal im Jahr eine Bilanz erstellt, um zu wissen, wie sein Unternehmen aufgestellt ist, so ist es auch für jeden nach Erfolg strebenden Menschen wichtig, Bilanz zu ziehen. Ich vergleiche die Situation mit dem Lesen einer Straßenkarte. Wenn Sie das Ziel Ihrer Fahrt auf der Straßenkarte gefunden haben, müssen Sie auch Ihren Standort kennen. Nur wenn Sie wissen, wo Sie stehen, können Sie den besten Weg zum Ziel erkennen. Wer nicht weiß, wo er steht, für den führen sprichwörtlich alle Wege nach Rom. Die nachstehenden Fragen helfen Ihnen, Ihren heutigen Standort zu definieren.

Wie eine Hand fünf Finger hat, so gibt es auch fünf Bereiche im Leben eines Menschen, die ihm wichtig sind. Welche sind es bei Ihnen?

Meine fünf wichtigsten Lebensbereiche

1. ______________________________

2. ______________________________

3. ______________________________

4. ______________________________

5. ______________________________

Was ist mein größter Traum?

____

____

Was ist mein größtes Talent?

____

____

Was ist meine größte Schwäche?

____

____

Welche Vorbilder habe ich?

Bei welcher Tätigkeit spüre ich die größte Freude?

Was war mein schönstes Erlebnis?

Schreiben Sie auf, wie Sie sich damals dabei gefühlt haben.

An anderer Stelle habe ich Sie gefragt, welchen Preis Sie bereit sind für Ihren Traum zu zahlen. Denken Sie jetzt bitte einmal darüber nach und legen dieses Buch für den Augenblick zur Seite, damit Ihre Gedanken nicht abgelenkt werden. Nach fünf Minuten lesen Sie dann bitte weiter.

So, haben Sie sich wirklich fünf Minuten Zeit gelassen? Woran haben Sie gedacht? Wenn ich diese Frage in meinen Seminaren stelle, bekomme ich sehr häufig zu hören, dass die ganze Zeit darüber nachgedacht wurde, wie viel Geld sich zur Zeit auf dem Bankkonto befindet und wie viel man davon ausgeben könnte, um seinen Traum zu bezahlen. Mit anderen Worten: Die potentiellen Networker denken zunächst daran, wie viel Geld sie investieren müssen, um erfolgreich zu werden. Mit diesen Gedanken aber liegen sie völlig falsch. Mit meinen bisherigen Ausführungen habe ich zum Ausdruck gebracht, dass Network-Marketing alles andere als ein kostenintensives Unterfangen ist. Für wenig Geld ist man bereits im Boot und mit dabei.

Sowie Sie ebenfalls einen Gedanken über eine bestimmte Investitionssumme gehegt haben, sollten Sie diese Zahl schnell vergessen. Es geht um etwas ganz anderes. Die Frage der Bereitschaft Ihrer Investition ist keine monetäre, sondern eine temporäre. Die wichtigste Voraussetzung, um im Network-Marketing reich zu werden, ist doch die Zeit, die Sie bereit sind zu investieren. Je weniger Zeit Sie investieren wollen, desto weniger Kontakte werden Sie tätigen können. In diesem Geschäft sind Kontakte das Salz in der Suppe. Ohne Kontakte werden Sie nicht einen einzigen Abschluss tätigen. Network-Marketing ist ein Empfehlungsgeschäft und kein Geschäft, das von der Hoffnung lebt. Die Hoffnung nämlich, ein potentieller Kunde spricht Sie von sich aus auf Ihr Geschäft an. Darauf können Sie lange warten. Daher stelle ich meine eingangs gestellte Frage in abgewandelter Form nochmals:

> Wie viel Stunden werden Sie sich täglich im Network-Marketing engagieren?

_______ Stunden

Von dieser Antwort hängt Ihr Erfolg ab. Lassen Sie mich das an einem einfachen Beispiel verdeutlichen. Nehmen wir an, Sie wollen in der Woche 1.000 Euro verdienen. Mit dem Verkauf eines Produktes würden Sie genau diese Summe erhalten. Also sprechen Sie einen Kunden am Tag an und erzählen ihm von Ihrer tollen Geschäftsmöglichkeit. Glauben Sie, dass der erste Kunde sofort kaufen wird? In der Regel nicht. Mit nur einem Kunden am Tag liegt Ihre Chance bei Null, ein Geschäft zu machen. Wenn Sie dagegen 5 Kunden ansprechen, steigt Ihre Chance auf einen Vertragsabschluss um das Fünffache. Wenn Sie zehn Kunden ansprechen, auf das Zehnfache, und wenn Sie fünfzig Kunden am Tag ansprechen, auf das Fünfzigfache. Es ist wie beim Lotto. Je mehr Felder Sie ankreuzen und je mehr Scheine Sie abgeben, desto größer ist Ihre Chance auf den Lottogewinn.

Das Erfolgsgeheimnis liegt darin, seinen Tag so einzurichten, dass genügend Zeit für die so wichtige Kontaktanbahnung bleibt. Bekanntlich hat der Tag nur 24 Stunden. Wenn Ihr Tag mit wichtigen wie unwichtigen Terminen ausgefüllt ist, wird es schwierig, zusätzliche Stunden fürs Network-Marketing zu generieren. Sie haben nur eine Möglichkeit: Sie müssen Ihren Tag neu organisieren und wichtige Termine von unwichtigen unterscheiden. Setzen Sie Prioritäten. Wenn Sie zunächst nebenberuflich starten, ist natürlich klar, dass Sie die Stunden, die Sie an Ihrem Hauptarbeitsplatz verbringen, nicht streichen können. Doch Sie könnten prüfen, ob es möglich ist, diese Stunden zu verschieben, indem Sie z. B. morgens um 7.00 Uhr statt um 8.00 Uhr anfangen. So können Sie abends eine Stunde eher gehen. Statt um 17.00 Uhr wären Sie dann schon ab 16.00 Uhr frei. Ihnen steht jetzt die halbe Nacht zur Verfügung, um mit potentiellen Kunden ins Geschäft zu kommen. Glauben Sie mir, es ist kein Problem, Gespräche bis 22.00 Uhr und später zu führen. Fragen Sie eine Tupperware-Beraterin. Sie wird Ihnen bestätigen, dass jede Homeparty bis mindestens 22.00 Uhr läuft. Nicht selten enden diese Partys weit nach Mitternacht, weil die Menschen begeistert sind. Von der Atmosphäre, von den Produkten und von dem einzigartigen Vertriebssystem. Und wer begeistert ist, vergisst die Welt um sich herum. Sie werden dieses Gefühl auch erleben. Natürlich weiß ich, dass es anstrengend ist, morgens um 7.00 Uhr seine „normale" Arbeit anzutreten, um dann oft bis nach Mitternacht Networking zu betreiben. Glauben Sie mir: Wenn Sie Ihre Ziele erreichen wollen, ist Ihnen nichts zu anstrengend. Wilhelm von Humboldt hat einmal gesagt: „Es ist unglaublich, wie viel Kraft die Seele dem Körper zu leihen vermag." Begeisterung ist für mich noch immer die größte Kraft auf Erden. Wenn Sie von dem, was Sie tun, und von der Idee, die damit verbunden ist, begeistert sind, dann werden Ihnen Ihre 15-, 16- oder 18-Stunden-Tage nichts mehr anhaben können. Ihre Begeisterung wird Ihnen die Kraft geben, Ihre Ziele zu erreichen.

Denken Sie immer daran, dass Network-Marketing von der Begeisterung lebt und nicht vom Fachwissen um das Produkt.

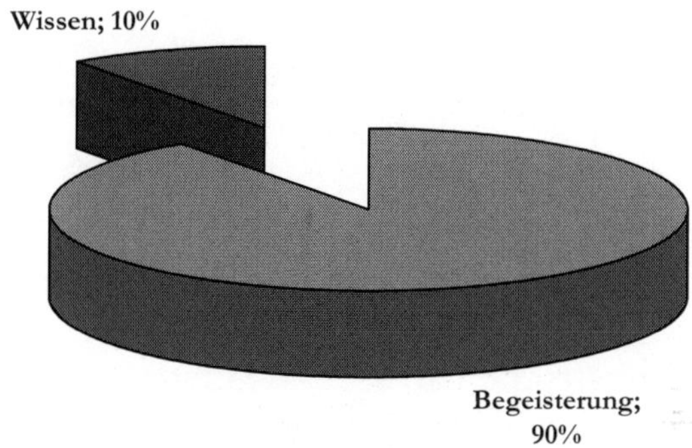

Diese Begeisterung darf nie erlöschen. Das Verhältnis 90/10 muss immer vorhanden sein. Es ist wie das Kaminfeuer. Solange es brennt, spendet es uns die gewünschte Wärme. Sobald das Feuer erloschen ist, frieren wir. Schon der bekannte Bischof von Hippo, Augustinus Aurelius (354-430), sagte:

> „In dir muss brennen, was du in anderen entzünden willst."

Das gilt ganz besonders für uns Networker. Egal ob Sie Anfänger, Manager oder Supervisor sind, auf jeder Karrierestufe darf das Feuer Ihrer Begeisterung niemals erlöschen. Niemals! Sie werden bei Ihren Geschäftskollegen kein Feuer entfachen können, wenn Sie selbst nicht lichterloh brennen. Machen Sie aus Ihren Networkern im

Wortsinn „brennende" Fackeln und Sie werden erleben, wie Ihr Geschäft brennt. Im positiven Sinne.

Sollten wider Erwarten Ihre Arbeitszeiten so starr sein, dass eine Verschiebung am Tage nicht möglich ist, bleiben Ihnen immer noch die freien Tage in der Woche, an denen Sie im Network-Marketing arbeiten können. Wer sagt Ihnen denn, dass die Sonntage nur zum Relaxen da sind. In den ersten Jahren meiner Networker-Tätigkeit gab es keinen einzigen Tag in der Woche, im Monat und im Jahr, an dem ich keine Gespräche führte. Ob Sonn- oder Feiertage, ob Pfingsten, Ostern oder Weihnachten, ich habe mich an diesen Tagen nicht auf die faule Haut gelegt und den lieben Gott einen guten Mann sein lassen. Ich habe gearbeitet, wobei das nicht ganz richtig ist. Network-Marketing ist eine Sucht, ein Vergnügen, ein Hobby, ach, mir fallen gar nicht so viele Superlative ein, die ich bräuchte, um Ihnen meine Gefühle für dieses wunderbarste Geschäft auf Erden zu vermitteln. Deshalb ist Network-Marketing keine Arbeit im klassischen Sinne. Probieren Sie es aus. Starten Sie durch mit Network-Marketing und Sie werden erleben, wovon ich die ganze Zeit erzähle. Es entsteht ein völlig neues Lebensgefühl. Mit dieser Botschaft gehen Sie ganz locker und unverkrampft auf die Menschen zu. Die Begeisterung, die Sie in diesen Momenten ausstrahlen, ist ansteckend. Sie glauben gar nicht, wie viele Menschen glücklich waren, dass ich sie an den vielen Sonn- und Feiertagen aus der Lethargie dieser Tage herausholte, um mit ihnen über ihre Zukunft und das Geschäft ihres Lebens zu sprechen. In vielen Fällen konnte ich sogar die Ehen retten. Das kann ich zwar nicht beweisen, dennoch weiß ich es. Gerade zu Feiertagen, insbesondere an Weihnachten, ist die Scheidungsrate am höchsten. Die österreichische Zeitung „Die Presse" titelte[19]: „Weihnachten: erst Christkind, dann Scheidungsrichter." Nicht selten endet nämlich für viele Ehepaare das „Fest der Liebe" vor dem Scheidungsrichter. In der Zeit nach dem Heiligen Abend setzt der „Run“ auf Scheidungsanwälte ein. Für den psychosozialen Notdienst in Linz ist der Andrang Rat suchender Menschen alljährlich in der Adventszeit am höchsten. Zu dieser Zeit melden sich die meisten Menschen mit Eheproblemen. Schauen Sie, wenn Sie einen guten Job machen und beschäftigt sind, haben Sie gar keine Zeit, sich mit Ihrem Ehepartner zu streiten. So verdienen Sie zum einen viel Geld und Ihre Ehe ist zum anderen weiterhin glücklich. Also machen Sie sich Gedanken darüber, wie Sie ab sofort Ihren Tagesverlauf verändern, um im Network-Marketing durchzustarten. Fangen Sie einfach an. Die nachstehenden Fragen sollen Sie beim Sortieren Ihrer Gedanken unterstützen.

In welchen Bereichen kann ich Zeit einsparen?

____

____

____

Auf welche bisherigen Aktivitäten kann ich verzichten?

____

____

____

Welche Termine kann ich zwar nicht gänzlich streichen, dafür aber verkürzen?

Wie werde ich meinen Jahresurlaub so planen können, dass möglichst viel Zeit fürs Network-Geschäft bleibt?

Das werde ich jetzt sofort tun!

MLM-Erfolgsregel Nr. 19

„Halten Sie Ihre Wünsche und Ziele unbedingt fest. Durch das Aufschreiben erreichen diese Botschaften schneller Ihr Unterbewusstsein. Sie können dadurch viel eher wirken."

6.03 Nicht warten – starten

„Beginnen können ist Stärke, vollenden können ist Kraft."

Goethe

Nachdem Sie nun Ihre Ziele fixiert haben, müssen Sie diese sprichwörtlich mit Leben erfüllen. Wünschen ohne zu handeln ist dumm. Ihr Unterbewusstsein wird Sie in allen Belangen unterstützen. Erinnern Sie sich bitte an meine Ausführungen zu den 4 T´s. Dort haben

Sie nachlesen können, wie Sie Ihr Unterbewusstsein überlisten können, für Sie aktiv zu werden, um die Dinge positiv zu beeinflussen. Sie müssen aber bereit sein mitzuhelfen. Machen Sie sich frei von der Illusion, alle Ziele mit wenig Anstrengung zu erreichen. Niemand hat nur ein Ziel, es gibt immer mehrere Ziele. Wer etwas anderes behauptet, belügt sich selbst, so wie der Kaufmann aus Bayern:

Ein Kaufmann aus München hatte zehn Lastwagen, die seine Waren transportierten, und fünfzehn Angestellte, die auf seine Befehle warteten. Eines Abends saß der Kaufmann mit seinem Freund beim Abendessen. Man aß gut und reichlich und ging spät zu Bett. In der Nacht wälzte sich der Kaufmann hin und her. Er fand keinen Schlaf, und so stand er auf, um sich ein Glas Wasser zu holen. Er staunte nicht schlecht, als sein Freund, der die Nacht bei ihm zu Hause verbrachte, ebenfalls in der Küche saß, weil er nicht schlafen konnte. Er setzte sich zu ihm, öffnete eine Flasche guten Rotwein, schenkte zwei Gläser ein und sie stießen auf ein langes Leben an. Schnell war man bei der zweiten Flasche Wein, und schon hatten beide das Herz auf der Zunge.

Der Kaufmann erzählte seinem Freund von den Sorgen, Nöten und der Hetze seines Berufes. Er erzählte von seinen Reichtümern, die er im Laufe des Lebens angehäuft hatte. Dann zeigte er seinem Freund mehrere Grundbücher seiner Immobilien, aber dennoch war er am Jammern. Doch plötzlich bekam er ein Leuchten in seinen Augen. In diesem Augenblick sagte er zu seinem Freund: „Lieber Freund, bald wird alles besser. Ich habe nur noch eine Reise vor mir. Nach dieser Reise will ich mich endlich zur Ruhe setzen und die Zeit mit den schönen Dingen des Lebens verbringen." Der Freund stutzte und sagte: „Du willst nur noch eine Reise machen. Wohin soll diese Reise gehen?" Wieder begannen die Augen des Kaufmanns zu leuchten: „Ich will deutschen Stahl nach China bringen, weil er dort am teuersten gehandelt wird. Von dort werde ich chinesische Computer nach Indien bringen. Mein Schiff werde ich dann mit indischen Gewürzen beladen, die ich nach Hamburg transportiere. Vom Hamburger Hafen aus werde ich dann mit in Deutschland gefertigten Verpackungsmaschinen nach Brasilien schippern. Dort werde ich mein Schiff mit Kaffeebohnen beladen, die ich dann nach Rotterdam fahren werde. Von dort werde ich holländischen Käse laden und mit dem Schiff nach Johannesburg fahren und dann werde ich …". „Halt", unterbrach ihn sein Freund, „du sprachst von einer Reise". „Eben", sagte der Kaufmann, „und dann gehört mein Leben der Ruhe, Besinnung und der Meditation."

Der tiefere Sinn dieser Geschichte wird sehr schnell deutlich. Obwohl dieser Kaufmann noch einige Reisen zu absolvieren hat, spricht er nur von einer Reise. Mit anderen Worten: Er macht sich selbst etwas vor. So ergeht es auch den Networkern, die antreten, um einmal nur ein ganz großes Geschäft abzuwickeln, um mit einem Schlag viel Geld zu verdienen. Zugegeben, diese Vorstellung hat durchaus ihren Reiz. Mit wenig Arbeit viel Geld verdienen. Aber sie funktioniert in der Praxis nicht. Network-Marketing ist wie ein Puzzle, das sich aus mehreren Teilen zusammensetzt. Stück für Stück wird aus einem kleinen Puzzleteil das gesamte große Bild. Mit jedem neuen Networker wächst Ihre Struktur. Sie wird größer und größer. Es entsteht das große Bild zufriedener Networker, die allesamt Geld verdienen. Um das zu erreichen, müssen Sie nur eines tun: anfangen!

MLM-Erfolgsregel Nr. 20

„Man hätte, man sollte, man könnte. Das alles hilft nichts. Man muss nur zwei Dinge tun: 1. Sofort anfangen und sich 2. auf ein Ziel konzentrieren."

6.04 Mit diesen Menschen sollten Sie über Ihr Geschäft reden

„Nehmen Sie die Menschen, wie sie sind,
andere gibt es nicht."

Konrad Adenauer

Konfuzius sagt:

> *„Begegnest du jemandem, der ein Gespräch wert ist, und du versäumst, mit ihm zu reden, dann hast du einen Menschen verfehlt. Begegnest du jemandem, der kein Gespräch wert ist, und du redest mit ihm, dann hast du deine Worte verfehlt. Weise ist, wer stets den richtigen Menschen und die richtigen Worte findet."*

Gerade zu Beginn ihrer Tätigkeit stehen viele Networker vor dem Problem, nicht zu wissen, wen sie ansprechen sollen. Sie drehen und winden sich, wenn es darum geht, auf die Menschen zuzugehen, um mit ihnen ins Gespräch zu kommen. Nur zaghaft greifen sie zum vermeintlichen Feind aller Networker: zum Telefon. Diese moderne Errungenschaft der Technik treibt vielen Networkern buchstäblich den Schweiß auf die Stirn. Sie nähern sich dem Telefon wie ein Bauer seinem ausgewachsenen Stier. Ganz langsam und in ganz kleinen Schritten. Nur nicht zu schnell zum Telefonhörer greifen, lautet die Devise dieser Networker.

Haben sie sich Minuten später überwunden, den Hörer abzunehmen, dauert es noch einige Zeit, bis dieser an der Ohrmuschel klebt. Es drängt sich der Eindruck auf, der Telefonhörer wiege mehrere Kilos und der Networker sei nicht im Stande, ihn anzuheben. Dann wird die Telefonnummer eingetippt und das Freizeichen ertönt, einmal, zweimal, dreimal, und beim vierten Mal knallen die meisten Networker den Hörer auf die Gabel. Sie wischen sich den Schweiß von der Stirn und sind froh, niemanden angetroffen zu haben. Das aber würden sie sich nie eingestehen. Stattdessen beruhigen sie ihr Gemüt mit der Aussage, man habe alles versucht, aber kein Glück gehabt, weil niemand zu Hause war. Dass sie es aber nur viermal haben klingeln lassen, übersehen sie allzu gern.

So oder ähnlich verlaufen die ersten Gehversuche vieler Networker. Dagegen haben diese „Möchtegern-Aktiven" kein Problem, zum Hörer zu greifen, wenn sie den Freund auf ein Bier einladen wollen. Da lässt man das Telefon auch gern ein paar Mal mehr klingeln als üblich. Kommt Ihnen dieses Verhalten bekannt vor? Ist es nicht so, dass uns jedes Telefonat unangenehm ist, solange wir nicht wissen, was passieren wird? Eine Einladung sprechen wir gern aus, aber jemandem am Telefon etwas zu erzählen, von dem er bis zu diesem Augenblick noch nie etwas gehört hat, ist verdammt schwierig. Deshalb versuchen es die meisten erst gar nicht und sind froh, wenn der Angerufene nicht ans Telefon geht.

Doch es erhebt sich die Frage, was uns passieren könnte, wenn wir jemanden tatsächlich „an die Strippe" bekommen. Die Antwort ist ganz einfach: nichts! Niemand kann durchs Telefon steigen, um uns links und rechts eine zu watschen. Dennoch verhalten sich die Menschen so, als würden sie jeden Augenblick abgestraft. Woran liegt es, dass sich quer durch alle Gesellschaftsgruppen und Branchen die Verhaltensmuster gleichen? Die Menschen verhalten sich aus einem einzigen Grund so und nicht anders. Es ist die

Angst vor der Ablehnung,

die schon den jungen Leuten in den Knochen sitzt. Wie oft habe ich gehört, dass ein junger Mann in der Disco ein ausgesprochen schönes Mädchen sieht und nicht den Mut hat, es anzusprechen. Also genehmigt er sich erst einmal einen Schnaps, um sich Mut anzutrinken. Doch noch immer schlottern seine Knie. Also bestellt er sich den zweiten Schnaps. Die Frau steht noch immer allein. Der Mut hat sich noch nicht eingestellt. Schon ist der dritte Schnaps getrunken. Doch der Magen rumort, die Knie wollen noch immer nicht still halten. Was folgt, ist bekannt: der vierte und der fünfte Schnaps. Jetzt endlich stellt sich so etwas wie Gleichgültigkeit ein. Endlich ist sie da, die Kraft, auf die er so lange gewartet hat. Zwar spielt jetzt der Kreislauf verrückt, aber das hält ihn nun nicht mehr ab, auf die Frau zuzugehen und sie endlich anzusprechen. Leider zu spät. Der Mut ist da und die Frau weg. Schade, dabei hätte es noch ein sehr schöner Abend werden können. Für ihn! Aber was will eine Frau mit einem besoffenen Mann anfangen? Insofern vielleicht gar nicht so verkehrt, dass diese Situation so enden musste. Viel einfacher wäre es gewesen, der junge Mann hätte all seinen Mut zusammengenommen und eine Ablehnung riskiert, als so lange zu warten, bis die Chancen verpufft waren.

Die Angst sitzt so tief, dass sie einen buchstäblich lähmt. Das kann sogar so weit gehen, dass man gar nicht mehr zum Telefon greift. Das ist der Anfang vom Ende. Wer keine Kontakte tätigt, wird auch keine Geschäfte abschließen können. So einfach ist die Formel. Albert Einstein hat mit seiner Formel: „$E=mc^2$“ die Sicht der Dinge nachhaltig verändert. Auch im Network-Marketing gibt es eine Formel, die Ihren Erfolg revolutioniert:

$$P = J > N$$

Können Sie sich darunter etwas vorstellen? P steht für Provisionseinnahmen, J für Ja und N für Nein. Also, die Höhe Ihrer Provisionseinnahmen richtet sich danach, ob die Zahl der Ja´s größer ist als die Zahl der Nein´s, die Sie auf die Frage „Willst du Geld verdienen?“ erhalten. Sie sehen, auch ich gehe davon aus, dass viele, sehr viele Menschen auf diese Frage mit einem Nein antworten werden.

Das werden auch Sie erleben. Gehen Sie davon aus, dass Sie von 100 Kontakten nur ein bis zwei positive Antworten erhalten. Der Rest will so weiterleben wie bisher und sich in die Reihen der mehr als 30 Millionen Befehls- und Gehaltsempfänger einreihen, die jeden Morgen treu und brav ihrer Festanstellung nachgehen. Das ist nicht weiter tragisch und gehört zu unserem Geschäft. Sie müssen lernen, dass ein Nein nichts mit Ihnen als Person zu tun hat. Ihr Gesprächspartner lehnt das Geschäft ab, er lehnt nicht Sie ab. Das ist ganz wichtig, dass Sie sich das immer wieder sagen.

Kein Mensch mag es, von anderen nicht geliebt zu werden. Wir hassen nichts mehr als Ablehnung. Das ist der Grund, warum die jungen Networker nicht zum Telefonhörer greifen. Sie haben Angst vor einer Ablehnung und vergessen dabei, dass sie nur eine Frage gestellt haben, die nichts mit ihrer Person zu tun hat. Seien Sie froh, wenn Ihr Gesprächspartner mit einem klaren Nein und nicht mit einem „Ich weiß noch nicht" antwortet. Dieser Mensch ist ehrlich zu Ihnen. Er hält Sie weder hin noch auf, sondern kommt gleich zur Sache, und das ist gut so. Auch wenn ich mir als Networker natürlich wünsche, dass jeder Mensch in meine Struktur einsteigt. Aber das ist eine Illusion, so wie jeder Politiker sich wünscht, von allen Menschen geliebt und gewählt zu werden. Oft reicht es nicht einmal mehr zur einfachen Mehrheit. Also genieren Sie sich nicht und starten Sie sofort. Sprechen Sie mit den Menschen über Ihr Geschäft. Sie werden es um ein Vielfaches leichter haben, wenn Sie zunächst Verwandte, Bekannte und Freunde ansprechen. Hier haben Sie einen Vertrauensvorschuss, den Sie sich bei Ihnen fremden Menschen erst erarbeiten müssen. Das braucht Zeit und führt nicht immer zum gewünschten Ergebnis. Dort aber, wo man Sie kennt, ist das Vertrauen vorhanden. Sie können schon nach wenigen Einleitungssätzen sofort zum Kern des Gesprächs vordringen und diesen Menschen von Ihrer einzigartigen Geschäftsmöglichkeit erzählen.

Nachstehend gebe ich Ihnen gern eine Liste mit Fragen zur Person an die Hand, die Ihnen helfen kann, sich der Leute zu erinnern, die Sie im Laufe Ihres Lebens bereits kennen gelernt haben. Sie werden überrascht sein, über wie viele Kontakte Sie verfügen. Dazu gehört der Sitznachbar aus der ersten Klasse genauso wie der Lehrer dieser Klasse oder der Pastor, der Sie vor zwanzig Jahren getraut hat. Fangen Sie einfach an, Namen aufzuschreiben. Legen Sie Ihren Perfektionismus einfach zur Seite. Perfektion verhindert nur Ihren Erfolg. Wer täglich zwischen vielen Aufgaben jonglieren muss, kann nicht perfekt sein. Akzeptieren Sie das! Bemühen Sie sich, einen guten Job zu machen, mehr nicht. Vollkommenheit wird man nie erreichen können, somit ist ein Perfektionist immer ein Verlierer, egal, wie sehr er sich auch abstrampeln wird.

Der Begriff „perfekt" heißt übersetzt „vollENDEt". Und darin steckt das Wort ENDE. Ende wird sehr häufig mit Tod gleichgesetzt. Der Tod beendet das Leben. Das Leben aber ist Entwicklung und damit nie fertig. Wenn es fertig sein würde, wären wir am Ende, also tot. Wollen Sie das wirklich? Solange Sie nicht perfekt sind, dürfen Sie ein gutes Gefühl haben, weil es Ihnen zeigt, dass Sie im Saft Ihres Lebens stehen, und darum geht es. Auch Bill Gates wäre heute wahrscheinlich noch ein Normalverdiener, hätte er damals, Mitte der 80er-Jahre, ein perfekt ausgereiftes Computerprogramm auf den Markt bringen wollen. Er würde daran noch immer arbeiten. Perfektionismus hat ein großes Problem: Man benötigt etwa 80 Prozent seiner Zeit, um eine Idee zu entwickeln und umzusetzen. Für die restlichen 20 Prozent braucht man mindestens noch einmal die gleiche Zeit. Deshalb kann ein Perfektionist niemals erfolgreich sein. Halten Sie es wie Bill Gates, der einmal sagte: *„Verdoppeln Sie Ihren Misserfolg."* Dabei sein ist alles. Zunächst ist es nur wichtig, dass Sie die Namen aufschreiben. Wenn Ihnen die dazugehörige Anschrift oder die Telefonnummer fehlt, macht nichts. Sie können diese Daten später ergänzen. Schreiben Sie auf, was Ihnen einfällt. Über den Tag oder kurz vor dem Schlafengehen haben Sie dann noch genügend Zeit, die Adressenliste zu vervollständigen mit neuen Namen oder Daten.

Diese Leute sollten Sie ansprechen:

1. Wer ist mit seinem Job unzufrieden?
2. Wer ist mit seinem Einkommen unzufrieden?
3. Wem ist die Umwelt wichtig?
4. Wer ist geldorientiert und geldmotiviert?
5. Wer hat sein eigenes Unternehmen?
6. Wer arbeitet gerne mit vor Energie sprühenden Menschen zusammen?
7. Wer hat gekündigt bzw. wer arbeitet nicht?
8. Wer kann ein Zubrot gebrauchen?
9. Meine Freunde
10. Meine Geschwister
11. Meine Eltern
12. Meine Cousins und Cousinen
13. Meine Kinder
14. Meine Tanten und Onkel
15. Die Familie meines Partners
16. Meine Schulkameraden
17. Meine Arbeitskollegen
18. Wer ist bereits in Rente?
19. Wer arbeitet Teilzeit?
20. Wen mag ich am meisten?
21. Wem wurde gekündigt?
22. Wer hat ein Haus gekauft?
23. Wer reagiert auf Kleinanzeigen?
24. Wer gibt Bekanntschaftsanzeigen auf?
25. Wer hat mir seine Visitenkarte gegeben?
26. Wer arbeitet nachts?
27. Wer liefert mir die Pizza?
28. Wer ist Avon- oder Mary Kay-Berater?
29. Wer vertritt Tupperware?
30. Wer sucht Freiheit?

31. Wer mag Mannschaftssport?
32. Wer sammelt Spenden?
33. Wer sieht sehr viel fern?
34. Wer repariert Autos?
35. Wer mag politische Veranstaltungen?
36. Wer ist sozialer Networker?
37. Wer ist bei der Armee?
38. Wen kennen meine Freunde?
39. Mein Zahnarzt
40. Meine Ärzte
41. Wer würde mir helfen?
42. Wer arbeitet für die Regierung?
43. Wer ist arbeitslos?
44. Wer besucht Seminare zur Entwicklung der Persönlichkeit?
45. Wer liest Ratgeber?
46. Wer liest Bücher über Erfolgsgeschichten?
47. Wer sind die Eltern der Freunde meiner Kinder?
48. Mein ehemaliger Chef
49. Die Freunde meiner Eltern
50. Wen habe ich in den Ferien getroffen?
51. Wer bedient mich im Restaurant?
52. Wer schneidet mir die Haare?
53. Wer macht meine Maniküre?
54. Wer ist mein Steuerberater?
55. Wer arbeitet in „meiner" Bank?
56. Wer bekommt von mir eine Urlaubspostkarte?
57. Wer ist im Einzelhandel tätig?
58. Wer verkauft Immobilien?
59. Meine Lehrer
60. Wer pflegt mein Auto?
61. Wer repariert mein Haus?
62. Wer kümmert sich um meine Wohnungen?
63. Wer schickt seine Kinder auf die Universität?
64. Wer tanzt gerne?
65. Wer hat mein Auto verkauft?
66. Wen habe ich auf einer Party getroffen?
67. Wer geht gerne einkaufen?

68. Wen habe ich im Flugzeug getroffen?
69. Wer arbeitet ehrenamtlich?
70. Wen habe ich noch nicht aufgeschrieben?
71. Wer arbeitet im Network-Marketing?
72. Wer braucht ein Auto?
73. Wer wird in die Ferien fahren?
74. Wer arbeitet zu hart?
75. Wer hatte einen Arbeitsunfall?
76. Wer lebt in meiner Nachbarschaft?
77. Mein Boss
78. Mein Postbote
79. Wer ruft mich zu Hause an?
80. Wer ruft mich bei der Arbeit an?
81. Zeitungszusteller
82. Mein Gärtner
83. Wer passt auf meine Kinder auf?
84. Wer geht in die Kirche?
85. Wen habe ich auf der Straße getroffen?
86. Wen habe ich über meine Freunde kennen gelernt?
87. Wer ist mein Schneider?
88. Wer verkauft Kosmetik?
89. Wer möchte befördert werden?
90. Wer ist übergewichtig?
91. Wer lebt gesundheitsbewusst?
92. Wer trennt den Müll?
93. Wer kauft Wasser in Flaschen?
94. Wer hat Allergien?
95. Wer ist schon wohlhabend?

Oh ja, ich könnte diese Liste bis ins Unendliche fortsetzen. Das brauche ich aber gar nicht. Wenn Sie sich die Fragen genau angeschaut haben, werden Sie eines entdeckt haben: Sie können und müssen mit allen Menschen reden! Selektieren Sie nicht. Geben Sie jedem Menschen die Möglichkeit, mit Ihnen zu sprechen. Grübeln Sie nicht, handeln Sie. Leider neigen wir sehr häufig dazu, für andere zu denken. Wir denken, dass der Max Müller für dieses Geschäft weniger geeignet ist, weil er gar kein Auto hat. Aber vielleicht wünscht sich Max Müller ein neues Auto. Er weiß nur nicht, wie er es bezahlen soll. Mit Ihrem Geschäft bieten Sie ihm die Möglichkeit, sich diesen Traum zu erfüllen. Sprechen Sie auch mit Hausfrauen über Ihr Geschäft. Auch wenn Sie meinen, dass diese Personen mit Hund, Hof und Kind schon genug um die Ohren haben. Aber vielleicht wünschen sie sich nichts sehnlicher, als nach „Feierabend“ mit Menschen zu kommunizieren, um den Alltagstrott hinter sich zu lassen. Sie können es nicht wissen, solange Sie nicht mit diesen Menschen sprechen. Deshalb mein Rat an Sie: Schreiben Sie jeden, ich betone jeden, Menschen auf, mit dem Sie je einen netten und guten Kontakt gehabt haben. Die Namen tragen Sie in die Namensliste ein, die Sie im nächsten Kapitel finden.

Es gibt natürlich viele Möglichkeiten, Menschen auf Ihr Geschäft anzusprechen. Die einfachste Frage ist noch immer die Frage nach Geld. Mit dieser Frage habe ich die besten Erfahrungen gemacht:

> „Wann ist dein Monat dem Kontenstand nach zu Ende, am 20. oder 22.? Soll das immer so bleiben?“

Und schon sind Sie im Gespräch. Sehen Sie, so einfach ist das. Aber auch hier gilt: Sie müssen es tun.

MLM-Erfolgsregel Nr. 21

„Je mehr Menschen Sie ansprechen, desto größer werden Ihre Erfolge sein.“ Network-Marketing ist ein Geschäft für jedermann. Deshalb können Sie mit jedem darüber sprechen.“

6.05 Erstellen Sie Ihre eigene Namensliste

„Der Jammer mit der Menschheit ist, dass die Klugen feige, die Tapferen dumm und die Fähigen ungeduldig sind. Das Ideal wäre der tapfere Kluge mit der nötigen Geduld.“

Truman Capote

Diesen Menschen verhelfe ich zur finanziellen Freiheit

Nr.	*Name/Vorname*	*Adresse*	*Telefonnr.*	*Einladung*	*Bemerkung*
1					
2					
3					
4					
5					
6					
7					
8					
9					
10					
11					
12					
13					
14					
15					
16					
17					
18					
19					
20					
21					
22					
23					
24					
25					
26					
27					
28					
29					
30					

Diesen Menschen verhelfe ich zur finanziellen Freiheit

Nr.	*Name/Vorname*	*Adresse*	*Telefonnr.*	*Einladung*	*Bemerkung*
31					
32					
33					
34					
35					
36					
37					
38					
39					
40					
41					
42					
43					
44					
45					
46					
47					
48					
49					
50					
51					
52					
53					
54					
55					
56					
57					
58					
59					
60					
61					
62					
63					
64					
65					
66					
67					
68					
69					
70					
71					
72					
73					

Diesen Menschen verhelfe ich zur finanziellen Freiheit					
Nr.	*Name/Vorname*	*Adresse*	*Telefonnr.*	*Einladung*	*Bemerkung*
74					
75					
76					
77					
78					
79					
80					
81					
82					
83					
84					
85					
86					
87					
88					
89					
90					
91					
92					
93					
94					
95					
96					
97					
98					
99					
100					

Diese „100er-Liste“ ist alles andere als willkürlich. Ich halte es für ein unbedingtes Muss, mindestens 100 Personen aufzuschreiben, mit denen Sie ins Geschäft kommen wollen. Denken Sie an meine Ausführungen im vorherigen Kapitel. Mehr als 80 Prozent der Kunden werden Ihr Angebot zur Zusammenarbeit ablehnen. Mit den restlichen 20 Prozent können Sie dann das Geschäft aufbauen. Weil Sie aber im Vorfeld nicht wissen, wer zu welcher Gruppe gehört, müssen Sie wirklich eines tun, und das sofort: die Liste Zeile für Zeile abarbeiten und wirklich alle, ich betone alle, Personen auf dieser Liste anrufen. Überspringen Sie niemanden. Sprechen Sie mit jedem, nur so werden Sie erfolgreich. So habe ich es auch getan und so würde ich es immer wieder tun. Mit der Direktansprache habe ich

Menschen erreicht, die zuvor nie etwas über Network-Marketing und den damit verbundenen paradiesischen Geschäftsmöglichkeiten gehört hatten. Gehen Sie auf die Menschen zu und sprechen Sie mit ihnen. Denn Network-Marketing ist das erfolgreichste Vertriebssystem aller Zeiten, und das aus gutem Grund. Während der typische Unternehmensgründer zumeist als Einzelkämpfer agiert und im Alleingang planen und realisieren muss, kann der Network-Einsteiger auf das Wissen von erfolgreichen Menschen zurückgreifen. Network-Marketing ist damit eine Kooperation aus vielen geschäftlich synchron denkenden und hochmotivierten Menschen, die alle nur ein Ziel haben: andere beim Aufbau eines eigenen Geschäfts zu unterstützen und zu fördern. Je eher Sie anfangen, desto schneller haben Sie ein schlagkräftiges Team aus interessanten, liebenswerten und motivierten Mitarbeitern.

MLM-Erfolgsregel Nr. 22

„Ihre Namensliste ist die wichtigste Liste aller Zeiten. Deshalb sollten Sie diese Liste vollständig ausfüllen. Je gewissenhafter Sie hier vorgehen, desto größer werden Ihre Erfolge sein."

6.06 Das Netz Ihrer Kontakte

„Erfolgsregel: Ich jage nie zwei Hasen auf einmal.“

Otto von Bismarck

Im vorherigen Kapitel wies ich Sie darauf hin, dass es ganz, ganz wichtig ist, mit jedem Menschen über Ihr Geschäft zu sprechen. Überspringen Sie keine Person, die Sie auf Ihrer Namensliste notiert haben. Immer wieder erlebe ich, dass die „neuen“ Networker den einen oder anderen, dessen Name auf der Liste steht, überspringen. Dafür geben sie mehrere – fadenscheinige - Gründe an, diese Person nicht anrufen zu wollen. Sie reden sich damit heraus, es sei ja gar nicht so schlimm, wenn man die eine oder andere Person auf der Namensliste nicht anrufen würde. Schließlich sei es ja nur ein Kontakt. Das aber ist ein sehr, sehr großer Irrtum. Auf den ersten Blick könnten diese Networker Recht haben. Es ist nur ein einziger Kontakt, aber dieser Kontakt kann Ihr Leben verändern. Es kann der Kontakt sein, der Ihnen zukünftig das beste Geschäft Ihres Lebens bringen wird.

Denken Sie immer daran. Hinter jedem Menschen stehen hundert andere Menschen, die dieser kennt. Wenn Sie diesen einen Menschen nicht ansprechen, verlieren Sie auch alle anderen Personen, die hinter diesem Menschen stehen. Dadurch verlieren Sie nicht nur einen Kontakt, sondern hunderte.

Meine Vertriebsstrukturen mit mehreren zehntausend Networkern sind nicht zufällig entstanden. Sie sind entstanden, weil ich den ersten Kontakt herstellte. Ich sprach alle Personen, deren Namen ich vorher auf meiner Namensliste notiert hatte, an. Einige dieser Personen wollten nichts von diesem Geschäft wissen. Okay, damit muss man leben. Andere waren dagegen sofort Feuer und Flamme. Sie waren begeistert, weil sie die unendlichen Chancen in diesem Geschäft erkannten. Durch diese Kontakte entstanden weitere Kontakte, so dass daraus eine Struktur von mehreren zehntausend Menschen entstand. Neider unterstellen mir immer wieder, das sei nur großes Glück gewesen. Irrtum. Jeder Erfolg ist das Produkt zielstrebigen Handelns. In unserem Geschäft bedeutet das, Kontakte herzustellen und mit Menschen zu sprechen.

Das Leben liefert viele Beispiele, wie man sich erfolgreich ein Kontaktnetz aufbauen kann. Der gröbste Fehler, der gerade von Einsteigern ins Network-Marketing gemacht wird, liegt im Festhalten. Sie haben einen Kontakt, der Interesse signalisiert, aber nicht sofort zusagt. Also laufen die Networker diesem Kontakt einige Tage, teilweise Wochen hinterher und werden immer wieder aufs Neue vertröstet. Das ist die falsche Taktik. So werden Sie nie erfolgreich ein Geschäft aufbauen können. Sie bieten den Menschen eine einmalige Geschäftsmöglichkeit an. Sie bringen Ihnen einen echten Nutzen. Also haben Sie es nicht nötig, diesen Menschen hinterher zu laufen. Lassen Sie von ihnen ab. Entweder sind sie dabei oder nicht. Dazwischen gibt es nichts. Alles andere ist vergebliche Liebesmüh. Schauen Sie sich die Austernfischer an. Die fischen nach zig Austern, um ihre Chance auf eine Perle zu erhöhen. Dazu öffnen sie jede Auster einzeln. Wie verhalten sich die Fischer, wenn sie keine Perle finden? Schließen sie die Auster und setzen sie ins Wasser zurück, um nach einem Jahr noch einmal nachzuschauen, ob in der Zwischenzeit doch noch eine Perle gewachsen ist? Nein, natürlich nicht. Sie wissen, dass aus dieser Auster keine Perle mehr wachsen kann. Also halten sie nicht länger fest, sondern sie lassen los. So sollten auch Sie vorgehen. Nicht jeder Kontakt ist eine Perle für Ihr Geschäft. Laufen Sie diesen Leuten nicht länger hinterher. Nutzen Sie die Zeit, um, wie die Austernfischer, die nächste Perle zu suchen. Je mehr

Kontakte Sie haben, desto eher geht Ihre Saat auf. Warum, glauben Sie, setzt ein Bauer nicht jeden Samen einzeln in den Boden? Zum einen, weil das sehr viel Zeit kostet, zum anderen aber, weil nicht jeder Samen keimt. Welcher Samen aufgeht und welcher nicht, weiß er natürlich vorher nicht. Deshalb greift er eine Handvoll Samen und schmeißt sie großzügig übers Feld. Was aussieht wie eine Verschwendung, ist nichts anderes als Risikoverteilung. Nun hat er so viel Samen ausgesät, dass es ihm egal ist, wenn einige Samen nicht keimen werden. Er weiß, dass die übrigen keimen werden, und das wird reichen, um im Herbst eine große Ernte einzufahren.

Kontaktanbahnungen ähneln einem Spinnennetz. In der Mitte des Netzes steht Ihr erster Kontakt. Um diesen einen Kontakt liegt ein ganzes Netz weiterer potentieller Kontakte. Die Zahl dieser Kontakte hängt davon ab, mit wie vielen Personen Ihr erster Kontakt aus seinem Netz von Bekannten, Verwandten und Freunden sprechen wird.

„Die Frage ist heute, wie man die Menschheit überreden kann, in ihr eigenes Überleben einzuwilligen."

Bertrand Russell (1872 – 1970)

Das Netz der Kontakte

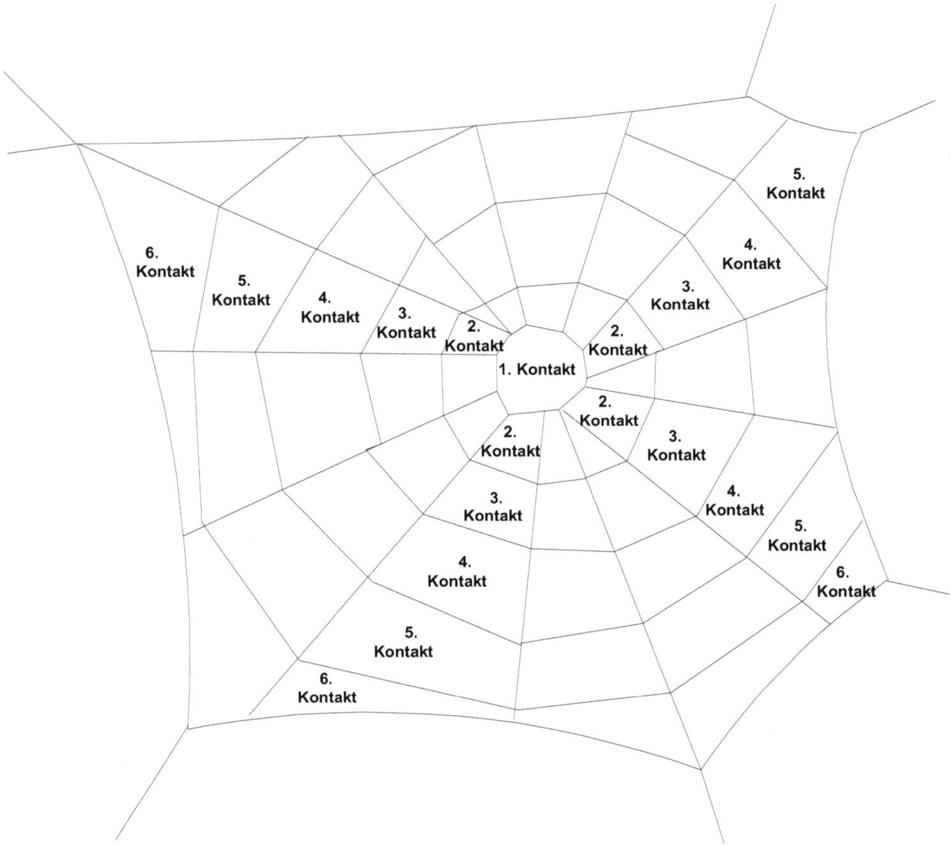

Das Spinnennetz ist unendlich groß. Wenn Sie den ersten Kontakt hergestellt haben, dann wird dieser Kontakt den 2., 3., 4. etc. generieren. Sie dürfen nie vergessen, dass hinter jedem Kontakt ein eigenes Spinnennetz steht. Wenn diese Menschen untereinander kommunizieren, entsteht ein Netz von Networkern, das seinesgleichen sucht.

Ihr Kontaktnetz

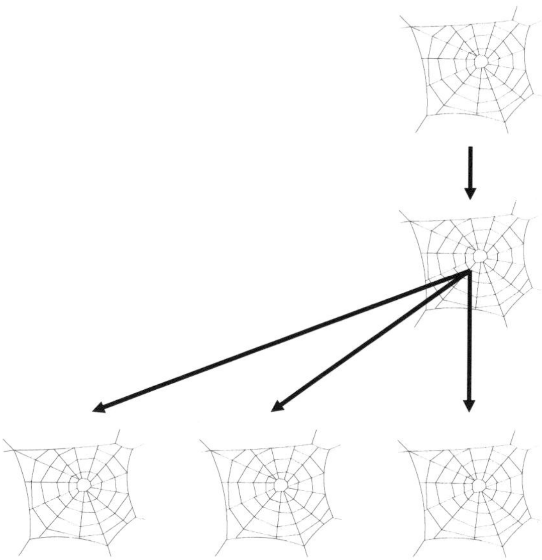

Ihr persönlicher erster Kontakt

Ihr persönlicher erster Kontakt bringt seinen ersten Kontakt in die Struktur.

Dieser Kontakt bringt seinen ersten, zweiten, dritten Kontakt in die Struktur.

usw.

Eine solch gewaltige Expansion ist in ihrer Dimension nur noch vergleichbar mit dem Universum. Es ist zum einen genauso unendlich wie die obige Struktur, und zum anderen breitet es sich nach Angaben vieler Forscher und Wissenschaftler noch immer aus, so wie jede Network-Struktur. Aus der Meta-Physik wissen wir, dass sich alle Systeme ähneln. „Wie innen, so außen“, lautet eine der bekanntesten Aussagen. Gemeint ist damit, dass wir in unserer äußeren Umwelt immer das vorfinden, was wir innerlich fühlen. Wenn wir das Gefühl haben, uns gelingt nichts, dann werden wir in unserer äußeren Umwelt genau das erleben. Uns wird alle naselang ein Missgeschick passieren. Schon fühlen wir uns in unserer Meinung bestätigt, und eine negative Spirale setzt sich unaufhörlich in Gang mit immer mehr und immer größeren Missgeschicken. Man spricht in diesem Zusammenhang auch von SEP, nicht dem bayerischen Sepp, der sich, wie Sie wissen, mit zwei P schreibt. SEP steht für „selbst erfüllende Prophezeiungen“. Diesem „Gesetz“ ist es egal, ob jemand positiv oder negativ denkt. Das, was er denkt, das wird er erhalten.

Die Welt ist nämlich immer das, was wir von ihr denken. Eine dreitausend Jahre alte chinesische Weisheit brachte schon damals diese Erkenntnis, die in heutiger Zeit wissenschaftlich bewiesen wurde, auf den Punkt:

> *„Wenn du ein Land in Ordnung bringen willst, dann musst du zuerst die Provinzen in Ordnung bringen. Wenn du die Provinzen in Ordnung bringen willst, dann musst du zuerst die Städte in Ordnung bringen. Wenn du die Städte in Ordnung bringen willst, dann musst du zuerst die Familien in Ordnung bringen. Wenn du die Familien in Ordnung bringen willst, dann musst du zuerst die eigene Familie in Ordnung bringen. Wenn du die eigene Familie in Ordnung bringen willst, dann musst du zuerst dich in Ordnung bringen."*

Deshalb ist es so wichtig, dass Sie von sich und von Ihrem Handeln überzeugt sind. Je optimistischer Sie sich den Herausforderungen stellen, desto einfacher werden Sie Erfolg haben. Denken Sie immer an das Gesetz: „Wie innen, so außen." Ihr Handeln und Reden muss in allen Lebenslagen mit positiven und lebensbejahenden Worten besetzt sein. Ansonsten werden Sie keinen Erfolg haben. Egal wo Sie sich aufhalten, ob im Bus, am Arbeitsplatz oder auf einer öffentlichen Herrentoilette, sprechen Sie immer positiv.

Dazu folgende Anekdote: Ein Networker ging nach einer Geschäftspräsentation auf die Herrentoilette. Dort traf er zufällig auf einen guten alten Bekannten, ebenfalls ein Networker. Er schaute sich um und stellte fest, dass sie augenscheinlich nur zu zweit im Raum waren. Kaum dass der Reißverschluss geöffnet war, begann eine niederschmetternde Diskussion. „Mein Gott, mein heutiger Gast ist vielleicht ein Dorftrottel. Der kapiert überhaupt nichts. Dem habe ich das Ganze schon dreimal erklärt und noch immer stellt der so dumme Fragen." Darauf sagte der andere Networker: „Ich glaube, wir haben heute kein Glück. Mein Gast ist ebenfalls ein Trottel. Der ist total neben der Spur. Sag mal, hat der Penner, den du letzte Woche eingeschrieben hast, seinen Hintern schon bewegt und Geschäfte gemacht?“ Wer so abwertend über die Menschen spricht, hat es nicht verdient, erfolgreich zu sein. Er wird es auch nicht werden. Auch wenn die Herren meinten, sie seien allein auf der Herrentoilette gewesen, so sollte man nie vergessen, dass der Teufel oft in Gestalt eines Eichhörnchens kommt. Mit anderen Worten: Man kann nie sicher sein, dass nicht Dritte von dieser Unterhaltung etwas mitbekommen haben.

In dem beschriebenen Fall war es tatsächlich so, dass einer der Gäste auf der hinteren Toilette saß, die sich dem direkten Blick der beiden Networker entzog. Er hatte also das ganze Gespräch bis ins letzte Detail mitverfolgen können. Still wie ein Mäuschen hatte er sich verhalten, um alles zu erfahren. Erst nachdem die werten Herren das Örtchen verließen, kam der Gast aus seinem „Versteck“ heraus. Es gehört nicht viel Phantasie dazu, sich auszumalen, wie sich dieser Gast danach verhalten hat. Er hatte ein ganz schlechtes Gefühl, weil er erkennen musste, dass die ganze Veranstaltung nur Fassade war und die Networker hinterm Rücken der Gäste abwertend über Menschen sprachen. Dieser Gast war für immer verloren. Er verließ die Veranstaltung fluchtartig und wurde nie mehr gesehen.

Daraus folgt: Denken, reden und handeln Sie immer positiv. Egal in welcher Lebenslage. Ob am Bankschalter, beim Autohändler oder auf der Toilette. Sie haben es mit Menschen zu tun, und jeder hat das Recht, würdig behandelt zu werden.

MLM-Erfolgsregel Nr. 23

„Jeder Kontakt ist wichtig. Grübeln Sie nicht über einen möglichen Verlauf eines Gespräches, eh Sie nicht mit dem Betroffenen über Ihr Geschäft gesprochen haben.“

6.07 Sie haben Ihr Ziel erreicht

„Wenn er all seine Kräfte auf ein einziges Ziel richtet, kann auch der Schwächste etwas erreichen, während selbst der Stärkste, der die seinen verzettelt, vielleicht zu gar nichts kommt."

Thomas Carlyle

Es wird der Tag kommen, an dem Sie Ihre Ziele erreicht haben. Was passiert dann? Dann suchen Sie sich neue Ziele. Es ist immer wichtig, nicht zurückzuschauen und sich in Selbstgefälligkeit zu üben nach dem Motto: „So, nun habe ich meine Ziele geschafft, es reicht!" Es reicht nie. Schauen Sie nach oben und Sie werden sehen, dass es Menschen gibt, die noch viel weiter sind als Sie und deutlich mehr Geld verdienen als Sie. Auch ich habe mir Ziele gesetzt, die ich nach und nach erreichte. Immer wenn ich geglaubt hatte, jetzt alles geschafft zu haben, schaute ich nach oben und stellte fest, dass ich eben noch nicht alles erreicht hatte. So setzte ich mir ein neues, noch größeres Ziel. Je mehr Ziele ich erreichte, desto größer wurden meine Network-Strukturen.

Natürlich kenne ich nur die wenigsten Networker noch persönlich, das ist bei meiner Strukturgröße gar nicht mehr möglich. Doch jeder Einzelne bedeutet mir sehr viel. Denn letztlich habe ich diesen Menschen meinen Umsatz zu verdanken. Deshalb würde ich mich nie abfällig über meine Networker äußern, wie es vielleicht andere tun.

Ich erinnere mich an einen Fernsehbeitrag über einen Networker, der auf der Terrasse seiner mallorquinischen Villa stand und herablassend auf den Strand schaute. „Die da unten waren nicht fleißig“, sagte er nur. Für mich ist eine solche Aussage geschmacklos. Wie kann jemand ernsthaft behaupten, dass „die da unten“ nicht fleißig waren, wenn sie es sich leisten können, in der Sonne Mallorcas zu liegen? Ich kenne niemanden, der das ohne Geld schaffen würde. Auf dieser Insel kostet der vierzehntägige Urlaub für vier Personen locker 3.000 Euro, die erst einmal verdient werden müssen. Ein paar Tage später gab es eine weitere Reportage über den besagten Networker. Diesmal saß er auf seiner Yacht und beschwerte sich darüber, wie die Touristen zur Fotokamera griffen, um sein Boot abzulichten. Statt sich darüber zu freuen, nörgelte er ein weiteres Mal, dass diese „Gaffer“ nicht nur ein Foto schießen würden: „Guck mal, es geht schon wieder los. Nicht nur, dass sie ein Foto haben müssen. Nein, sie müssen nachladen, damit sie noch mehr Bilder schießen können. Man kommt sich vor wie auf dem Präsentierteller.“ Ich finde es sehr beschämend, dass jemand so abfällig über die normalsten Dinge des Lebens spricht. Man kann doch seinen materiellen Erfolg nicht so weit heraus hängen lassen und die, die es nicht so weit gebracht haben, als Faulpelze beschimpfen. Das würde mir nie in den Sinn kommen, zumal solche vermeintlichen „Faulpelze“ durchaus in meiner Struktur arbeiten. Sie haben es noch nicht so weit gebracht, weil sie vielleicht gerade erst angefangen haben oder weil es ihnen genügt, ein paar Euro im Monat zu verdienen. Das ist ja das Schöne an unserem Beruf. Wir bestimmen unser Einkommen selbst.

Auch mir passiert es immer wieder, dass mich Leute auf meine Autos ansprechen. Schließlich sieht man nicht alle Tage einen Ferrari oder Lamborghini. Wenn mich ein Passant bittet, sich mit dem Auto auf einem Foto ablichten zu dürfen, mache ich das gern. Es bedeutet mir sehr viel, wenn ich anderen eine Freude machen kann. Mitunter erlaube ich es ihnen sogar, einmal hinter dem Steuer Platz zu nehmen, damit sie später sagen können, dass sie schon einmal in einem Sportwagen gesessen hätten.

Natürlich öffne ich auch schon mal die Motorhaube, wenn sich jemand für das Innenleben meines Superflitzers interessiert:

Es sind häufig die Kleinigkeiten, die uns Menschen oft die größte Freude machen. Die Fernsehwerbung will uns glauben machen, dass wir nur noch gute Väter und Mütter sind, wenn wir unseren Kindern zu Weihnachten die neueste Playmobil-Burg, das neueste ferngesteuerte Auto, ein Mountainbike, eine Stereoanlage, einen DVD-Player und den neuesten MP3-Player schenken. Wer nicht mindestens 1.000 Euro dafür hinblättert, ist in den Augen der Medien häufig ein Versager. Natürlich freuen sich die Kinder über diese Geschenke, doch man sollte den Bogen nicht zu sehr überspannen. Nur ein Geschenk und dafür viel Liebe ist oft viel mehr wert, wie eine amerikanische Geschichte eindrucksvoll belegt.

Eine Lehrerin einer amerikanischen Grundschule bat einmal ihre Schüler, die Namen aller Klassenkameraden aufzuschreiben und jeweils zwischen den Namen etwas Platz zu lassen. Anschließend bat sie die Klasse darum, zu jedem Namen die besten Eigenschaften aufzuschreiben, die ihnen einfielen. Es dauerte eine ganze Stunde, bis die Klasse alles niedergeschrieben hatte. Am Ende gaben alle Schüler ihre Arbeiten ab. Am Wochenende erstellte die Lehrerin aus den Arbeiten der Schüler jeweils ein Blatt für jeden und sammelte darauf, was die anderen über ihn oder sie geschrieben hatten. Am darauf folgenden Montag gab sie jedem Schüler sein Blatt. Daraufhin setzte ein lautes Gemurmel ein. „Ehrlich?“, hörte man genauso heraus wie „Ich hätte nie gedacht, dass ich den anderen etwas bedeute.“ Oder „Ich wusste gar nicht, dass die anderen mich so sehen.“ Oder „Dass mich die anderen so mögen, habe ich bis jetzt nicht gewusst.“ Man sprach noch einige Tage über diese Dinge, bis dann auch die Letzten verstummten.

Die Übung hatte ihr Ziel erreicht. Der Umgang war plötzlich ganz anders, viel rücksichtsvoller und humorvoller als davor. In den folgenden Jahren erwähnte niemand mehr etwas von dieser Aktion. Doch dann geschah etwas Schreckliches. Die Schüler hatten bereits die Schule für immer hinter sich gelassen und gingen einer geregelten Arbeit nach. Einige davon gingen zum Militär, und genau hier passierte es dann. Ein Soldat aus dieser ehemaligen Schulklasse musste sein Leben in Vietnam lassen. Die Lehrerin hörte von diesem tragischen Unfall und entschloss sich spontan, zur Beerdigung zu gehen. Das erste Mal in ihrem Leben sah sie einen Soldaten in einem Militärsarg liegen. Er sah so elegant und erwachsen aus. Die Lehrerin war die Letzte, die am Grab ihr Beileid ausdrückte, als plötzlich einer der Soldaten, der als Sargträger abgestellt war, zu ihr kam. „Entschuldigen Sie, waren Sie Marks Lehrerin?“, fragte der Soldat. Sie nickte nur. „Mark sprach viel von Ihnen“, fuhr der Soldat fort. Darüber freute sich die Lehrerin und ein paar Tränen kullerten über ihr Gesicht. Die Familie des Toten lud sie zur anschließenden Kaffeetafel ein. Hier traf sie viele ihrer ehemaligen Schüler wieder. Offenbar hatten sie untereinander noch regen Kontakt. Als sie sich gerade setzen wollte, kamen Marks Eltern auf sie zu. Der Vater begrüßte sie und sagte: „Wir möchten Ihnen etwas zeigen." Er zog seinen Geldbeutel aus der Tasche. Er öffnete ihn und entnahm sorgfältig zwei zerknitterte Papierstücke, die schon einmal mit Klebestreifen zusammen geklebt worden waren, und faltete sie auf. „Wir fanden dieses Papier bei Mark, als er starb", sagte der Vater in weinerlichem Ton. Die Lehrerin wusste, ohne die Zettel anzusehen, dass es das Blatt war, auf das sie alle guten Eigenschaften geschrieben hatte, die Marks Klassenkameraden damals über ihn geschrieben hatten. „Vielen, vielen Dank, dass Sie das getan haben", sagte Mark´s

Mutter. „Wie Sie sehen können, bedeutete es Mark sehr viel." Die anderen Klassenkameraden hatten das Gespräch mitverfolgt. Sie hatten sich inzwischen von ihren Stühlen erhoben und einen Kreis um die Lehrerin gebildet. Ein junger Mann namens Brain lächelte verlegen und sagte: „Ich habe meine Liste immer noch. Ich habe sie in der obersten Schublade meines Schreibtisches aufgehoben." Eine Frau sagte: „Mein Mann bat mich, sein Blatt in unser Hochzeitsalbum zu kleben." „Ich habe mein Blatt in mein Tagebuch geklebt, was ich bis heute behalten habe", tönte eine weibliche Stimme aus den hinteren Reihen. Louisa, ebenfalls eine ehemalige Schülerin der Lehrerin, griff in die Tasche, holte ihre Brieftasche hervor und zeigte allen ihr verblichenes und zerfranstes Blatt. „Ich habe es immer bei mir", sagte sie und fuhr fort: „Ich glaube, dass wir alle unsere Listen aufgehoben haben." Die Schüler, die es betraf, nickten alle übereinstimmend. Dies ergriff die Lehrerin so sehr, dass sie sich setzte und zu weinen begann.

Wir haben oft so viel Stress, dass wir gar nicht daran denken, dass unser Leben endlich ist. Wir alle sollten uns mehr Zeit für die Entspannung nehmen und gerade den Menschen, die uns ganz besonders ans Herz gewachsen sind, sagen, dass wir sie mögen. So wie wir es in den Wald hineinrufen, so schallt es heraus, sagt ein altes deutsches Sprichwort. Mit anderen Worten: So wie wir uns verhalten, so wird man uns behandeln. Wenn wir negativ und abwertend über die Menschen reden, werden auch wir wie ein Fußabtreter behandelt. Sprechen wir mit Lob und Anerkennung über die Menschen, werden wir mit dem gleichen Respekt behandelt. Wir bekommen immer das zurück, was wir geben. Je mehr wir bereit sind zu geben, desto mehr bekommen wir zurück.

MLM-Erfolgsregel Nr. 24

„Noch immer gilt das alte Sprichwort: „So wie Sie in den Wald hineinrufen, so hallt es zurück". Behandeln Sie also die Menschen mit dem nötigen Respekt und man wird es Ihnen gleich tun."

Kapitel 7
Verhaltensregeln

„Erfolgreich zu sein, setzt zwei Dinge voraus: Klare Ziele zu haben und den brennenden Wunsch, sie zu erreichen."

Goethe

7.01 Verzichten Sie auf Rückzugsmöglichkeiten

„Es liegt mir nicht, Nummer zwei zu sein."

Nelson A. Rockefeller

Meinen bisherigen Ausführungen konnten Sie entnehmen, dass eine der wichtigsten Voraussetzungen für ein erfolgreiches Leben der feste Wille ist. Aber auch die Geduld spielt eine entscheidende Rolle, wie ich ebenfalls an anderer Stelle bewiesen habe. Menschen werden fürs Durchhalten und nicht fürs Aufgeben bezahlt. Insofern sehe ich jede Bemühung, im Network-Marketing zunächst einmal nebenberuflich starten zu wollen, mit einem lachenden und einem weinenden Auge. Natürlich freue ich mich über jeden Menschen, den ich für dieses wunderbare Geschäft begeistern kann. In dieser Euphorie schwingt jedoch häufig die Enttäuschung mit, weil viele dieser neuen Networker nie wirklich aus der Startphase herauskommen und zeitlebens im unteren Level der Erfolgspyramide herumdümpeln. Ich will damit nicht behaupten, dass sie zu faul sind oder dass ihnen der nötige Ehrgeiz fehlt. Das Problem liegt sehr viel tiefer. Es handelt sich hierbei um ein psychologisches Phänomen, das an zwei Gewohnheiten festhalten möchte:

1. am Streben nach Sicherheit
2. am Festhalten an alten Strukturen

Menschen, die zunächst einmal nebenberuflich starten, halten automatisch an ihrem „Hauptarbeitsplatz" fest, was durchaus verständlich ist. Schließlich springen nur die wenigsten Menschen gern ins kalte Wasser. Networker, die nebenberuflich starten, haben sich entschieden, in diesem Geschäft zu starten, und das ist gut so. Ich behaupte aber, dass die meisten dieser Networker nur mit halbem Herzen dabei sind. Sie wollen das Geschäft nämlich erst einmal ausprobieren und schauen, wie sich die Dinge entwickeln.

Das aber ist der falsche Ansatz. Niemand wird erfolgreich, indem er nur einmal etwas ausprobiert. Das widerspricht jedem Naturgesetz. Man kann nichts ausprobieren. Man kann es immer nur tun. Oder haben Sie schon einmal probiert, einen Stein zu werfen? Entweder werfen Sie den Stein oder Sie werfen ihn nicht. Dazwischen gibt es nichts. Networker glauben aber, dass sie dieses Naturgesetz aushebeln können, indem sie erst einmal alles ausprobieren wollen, ohne sich wirklich anzustrengen. Schon bald werden sie dann feststellen müssen, dass der Erfolg ausbleibt. Damit setzt sich automatisch eine Negativspirale in Bewegung. Ohne dass der Betroffene es bemerkt, befindet er sich bereits mitten im Abwärtsstrudel negativer Gedanken und Gefühle. Am Ende wird der Betroffene den Bettel hinschmeißen und dem Geschäft den Rücken kehren, weil sein Ausprobieren nicht zu dem gewünschten Erfolg führte. Dass er aber von Anfang an die Weichen falsch gestellt hatte, will er nicht bemerken. Zurück bleibt ein gefrusteter Networker, der allem und jedem die Schuld für sein Versagen gibt, jedoch übersieht, dass er selbst die Saat gelegt hat.

Bitte verstehen Sie mich richtig. Ich werde von Ihnen niemals erwarten, dass Sie hier und jetzt Ihren derzeitigen Job schmeißen und nun zu einhundert Prozent ins Network-Marketing-Geschäft einsteigen. Gleichwohl weiß ich, dass dies der einzige und beste Schritt ist, erfolgreicher als alle anderen zu werden. Wer nämlich sprichwörtlich mit dem Rücken zur Wand steht, hat gar keine andere Wahl, als erfolgreich zu werden. Er ist quasi zum Erfolg verdammt. Wer sich dagegen immer noch ein Hintertürchen offen lässt, braucht nicht wirklich zu kämpfen. Er wird sich immer damit herausreden können, er sei von diesem Geschäft nicht abhängig, und wenn alle Stricke reißen, habe er noch immer den „sicheren" Arbeitsplatz. Menschen, die erkannt haben, dass diese Meinung eine reine Schutzbehauptung ist und damit eine Ausrede, gehören in meiner heutigen Führungsriege zu den erfolgreichsten überhaupt.

Sie gehen teilweise mit sechsstelligen Provisionsschecks nach Hause. Das alles sind Menschen, die vorher in einem Job mit festem, knappen, und regelmäßigem Gehalt, teilweise sogar unter 1.000 Euro, nach Hause gingen. Keiner unter ihnen entschied sich, das Geschäft halbherzig in Angriff zu nehmen. Keiner! Sie alle kündigten ihren Job und arbeiteten von der ersten Stunde an auf eigenes Risiko. Mit unglaublichem Erfolg. Inzwischen arbeitet das Geld für sie und bringt Monat für Monat ordentlich Zinsen hervor. Viele mögen über diese Erfolgsstorys ungläubig den Kopf schütteln, aber es ist die Wahrheit. In der Bibel heißt es so treffend: „Selig sind die, die nicht sehen und doch glauben". Wer am Anfang seiner Karriere steht, kann noch gar nicht sehen, wohin die Reise ihn führen wird. Wenn er aber den festen Glauben hat, dass er genauso erfolgreich wird wie die anderen, dann bringt er die besten Voraussetzungen mit. Wenn er dann alles gibt und nicht nach hinten schaut, wird er gewinnen. Deshalb ist es so enorm wichtig, eine klare und deutliche Entscheidung zu treffen. Genauso erging es vor sehr langer Zeit einem Feldherrn, der zu einer Entscheidung gezwungen war, die den eigenen Untergang und die völlige Vernichtung seiner Armee bedeutet hätte.

Er musste seine Armee gegen einen zahlenmäßig überlegenen Feind antreten lassen. Im Wortsinn ging es bei diesem aussichtslosen Kampf um Leben und Tod. Doch der Feldherr hatte keine andere Wahl. Er schiffte seine Soldaten an die Front. Nach der Landung auf feindlichem Gebiet befahl er ihnen, das gesamte Kriegsmaterial auszuladen und die Schiffe zu verbrennen. Die Soldaten taten wie befohlen und steckten die Schiffe in Brand. Vor der alles entscheidenden Schlacht rief der Feldherr seine Soldaten zu sich und sagte vor versammelter Mannschaft: „Ihr seht, wie das Feuer unsere Schiffe vernichtet. Wenn wir unterliegen, werden wir diese Küste nicht lebend verlassen. Wir haben keine Wahl: Wir siegen - oder wir sterben." Die Krieger kämpften und gingen als Sieger aus dieser Schlacht hervor.

Die Situation verdeutlicht, worum es im Kern geht. Wer keine Möglichkeit hat, sich zurückzuziehen, ist gezwungen, alles zu geben und die Flucht nach vorne anzutreten. Ich weiß, es bleibt immer ein Risiko, wenn man alles Vergangene hinter sich lässt und nur noch nach vorne schaut. Doch alles im Leben hat seinen Preis, und Erfolg ohne Risiko gibt es nicht. Schließlich ist auch das Leben ein Risiko. Es ist eines der gefährlichsten und endet immer tödlich.

MLM-Erfolgsregel Nr. 25

„Kein Pilot würde auf die Idee kommen, sein Flugzeug nur mit halber Kraft zu starten. Nur bei voller Leistung hebt das Flugzeug ab. Genauso verhält es sich im Network-Marketing. Nur dann, wenn Sie bereit sind alles zu geben, werden Sie sehr erfolgreich."

7.02 Das Festhalten an alten Strukturen

„Die Fesseln der Gewohnheit sind meist so fein, dass man sie gar nicht spürt. Doch wenn man sie dann spürt, sind sie schon so stark, dass sie sich nicht mehr zerreißen lassen."

Samuel Johnson

Der Mensch ist ein Gewohnheitstier und hasst nichts mehr als Veränderungen. Wie schon ein altes Sprichwort so treffend sagt: „Was der Bauer nicht kennt, isst er nicht." Mit anderen Worten: Nur das, was er bisher aus Gewohnheit gegessen hat, schmeckt ihm. Für alles Neue ist er nicht offen. Damit verhält er sich so wie die meisten Menschen. Sie gehen immer zu dem gleichen Friseur, kaufen immer bei dem gleichen Bäcker Brot und Brötchen, lassen ihr Auto immer in derselben Waschstraße reinigen. Sie kaufen bevorzugt bei einem Discounter, und auch sonst verhalten sie sich wie Marionetten. Sie stehen jeden Morgen zur selben Zeit auf, nehmen immer denselben Bus zur Arbeit, stechen immer zur gleichen Zeit die Stempelkarte in die Stempeluhr, packen pünktlich um 9.00 Uhr ihr Pausenbrot aus und ärgern sich über die Tageszeitung und deren schlechte Nachrichten. Niemand wird von sich behaupten können, er lebe in einer isolierten Welt, in der er frei von Zwängen ist.

Jeder Mensch hat seinen Dunstkreis, in dem er sich bewegt:

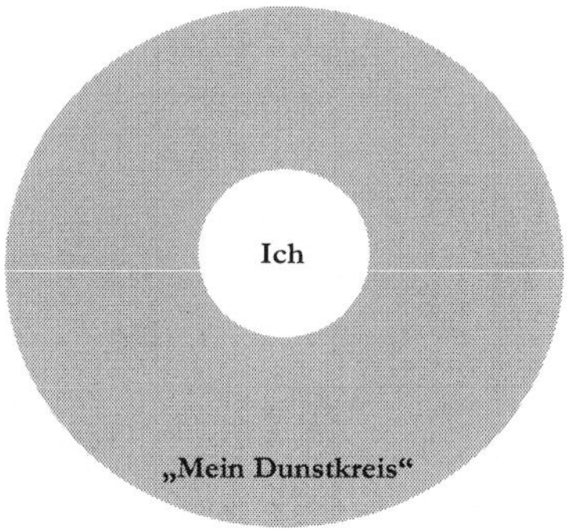

Und dieser Dunstkreis beeinflusst unser Denken und Handeln, ohne dass es uns bewusst ist. Dieser Kreis hat mehr Einfluss auf uns, als wir uns selbst eingestehen wollen. Wer Kinder im schulpflichtigen Alter hat, weiß am ehesten, wovon ich spreche. Bis zu einem bestimmten Alter können Sie Ihre Kinder mit so genannter „No-Name“-Kleidung einkleiden. Das sind für mich Kleidungsstücke von Discountern, Modeketten oder aus dem Versandhandel. Doch sowie die Kinder älter werden, laufen sie Gefahr, dass sie gehänselt werden, wenn sie weiterhin diese „Klamotten“ tragen. Spätestens jetzt kommen auch Sie als Eltern nicht mehr umhin, nur noch teure Markenartikel zu kaufen. Die Hose von Diesel, den Pullover von Esprit, die Schuhe von Adidas, den Füllfederhalter von Diddle, den Schulranzen von 4YOU, etc. Obwohl es mitunter keine spürbaren Qualitätsunterschiede zwischen einem so genannten Marken-T-Shirt und einem T-Shirt eines Modefilialisten gibt, fühlen sich die Kinder unwohl, sowie sie keine Markensachen tragen. Bis zu diesem Zeitpunkt war ihnen die Kleidung vollkommen egal, doch jetzt ist das teuerste gerade gut genug. Weil jetzt „alle“ anderen in der Schulklasse, im Freundeskreis, im Verein oder auf dem Sportplatz diese Markenkleidung tragen, möchten die eigenen Kinder ihnen in nichts nachstehen.

Ihnen als Elternteil bleibt nichts anderes übrig, als die Geldbörse zu zücken, um so Ihr sauer verdientes Geld den, Ihrer Meinung nach geldgierigen, Markenartikelherstellern in den Rachen zu werfen. Wehe Ihnen, wenn Sie sich dem Diktat Ihrer Kinder nicht beugen. An ein gemeinsames Familienleben ist nicht mehr zu denken. Dieses kindliche Verhalten wird nicht etwa im Erwachsenenalter abgelegt. Das Gegenteil ist der Fall. Mit dem Einkommen steigen die Wünsche und damit auch die Vergleichswerte. Waren es bisher Kleidungsstücke, so geht es schon bald um das beste Auto, das größte Haus, den schönsten Garten mit den höchsten Bäumen, etc.

Dass wir Menschen so gestrickt sind, lässt sich wohl nicht ändern. In den Jahrtausenden der menschlichen Evolution haben die Menschen gelernt, auf den Grund des Meeresbodens abzutauchen oder bis an den Rand unseres Sonnensystems zu schauen. Aber sie haben nie gelernt, sich auf die wirklichen Dinge des Lebens zu konzentrieren. Noch immer hören sie mehr auf das dumme Geschwätz anderer Leute, als sich durchzusetzen und ihren eigenen Weg zu gehen.

Diese Erfahrung bleibt vielen Networkern nicht erspart. Nehmen wir einen typischen Arbeiter, der tagein, tagaus die gleichen Arbeiten verrichtet. So steht er jeden Tag ab 8.00 Uhr am Fließband und dreht irgendwelche Schrauben in irgendwelche Maschinenteile ein. Am Arbeitsplatz herrscht keine Kleiderordnung, und so darf er mit Jeans und T-Shirt seinen Dienst verrichten. Deshalb sind auch alle Kollegen so angezogen. Die Arbeit ödet ihn an und darüber hinaus verdient er nicht genug. Gegen 17.00 Uhr verlässt er die Werkshallen, um am Werkstor in die Straßenbahn Richtung Mietwohnung einzusteigen. Ihm gehen die Leute in der Bahn auf die Nerven. Der Lärm dieser Menschen und das Rattern der Räder sind ohrenbetäubend. Nach zwanzig Minuten endet die Fahrt an der Haltestelle, von der er noch zehn Minuten laufen muss, um seine Mietwohnung im fünften Stock zu erreichen. Natürlich gibt es auch keinen Aufzug, und so muss er nach getaner Arbeit mühsam die Treppen steigen. In der Wohnung sieht es natürlich wieder aus wie Kraut und Rüben. Die Kinder, drei an der Zahl, teilen sich gemeinsam ein Zimmer. Wenn nun eines der Kinder seine Schularbeiten erledigen will, müssen die anderen beiden im Flur oder im Wohnzimmer spielen. Entsprechend sieht es hier aus. Die Ehefrau hat das Abendbrot zubereitet. Genervt setzt man sich an den Tisch, um schnell zu essen. Schließlich ist Sommer und man möchte den Abend draußen im Schrebergarten mit seinen Freunden verbringen. Der Tisch wird abgeräumt, das dreckige Geschirr ins Spülbecken gestellt und schon macht sich die gesamte Familie auf den Weg in Richtung Schrebergarten. Nach einem zehnminütigen Fußmarsch erreicht man sein „Heim" direkt an der Bundesautobahn, unterhalb der Autobahnbrücke (fahren Sie die A1 von Norden in Richtung Süden und Sie werden sehen, wie viele Schrebergärten direkt an die Autobahn grenzen).

Angesichts des hohen Verkehrsaufkommens zum Feierabend kann man hier zwar sein eigenes Wort nicht verstehen, aber man ist ja unter sich. Die Tür ist gerade aufgeschlossen, da stehen schon fünf Kumpels mit ihren Bierflaschen in der Hand im Garten, bereit zum Kartenspiel. Jeder von ihnen trägt ein knallbuntes Hawaii-Hemd mit abgeschnittenen Jeans-Hosen, dazu weiße Socken und typische braune Herrenslipper. Natürlich wird das Hemd offen getragen, damit jeder seine drei Brusthaare gezielt zur Schau stellen kann. Was man hat, das hat man. Schnell wird sich an den Tisch gesetzt und bis in die Puppen gezockt. Um Mitternacht macht sich die Familie auf den Weg zurück zur Mietwohnung, damit jeder noch eine Mütze voll Schlaf bekommt.

Sie sehen, in diesem Dunstkreis bewegt sich unser Arbeiter. Doch wie der Zufall es will, spricht ihn eines Tages ein guter Bekannter auf eine neue Geschäftsmöglichkeit an. Der Arbeiter ist interessiert, schließlich bietet dieses Geschäft ihm die Möglichkeit, seinen kargen Lohn aufzubessern. Deshalb lässt er sich zur nächsten Präsentation einladen, die wenige Tage später stattfindet. Er ist begeistert und schreibt sich noch am selben Abend ein. Sein Sponsor gibt ihm wertvolle Tipps, wie er sich zukünftig zu verhalten hat, um erfolgreich zu werden. Bereits einige Tage später kleidet sich unser Arbeiter anders. Er geht nicht mehr mit T-Shirt und Jeans zur Arbeit, sondern in einer gepflegten Hose und einem ordentlichen Hemd. Was, glauben Sie, wird nun passieren? Wie werden seine Kollegen reagieren? Werden sie ihn in seiner Entscheidung bestätigen oder werden sie anfangen zu lästern? Das Letztere ist wohl eher der Fall. An Sprüche wie „Schaut euch mal den feinen Pinkel an, ist wohl was Besseres“ oder „Sag mal, bist du jetzt völlig neben der Spur?“ wird er sich zukünftig gewöhnen müssen. Aber es kommt ja noch schlimmer. Die Abende im Schrebergarten werden immer seltener, weil unser Arbeiter nun mehr Zeit fürs Geschäft aufwenden muss. Die wenigen Besuche werden von seinen Kollegen aus dem Schrebergarten ebenfalls bissig kommentiert: „Ach, lässt sich der feine Herr doch noch blicken. Ist wohl was Besseres geworden.“

Was glauben Sie, wie wird sich unser Arbeiter fühlen? Wird er diese Hänseleien ertragen oder wird er eher darunter leiden? Ich weiß nicht, wie Sie sich in einer solchen Situation fühlen würden, aber die meisten Networker werden damit so ihre Schwierigkeiten haben. Der bisherige Dunstkreis aus Freunden, Bekannten, Verwandten und Arbeitskollegen wird sie negativ beeinflussen, weil diese Menschen es ja angeblich so gut meinen.

So muss er sich oft solche oder ähnliche Sprüche anhören:

- „Das habe ich auch schon probiert, aber es hat nicht geklappt.“
- „Überleg doch mal, wie willst du neben deiner normalen Tätigkeit noch Zeit für diesen neuen Job aufbringen?“
- „Das kann nicht funktionieren.“
- „Das Produkt kann man nicht verkaufen.“
- „Das Produkt ist viel zu teuer.“
- „Die Leute haben dich angelogen, die suchen nur einen Dummen, der für sie die Drecksarbeit macht.“
- „Niemand wird dir das Zeug abkaufen.“
- „Wenn man so viel Geld damit verdienen kann, dann ist das unseriös.“
- „Verdienen werden nur die, die ganz oben stehen, während du ganz unten buckeln musst.“
- „Der Zug für dich ist bereits abgefahren. Damit kannst du heute kein Geld mehr verdienen.“
- etc.

Diese „Gehirnwäsche“, unter der jeder Networker zu leiden hat, wird einige Zeit anhalten. Diese Sprüche kommen meiner Meinung nach nur von Neidern, die erkennen müssen, dass einer der ihren möglicherweise eines Tages besser dastehen wird als sie selbst. Also werden sie alles daransetzen, dies zu verhindern. Die Frage ist nur, wie die Networker damit umgehen. Was glauben Sie, wie entscheiden sich die meisten neuen Networker? Sind sie endlich bereit, ihren bisherigen Dunstkreis, der sie an die alten Strukturen bindet, zu verlassen, oder werden sie in den alten Kreis zurückgehen und so weiterleben wie bisher? Ich sag es nicht gern, aber es ist die Wahrheit. Die meisten Networker halten an ihren alten Strukturen fest und kehren „reumütig“ nach einigen Monaten heim. Hier bekommen sie die Bestätigung, die sie brauchen. Ihre Freunde, Bekannten und Verwandten nehmen sie gern wieder auf und freuen sich innerlich, weil sie es doch gleich besser wussten.

Auch wenn der Vergleich ein wenig hinkt, aber es muss einmal gesagt werden: Sicher haben Sie von Drogensüchtigen gehört, die eine Entzugstherapie durchgemacht haben und dann doch wieder rückfällig wurden. Warum? Weil sie eine der wichtigsten Verhaltensregeln nicht eingehalten haben. Jeder Sozialarbeiter oder Therapeut verabschiedet seinen Schützling mit den Worten:

„Halte dich von deinem früheren Umfeld fern.“

Sie wissen, wenn ihr Schützling wieder den Kontakt zu seinen früheren Fixer-Freunden aufnimmt, ist es nur eine Sache von wenigen Tagen, bis er aufgrund des ungünstigen Einflusses dieser Freunde wieder an der Nadel hängt.

Verstehen Sie mich bitte richtig. Ich sage nicht, dass Sie sich ab sofort von Ihren bisherigen Freunden, Bekannten und Verwandten verabschieden sollen, um Erfolg zu haben. Das Gegenteil sollten Sie tun. Nehmen Sie diese Menschen mit ins Boot und zeigen Sie ihnen, wie auch sie erfolgreich werden können. Sie sollten sich aber, und das ist die Botschaft dieses Kapitels, von den Menschen fernhalten, die meinen, die Weisheit mit Löffeln gefressen zu haben und deshalb glauben, Sie eines Besseren belehren zu dürfen. Mit diesen Menschen können Sie auf Dauer keinen Erfolg haben. Verscheuchen Sie diese Nörgler, Miesmacher, Zweifler und Pseudo-Intellektuellen aus Ihrem Dunstkreis und schaffen Sie sich einen noch viel größeren Dunstkreis mit positiv denkenden und lebensbejahenden Menschen.

Es ist mir ein besonderes Anliegen, dass Sie die Quintessenz aus diesem Kapitel verstanden haben. Wenn Sie Ihre und die Erfolgschancen Ihrer Partner erhöhen wollen, müssen Sie Ihre Einstellung verändern. „Gleich und Gleich gesellt sich gern“ ist nicht nur ein geflügeltes Sprichwort, sondern gelebte Weisheit. Auch wenn es oft wie ein Klischee wirkt, aber Akademiker sind gern unter sich, genauso wie die Arbeiter lieber unter sich sind. Sie können nie erfolgreich werden, wenn Sie sich nur in Kreisen von Menschen aufhalten, die keinen Erfolg anstreben. Es gibt viele Menschen, die mit ihrem Leben zufrieden sind und nichts verändern wollen. Mit diesen Menschen können Sie sprichwörtlich keinen Blumentopf gewinnen. Suchen Sie sich Menschen, die in die gleiche Richtung marschieren wie Sie, und Sie werden Ihren Erfolg nicht mehr verhindern können.

In jedem Network-Unternehmen gibt es Menschen, die bereits ganz oben sind. Versuchen Sie, von diesen Menschen zu lernen. Sprechen Sie mit ihnen und lassen Sie sich in die Erfolgsgeheimnisse einweihen. Nutzen Sie die zahlreichen Veranstaltungen, die Ihnen das Network-Unternehmen anbietet. Hier treffen Sie ebenfalls auf Gleichgesinnte, mit denen Sie über eine erfolgreiche Zukunft sprechen können. Hier treffen Sie Menschen, die hoch motiviert sind und keinen Trübsal blasen. Lesen Sie Erfolgsbücher und hören Sie während der Autofahrt CD´s zu den Themen Erfolg und Motivation. Auf diese Weise werden Sie zu einer lebensbejahenden und erfolgreichen Persönlichkeit.

MLM-Erfolgsregel Nr. 26

„Versuchen Sie nie, das Rad neu zu erfinden. Network-Marketing liefert Ihnen ausgereifte, erfolgserprobte und bewährte Konzepte. Wenn Sie diese eins zu eins umsetzen, steht Ihrem Erfolg nichts mehr im Weg.“

7.03 Haben Sie Vertrauen

„Zwei Dinge verleihen der Seele am meisten Kraft: Vertrauen auf die Wahrheit und Vertrauen auf sich selbst."

Seneca

Was für die heutige Jugend die Filme „Star Wars" oder „Herr der Ringe" sind, waren zu meiner Zeit die legendären Karate-Filme. Ich kann mich an jede einzelne Handlung sehr gut erinnern. Ich fand es

einfach faszinierend, zu welchen Leistungen Menschen in der Lage sind. Besonders eine Szene hat sich bei mir ins Gedächtnis eingebrannt. Da ist ein junger Mann, der unbedingt die Kampfsportart Kung Fu erlernen möchte. Dazu wendet er sich an den Alt-Meister, der sich seiner annimmt. Doch statt mit dem Unterricht zu beginnen, drückt der Alt-Meister seinem Schützling ein Werkzeug in die Hand, damit er die alte Farbe von den Wänden und von den Dächern abkratzt. Damit ist der junge Mann tagelang beschäftigt.

Doch er ärgert sich, weil er das Gefühl hat, ausgenutzt zu werden. Schließlich wollte er den Kampfsport erlernen und seine Zeit nicht mit irgendwelchen niedrigen Arbeiten verbringen. Immer wieder wendet er sich an den Alt-Meister mit der Frage, wann denn nun seine Ausbildung beginnen würde. Doch der Meister winkt ab. Er ist alles andere als redselig. Er fordert den jungen Mann immer wieder auf, die Arbeit weiter zu verrichten. Dabei zeigt er ihm, wie er die

Bewegungen auszuführen hat. Nun soll der junge Mann in kreisenden Handbewegungen das Hausdach abschleifen. Der Meister achtet sehr genau darauf, dass er diese Bewegungen richtig vollzieht. Jedes Mal, wenn eine Aufgabe erledigt ist, deckt der Meister den jungen Mann mit neuer Arbeit ein. Ob Schleifen, Putzen oder Streichen, nichts wird ausgelassen. Der junge Mann ist verärgert und möchte alles in die Ecke schmeißen. Doch er hält durch, und eines Tages kommt die lang ersehnte erste Unterrichtsstunde. Der Alt-Meister führt den jungen Mann in die hohe Kunst des Kampfsportes ein. Schritt für Schritt zeigt der Alt-Meister, welche Bewegungen notwendig sind, um den Gegner zur Strecke zu bringen. Da plötzlich fällt es dem jungen Mann wie Schuppen von den Augen. Er muss erkennen, dass diese Bewegungen exakt den Bewegungen gleichen, die er in den letzten Tagen bei seiner Arbeit anwenden musste. Die kreisenden Handbewegungen, die er stundenlang beim Abschleifen des Hausdaches angewandt hatte, sind eine wichtige Grundlage für den Kampfsport. Durch die tagelange Arbeit ist der junge Mann in der Lage, diese Kampfübungen problemlos umzusetzen.

So wie dieser junge Mann sich verhält, so verhalten sich viele neue Networker. Sie wenden sich an ihren „Alt-Meister", in der Regel der Manager oder der Sponsor, um von ihm das Geschäft zu erlernen. Dieser erfahrene Networker zeigt den jungen Networkern nun, wie dieses Geschäft am einfachsten zu handhaben ist. Oft müssen die Neuen Dinge lernen, von denen sie zunächst nichts verstehen. So wie der junge Mann aus dem Karate-Film. Der musste das Dach schleifen und verstand nicht warum. Statt die Situation zu akzeptieren, nörgelte er herum. Nun müssen Networker keine Dächer schleifen, aber sie müssen Arbeiten verrichten, die augenscheinlich so gar nichts mit Network-Marketing zu tun haben. Statt diese Arbeiten zu akzeptieren, weil sie Teil des Ganzen sind, fangen sie an zu meckern und verfluchen ihren Manager, weil sie das Gefühl haben, er nimmt sie auf den Arm.

Haben Sie Vertrauen zu Ihrem Manager. Er kennt das Geschäft. Schließlich war er bereits vor Ihnen dabei und hat seinen Erfolg bereits mehrfach unter Beweis gestellt. TRAUEN Sie ihm zu, dass er

Sie bestmöglich unterstützen kann, auch oder gerade wenn Sie das Gefühl haben, die Dinge müssten anders laufen. Haben Sie VERTRAUEN. Ihr Manager will und braucht Ihren Erfolg genauso wie Sie. Je erfolgreicher Sie sind, desto erfolgreicher wird auch er sein, das ist Teil des Network-Marketing-Systems. Deshalb wird er alles daran setzen, Sie zum Erfolg zu führen, auch wenn es auf den ersten Blick nicht den Anschein hat. Bleiben Sie dabei. Resignieren Sie nicht und halten Sie durch. Sie werden belohnt werden. Oft genügt nur ein anderer Blickwinkel, um die Dinge im rechten Lot zu sehen. Diese Erfahrung musste auch ein Brautpaar machen.

Zwei junge Menschen wollen in den Hafen der Ehe einlaufen. Dazu suchen sie das Gespräch mit dem örtlichen Pfarrer, um die Modalitäten der kirchlichen Feier abzustimmen. Nach einem kurzen Gespräch legt der Pfarrer ein Bild auf den Tisch und fragt die angehende Braut: „Welche Farbe hat dieses Bild?“ Die Braut antwortet wie aus der Pistole geschossen: „Rot“. Der Pfarrer fragt nun den potentiellen Bräutigam, der links von der Braut sitzt, und stellt ihm die gleiche Frage. Der Bräutigam schaut sich das Bild aus einem anderen Winkel an und sagt: „Grün“. Der Pfarrer dreht sich zur Braut und fragt sie noch einmal: „Welche Farbe hat das Bild?“ Sie sagt: „Es ist rot.“ Der Bräutigam bittet den Pfarrer, sich das Bild noch einmal anschauen zu dürfen, und sagt dann wieder: „Ich sehe ein grünes Bild.“ Sie sagt: „Du irrst, es ist rot.“ „Nein“, sagt der Bräutigam, „du irrst, das Bild ist grün.“ Wahrscheinlich hätte diese Diskussion noch Stunden gedauert, wenn der Pfarrer nicht dazwischen gegangen wäre. Er nimmt das Bild und bittet das Paar aufzustehen und sich ganz nah zueinander zu stellen. Der Pfarrer dreht nun das Bild in verschiedene Richtungen, aber immer so, dass die beiden gleichzeitig in diese eine Richtung schauen können. Sie stellen fest, dass das Bild in der einen Richtung rot scheint. Dreht man es in die andere Richtung, sieht es grün aus. Nun stellen beide fest, dass es sich um ein Hologramm

handelt. Der Pfarrer bittet das Paar, sich zu setzen, und sagt: „Sehen Sie, so ähnlich wird es auch in eurem Leben sein. Eine Situation bekommt ihre Bedeutung durch den Blickwinkel des Betrachters. Es kann sein, dass Ihr Partner eine Sache oder ein Bild so sieht und Sie sehen es ganz anders. Vertrauen Sie Ihrem Partner und glauben Sie ihm. Es kann sein, dass er manchmal nicht Ihren Blickwinkel einnehmen kann, weil irgendetwas dazwischen steht. Deshalb wird er die Dinge anders sehen als Sie.“ Das Paar nickt und spricht sich gegenseitig das Vertrauen aus. Und wenn sie nicht gestorben sind, so leben sie noch heute.

Diese Geschichte ist vergleichbar mit der Situation eines Networkers. Er sieht viele Dinge aus einem anderen Blickwinkel als sein Manager. Es mag sein, dass der Networker deshalb auch viele Dinge anders bewertet als sein Manager. Doch er sollte zu ihm Vertrauen haben. Er ist erfahrener und kann aus der nötigen Distanz und mit dem richtigen Blickwinkel die Dinge ganz anders bewerten als ein junger Networker, der sich die Sporen noch verdienen muss. Deshalb ist es so wichtig, dass Sie Vertrauen in die Arbeit Ihres Managers haben und seine Entscheidungen respektieren und nicht in Frage stellen.

MLM-Erfolgsregel Nr. 27

„Atmen Sie dreimal tief ein, bevor Sie Ihren Partner kritisieren. Vergessen Sie nie, dass jedes Ding zwei Seiten hat. Ihr Partner darf seine eigene Meinung vertreten. Statt sich zu streiten, sollten Sie in strittigen Situationen immer einen Kompromiss finden.“

7.04 Machen Sie Dienst nach Vorschrift

„Erfahrung ist der Anfang aller Kunst und jedes Wissens."

Aristoteles

Wenn Sie mein Buch bis zu dieser Stelle gelesen haben, dürften Sie sich über eine solche Überschrift sehr wundern. Schließlich empfehle ich Ihnen, sich Ihre Eigenständigkeit zu bewahren. Dabei bleibe ich auch. Dennoch kommt kein erfolgreiches Network-Unternehmen ohne Dienst nach Vorschrift aus. Im Gegenteil, nur wenn sich alle Networker an einen „Dienstplan" halten, ist das gesamte Unternehmen erfolgreich.

Ich habe Ihnen erzählt, dass ich in fast allen wichtigen europäischen Ländern eigene Vertriebsstrukturen besitze. So ergibt es sich, dass ich mehrere Tage im Monat öfter im Flieger denn hinter dem Schreibtisch sitze. Ich treffe mich regelmäßig und direkt vor Ort mit meinen Networkern zum Erfahrungsaustausch. Wenn ich in diese Länder reise und mich überfällt der „kleine Hunger", mangelt es kaum an Möglichkeiten, schnell eine Kleinigkeit zu essen. Allerdings beschleicht mich noch immer ein ungutes Gefühl, wenn ich mir die eine oder andere Frittenbude von außen anschaue. Ob „Fritten-Paule" oder „Schnitzel Rudolf", diese Namen sind alles andere als Vertrauen erweckend. Wenn ich solche Namen lese, fahre ich weiter und halte Ausschau nach einer ganz bestimmte „Pommes-Bude", die ich immer finde, weil es sie in fast allen Ländern gibt. Die Rede ist natürlich, Sie ahnen es bereits, von McDonalds. Ich bin wahrlich kein Fan von Hamburgern und Big Mäc´s, und dennoch zieht es mich im

Ausland immer wieder zu McDonalds, und das aus gutem Grund. „Da weiß man, was man hat“. Das ist nicht der Werbeslogan der Firma McDonalds, sondern der Firma Henkel für ihr Produkt Persil. Aber egal. Bei McDonalds geht es im Werbespruch mehr um die Liebe. Aber ernsthaft. Das Besondere an McDonalds ist doch zum einen, dass Sie dieses Unternehmen überall auf der Welt finden. Es ist völlig egal, ob Sie sich in Peking, Moskau, Hamburg oder New York aufhalten, hier wie dort finden Sie mindestens ein McDonalds-Restaurant. Zum anderen wissen Sie genau, was Ihnen aufgetischt wird. Die Pommes schmecken überall gleich, der Hamburger sieht überall gleich aus, und auch der BigMäc sieht aus, wie er eben aussieht. McDonalds ist deshalb eines der erfolgreichsten Unternehmen der Welt, weil es der Unternehmensleitung gelungen ist, ihr System tausendfach 1:1 zu kopieren und zu installieren.

Alle McDonalds-Restaurants arbeiten nach diesem einen System. Deshalb, und nur deshalb ist die Qualität überall gleich. McDonalds lässt seine Waren zentral produzieren, um sie im gefrorenen Zustand an jeden Ort der Welt transportieren zu lassen. Diese Produkte werden dann vor Ort innerhalb von wenigen Minuten essfertig serviert. Die meisten Restaurants werden von Franchisenehmern geführt. McDonalds liefert ihnen das komplette Unternehmenskonzept und die dazu gehörenden Produkte. Neben zahlreichen vertraglichen Bedingungen erwartet McDonalds eines: die strikte Einhaltung der Verträge. Diese Verträge regeln, wann, wie und zu welchen Bedingungen die Ware geliefert wird. Jedem Franchisenehmer ist es bei Strafe verboten, seine Waren anderweitig einzukaufen, und das ist auch gut so. Stellen Sie sich einmal vor, jeder Restaurantleiter könnte eigenständig entscheiden, wo er sein Fleisch für den Hamburger einkauft. Dieses Verhalten wäre das Ende der Erfolgsstory von McDonalds. Der Hamburger würde künftig immer anders schmecken, weil das Fleisch von verschiedenen Bauern kommen würde, die ihre Rinder unterschiedlich aufgezogen haben. Achten Sie bei Ihrem nächsten McDonalds-Besuch auch auf die Pommes frites. Auch hier werden Sie keinen Unterschied feststellen. Mitunter habe ich das Gefühl, dass McDonalds die Pommes mit der Schere und einer Schablone zuschneidet, damit die Dinger überall auf der Welt gleich aussehen. Das wäre nicht der Fall, wenn auch hier jeder Restaurantleiter frei entscheiden könnte, wo er seine Kartoffeln einkauft und wer ihm die Pommes frites zubereitet. Natürlich ist bei McDonalds auch geregelt, wie häufig das Fett in der Friteuse auszuwechseln ist. So wird sichergestellt, dass der Geschmack der Pommes frites überall auf der Welt identisch ist.

Wenn Sie das nächste Mal McDonalds einen Besuch abstatten, dann schauen Sie sich auch einmal die Preisliste genauer an. Wenn Sie Zeit und Lust haben, dann machen Sie sich doch einmal die Mühe und zählen die angebotenen Speisen durch. Sie werden überrascht sein, wie wenige Artikel das Unternehmen verkauft. Jede Pommesbude

bietet eine größere Auswahl. McDonalds arbeitet nach der Devise: Weniger ist mehr. Die Kunden wissen ganz genau, was sie bei McDonalds zu erwarten haben, nämlich mindestens den Hamburger, BigMäc oder die Pommes frites. In einer normalen Pommesbude kann es Ihnen passieren, dass es bestimmte Speisen gar nicht gibt oder dass diese Speisen unterschiedlich zubereitet werden. In der einen Bude wird die Currywurst gegrillt, in der anderen Bude gibt es gar keinen Grill. Hier schmeißt die sympathische Fritten-Verkäuferin die Wurst der Länge nach in die heiße Friteuse, deren Fett seit drei Wochen nicht gewechselt wurde. Echte Currywurst-Kenner bekommen bei diesem Anblick einen Schreikrampf. Das kann Ihnen bei McDonalds nicht passieren. Hier weiß jeder Mitarbeiter ganz genau, was er zu tun hat. Es gibt ganz klare Regeln, wie die Speisen zubereitet werden müssen, damit sie den Kunden schmecken. Darüber hinaus gibt es eine klare Anweisung, wie die Mitarbeiter sich zu verhalten haben, damit alle Hamburger gleich gut schmecken. Egal, ob Ali aus der Türkei, Jan aus Ostfriesland oder Sepp aus Bayern, nach einer kurzen Einarbeitungszeit sind alle drei in der Lage, den Hamburger genauso schnell und einfach herzustellen, wie es die amerikanische Unternehmensleitung einheitlich und verbindlich festgelegt hat. Und sollte der Jan einmal nach München umziehen, wird er ohne Probleme bei jeder Münchener McDonalds-Filiale neu anfangen können. Er braucht weder eine Einweisung noch Hilfestellung. Er muss sich nicht einmal umorientieren, denn in jeder McDonalds-Filiale steht die Friteuse für die Pommes frites an der gleichen Stelle. Auch der Getränkeautomat steht immer am selben Platz. Selbst der Standort für die Hamburger-Fertigung ist identisch. Jan müsste sich nicht einmal andere Verpackungsgrößen merken. So gibt es für die Pommes drei unterschiedliche Tütengrößen. Bestellt der Kunde eine kleine Pommes, weiß Jan sofort, zu welcher Tüte er greifen muss. Wünscht ein Kunde dazu noch Mayonnaise oder Ketchup, greift Jan in die entsprechende Schublade und legt die Sauce in einer kleinen, abgepackten Portionstüte aufs Tablett. Bei „Fritten-Paule“ würde das anders funktionieren. Hier darf jeder nach Lust und Laune die Menge der Mayonnaise bestimmen, weil sie mit einem großen Esslöffel aus einem weißen Eimer portioniert wird. Rutscht dabei der Löffel etwas tiefer in den Eimer, fällt die Portion eben größer aus.

Es gibt für mich kein System, das besser organisiert ist als McDonalds. Der Erfolg gibt den Machern Recht. Jeder Franchisenehmer hält sich an die Anweisungen der Franchise-Zentrale. Kein Franchisenehmer würde es wagen, eigene Ideen einzubringen und umzusetzen. Man würde damit nicht nur den Erfolg des eigenen Unternehmens gefährden, sondern das gesamte Unternehmen. Das nenne ich „Dienst nach Vorschrift“, also von den Erfahrungen der Unternehmensleitung zu lernen und ihre „Dienst“-Anweisungen zu befolgen. Schließlich laufen in der Systemzentrale alle Fäden zusammen und hier bündelt sich das Wissen. Dieses Wissen wird in aufbereiteter Form an die Franchisenehmer weitergegeben, damit sie erfolgreich arbeiten können.

Network-Marketing funktioniert nach den gleichen Regeln. Auch hier gibt es ein erfahrenes Management, das in der Lage ist, jedem Networker die Ausbildung zukommen zu lassen, die für seinen Erfolg unabdingbar ist. Darüber hinaus weiß das Management, welche

Dinge und Regeln notwendig sind, um das gesamte Unternehmen nach vorne zu bringen. Wer sich an diese Vorgaben hält und den „Dienst nach Vorschrift" lebt, wird seinen Erfolg nicht verhindern können. Das hat nichts mit Vorschriften im typischen Sinne zu tun wie „Du Chef, ich Angestellter". Hier geht es ausschließlich darum, Menschen erfolgreich zu machen und eine einheitliche Linie nach außen zu vertreten. Die unternehmerische Freiheit des Einzelnen wird dabei zu keiner Zeit gefährdet und in Frage gestellt.

Leider glauben einige neue Networker, sie müssten frischen Wind ins Unternehmen bringen und das Rad neu erfinden. Sie unterstellen, dass alles Bisherige schlecht sei und man es viel besser könne. Als Erstes stellen sie dann die Namensliste in Frage. So etwas würde man nicht brauchen. Schließlich lebt Network-Marketing von Kontakten, und die könne man schließlich auch auf der Straße generieren. Also starten diese „Weltverbesserer" durch und versuchen wider besseres Wissen, nach ihren eigenen Regeln das Geschäft aufzubauen. Weil das aber noch nie funktioniert hat, werden diese Networker scheitern. Das gestehen sie sich natürlich nicht ein. Sie greifen die Unternehmensführung an und fordern Veränderungen, die selbstverständlich ausbleiben. Schließlich hat die Unternehmensleitung bewiesen, dass ihr Konzept funktioniert, sowie sich Networker an die Regeln oder den „Dienst nach Vorschrift" halten. Wie heißt es umgangssprachlich so schön: „Als Tiger gesprungen und als Bettvorleger gelandet." So und nicht anders ergeht es den „Möchtegern-Networkern", die antreten, die Welt zu revolutionieren und alle Regeln des Network-Unternehmens ignorieren.

Alle großen und erfolgreichen Network-Unternehmen arbeiten geschlossen nach einer festgelegten Linie. Hier ist niemand, der sein „eigenes" Ding durchzieht und eine Geschäftsvorstellung nach

Wild-West-Manier ausrichtet. Er hält sich, wie alle im Unternehmen, an die Regeln und Vorgaben. So ist es völlig egal, welche Präsentation Sie zu welcher Zeit an welchem Ort auch immer besuchen werden. Aufgrund der klaren Struktur kennen Sie den genauen Ablauf der Präsentation und wissen genau, was wann gesagt wird.

MLM-Erfolgsregel Nr. 28

„Akzeptieren Sie die Regeln, die Ihr Network-Unternehmen aufgestellt hat. Versuchen Sie nie, Ihren eigenen Kopf durchzusetzen. Nur wenn alle an einem Strang ziehen, geht es voran."

7.05 Besuchen Sie regelmäßig das Geschäftstraining

„Willst du, dass einer in der Gefahr nicht zittert,
dann trainiere ihn vor der Gefahr.“

Aristoteles

„Ich wollte letzte Woche das Geschäftstraining besuchen, hatte aber keine Zeit.“ Diese oder ähnliche Aussagen habe ich in den vergangenen Jahren mehrfach am Tag gehört. Für mich gibt es keine dümmere Aussage. Das Geschäftstraining ist fester Bestandteil unseres Network-Marketing-Geschäftes und damit ein unbedingtes Muss. Wissen Sie, ich kann über die Leute immer nur den Kopf schütteln, die vorgeben, aus zeitlichen Gründen nicht am Training teilnehmen zu können. Wie würde ein Arbeitgeber reagieren, wenn seine Angestellten ihm sagen, dass sie gestern nicht zur Arbeit kommen konnten, weil sie keine Zeit hatten? Ich glaube, das lässt der Arbeitgeber kein zweites Mal gelten, und eh sich der Angestellte versieht, steht er auf der Straße.

Kein Angestellter wäre deshalb so dumm und würde die Arbeit schwänzen. Man muss sich diese groteske Situation einmal bildlich vor Augen führen. Dort, wo die Menschen viel Geld verdienen können, gehen sie nicht hin und finden Tausend Ausreden, warum sie keine Zeit hatten. Dort aber, wo sie für wenig Geld den ganzen Tag schuften müssen, nehmen sie es mit den Terminen sehr genau und fehlen keinen einzigen Tag unentschuldigt. Es ist, als würde ein Gönner Zehn- und Fünfhundert-Euro-Scheine in die Luft schmeißen und Sie greifen nur nach den Zehn-Euro-Scheinen. Lassen Sie es nicht so weit kommen und nehmen Sie die Sache mit dem Network-Marketing sehr ernst. Fehlen Sie keinen Tag und setzen Sie sprichwörtlich Himmel und Hölle in Bewegung, um keinen Termin zu verpassen. Es geht um das Geschäft Ihres Lebens. Es geht um Ihre Zukunft. Es geht um Ihr Leben. Das Geschäftstraining ist mit Abstand der wichtigste feste Wochentermin im Leben eines Networkers. Lassen Sie mich deshalb in symbolischen Worten zusammenfassen, warum Sie keinen Termin verpassen sollten.

Wenn Sie als neuer Networker auf unsere Geschäftspräsentationen kommen, dann stecken wir Ihnen, rein symbolisch, einen Schlüssel ins Kreuz. Daran drehen wir bis zum Anschlag. Diese Situation ist in etwa vergleichbar mit dem Aufdrehen eines Uhrwerkes. So wie nun ein Uhrwerk zu laufen beginnt, so beginnen auch Sie nach dem Geschäftstraining im Wortsinn zu laufen. Das drückt sich durch eine gesteigerte Motivation und eine nicht enden wollende Begeisterung aus. Ihr Leistungsakku ist zu einhundert Prozent aufgefüllt. Schon am nächsten Tag sprechen

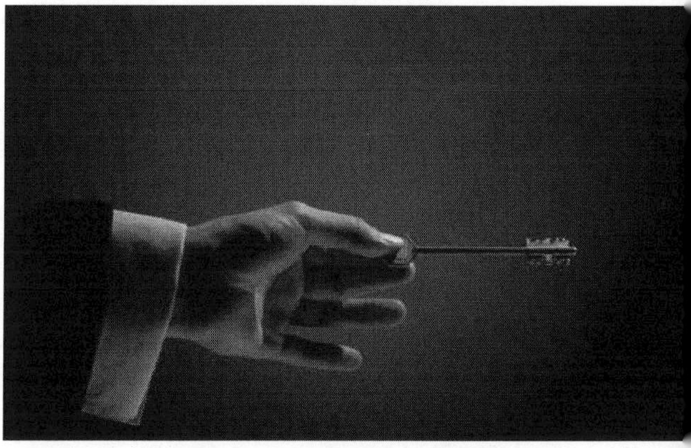

Sie mit einem Dutzend Menschen über Ihr Geschäft. Darüber hinaus kümmern Sie sich um Ihre Vertriebsstruktur. Sie vereinbaren wichtige Nachtermine. Kurzum, Sie sind voll beschäftigt. Das kostet viel Energie und Sie merken schon, wie sich der Schlüssel im Kreuz langsam in Richtung weniger Energie dreht. Je größer die Widerstände im täglichen Geschäft werden, vor denen wir alle nicht gefeit sind, desto schneller dreht sich der Schlüssel im Kreuz, weil viel Energie verbraucht wird. Meine Erfahrung hat gezeigt, dass die Energie, die wir Ihnen in jedem Geschäftstraining verpasst haben, genau für eine Woche reicht. Dann ist Ihr Akku quasi auf Null. Jetzt brauchen Sie einen neuen Schub, also neue Energie. Die bekommen Sie auf dem nächsten Geschäftstraining. Da greifen wir Ihnen tatkräftig unter die Arme, spucken gemeinsam in die Hände und drehen den Schlüssel bis zum Anschlag, so dass Sie Ihre Leistung wieder auf hundert Prozent hochfahren können. So sind Sie für die nächste Woche gestärkt und die Arbeit kann von neuem beginnen. Dieses Procedere wiederholen wir mehrere Wochen hintereinander. Eines Tages werden Sie merken, dass wir Ihnen gar keinen Schlüssel mehr ins Kreuz stecken. Diesmal pflanzen wir Ihnen eine Batterie ein. Eine Batterie hält, das weiß jedes Kind, natürlich deutlich länger. Ferner gibt sie auch mehr Kraft als ein „mechanisches“ Uhrwerk. Diese Kraft brauchen Sie, weil Sie jetzt Ihren und anderen Geschäftspartnern den Schlüssel ins Kreuz stecken und daran drehen, bis deren Leistungspegel auf einhundert Prozent angestiegen ist. Aufgrund Ihrer Power haben Sie jetzt Kraft genug, anderen davon abzugeben. Sie werden sehen, wie einfach und schnell das gehen kann. Vorausgesetzt, Sie sind immer auf den Geschäftspräsentationen. Je öfter Sie dabei sind, desto schneller erhalten Sie Ihre ganz persönliche Batterie. Wenn Sie diese Stufe erreicht haben, werden Sie spüren, wie sich diese Entwicklung positiv auf Ihrem Bankkonto auswirken wird.

Die Batterie ist schon gut, doch das Maß aller Dinge ist die Solarzelle. Wenn Sie mit Ihrer Batterie lang genug gearbeitet haben, pflanzen wir Ihnen statt einer neuen Batterie jetzt Solarzellen ein. Die haben noch mehr Kraft, schließlich ist die Sonnenenergie eine der stärksten Energiequellen überhaupt. Mit diesen Solarzellen brauchen Sie sich nur noch in die Sonne zu stellen, um Ihre Batterien aufzuladen. Wann immer Sie das Bedürfnis haben, sich in die Sonne zu stellen, tun Sie es. So werden Sie Kraft haben, nicht nur die Schlüssel im Kreuz Ihrer Mitarbeiter umzudrehen, sondern auch den anderen Mitarbeitern die Batterien einzupflanzen.

Ich hatte Ihnen an verschiedenen Stellen dieses Buches einige Beispiele selbstständiger Unternehmer genannt, die sehr viel Geld in ihre Unternehmen investierten und doch gescheitert sind. So investierte ein Autohändler 250.000 Euro in seine Autowerkstatt. Um diese hohen Schulden zu tilgen, arbeitete er wie ein Berserker bis zum Umfallen. Alles dem großen Ziel untergeordnet, finanzielle Freiheit zu erlangen. Das ist, wie Sie gesehen haben, schwer, wenn man sein Unternehmen mit Schulden beginnt. Da haben es die Networker leichter. Sie zahlen teilweise eine Einschreibgebühr von nur 25 Euro und haben ein Geschäftskonzept, was sie unendlich reich machen kann. Doch dafür müssen sie arbeiten. Viel arbeiten.

Ich bin mir sicher, dass einige Networker ebenfalls rund um die Uhr arbeiten würden, wenn sie eine Einschreibgebühr von 250.000 Euro gezahlt hätten. Dann wüssten sie, dass sie sich bewegen müssen, um diese Schulden zu tilgen. Natürlich ist eine solche Summe utopisch. Wie gesagt, teilweise ist man schon mit nur 25 Euro dabei, und das ist auch gut so. Wenn man dann verstanden hat, worum es bei diesem Geschäft geht, arbeitet man genauso viel wie die Menschen mit ihren 250.000 Euro Schulden, nur eben ohne Schulden. Dann kann man seinen Erfolg nicht mehr verhindern. Gewinne ohne Schulden machen Sie zum reichen Networker.

MLM-Erfolgsregel Nr. 29

„Das Geschäftstraining ist die Stütze Ihres Geschäfts. Versäumen Sie deshalb keinen einzigen Termin."

7.06 Investieren Sie in Ihre Ausbildung

„Streng dich an. Versuche soviel Ausbildung wie möglich zu bekommen, und dann, um Himmels willen, tu etwas."

Lee Iacocca

Ein Wanderer läuft durch den Wald. Als er auf eine Lichtung kommt, sieht er einen Waldarbeiter, der Holz zersägt. Der Wanderer hält kurz inne und beobachtet den Arbeiter, der sich mühsam quält. Die Säge stockt und klemmt, sodass es dem Arbeiter sehr schwer fällt, den Holzstamm durchzusägen. Der Wanderer kann sich dieses „Elend" nicht länger anschauen. Er geht auf den Waldarbeiter zu und sagt: „Guten Tag, gestatten Sie mir den Hinweis, dass Ihre Säge total stumpf ist. Deshalb ist das Sägen damit sehr schwierig. Sie sollten die Säge schärfen, dann geht Ihnen die Arbeit leichter von der Hand." Der Waldarbeiter schüttelt nur ungläubig den Kopf und sagt: „Dazu habe ich keine Zeit, ich muss sägen."

In der Tat ist es so, dass wir unnötig viel Zeit verlieren, wenn wir uns mit den falschen Werkzeugen abmühen oder wenn unser Werkzeug nicht in Ordnung ist. Für einen Networker ist es fast lebenswichtig, zu jeder Zeit das richtige Werkzeug parat zu haben. Dennoch reicht ein Werkzeug allein nicht aus. Im Grunde genommen haben wir einen ganzen Werkzeugkasten, aus dem wir, je nach Situation, das richtige Werkzeug herausholen. Dabei handelt es sich nicht etwa um materielle Werkzeuge wie Papier, Bleistift und Kugelschreiber. Unsere Werkzeuge sind eher geistiger Natur und sehr vielseitig. Deshalb können wir nicht einfach in den nächsten Baumarkt rennen und unser Werkzeug kaufen, so wie ein Heimwerker eine Bohrmaschine oder einen Schraubenzieher. Unser Werkzeug müssen wir sprichwörtlich selbst herstellen, und zwar durch learning by doing. Mit anderen Worten: Wir müssen die Geschäftstrainings besuchen, an Weiterbildungsseminaren teilnehmen und in Workshops unser Können unter Beweis stellen. Diese Arbeit müssen wir uns machen, doch durch diese Ausbildung wird uns unsere Arbeit viel leichter von der Hand gehen.

Ich habe Ihnen im vorherigen Kapitel aufgezeigt, wie wichtig Ihre Anwesenheit bei den Geschäftstreffen ist. Genauso wichtig sind Ihre Besuche bei den anderen Veranstaltungen Ihres Network-Unternehmens. Hier erhalten Sie das Rüstzeug bzw. die „Werkzeuge", die Sie für Ihr Geschäft dringend benötigen. Darüber hinaus treffen Sie hier auf Gleichgesinnte, mit denen Sie Ihre Erfahrungen regelmäßig austauschen können und sollten. Je öfter Sie von diesen Möglichkeiten Gebrauch machen, desto schneller werden Sie erfolgreich, weil Sie lernen, wie Sie Fehler vermeiden und Erfolge ausbauen können. Ihre Partner haben ein Recht darauf, dass Sie über ein grundsolides Basiswissen verfügen. Schließlich sind Sie so etwas wie ein Vorbild.

Stellen Sie sich vor, Ihr Blinddarm bereitet Ihnen große Probleme. Sie entscheiden sich zur Operation. Als Sie der Länge nach auf dem OP-Tisch liegen, kommt der nette Chirurg an den Tisch und gratuliert Ihnen, weil Sie sein allererster Patient überhaupt sind. Sie erschrecken, der Angstschweiß perlt Ihnen von der Stirn. Mit allem hatten Sie gerechnet, aber nicht damit, dass Sie hier Versuchskaninchen spielen müssen. Die Anästhesistin will Ihnen gerade Ihre Ration Narkosegas einpumpen, da bäumen Sie sich ein letztes Mal auf und fragen den Arzt: „Okay, Doc, ich habe damit nicht gerechnet, aber ich kann doch davon ausgehen, dass Sie über eine fundierte Ausbildung verfügen?" Der Arzt beruhigt Sie: „Selbstverständlich dürfen Sie davon ausgehen. Schauen Sie, ich habe mein gesamtes Wissen aus guten Büchern. Ich habe zwar nie eine Universität von innen gesehen, aber das war auch gar nicht notwendig. Zu Hause hatte ich viel mehr Ruhe. Die Kinder waren vormittags in der Schule, meine Frau ging halbtags arbeiten, und so hatte ich den ganzen Vormittag Zeit, mich auf meine Ausbildung zum Arzt zu konzentrieren und mir das Wissen anzueignen. Ich habe die Ausbildung mit Auszeichnung bestanden. Jetzt ist es an der Zeit, mein theoretisches Wissen in die Praxis umzusetzen." Ich glaube kaum, dass Sie jetzt noch bereit sind, sich rücklings auf den OP-Tisch zu legen. Sie werden sprichwörtlich die Beine in die Hand nehmen und das Weite suchen bzw. ein neues Krankenhaus. Ich kann Ihre Reaktion durchaus verstehen. Niemand umgibt sich gern mit Theoretikern.

Wir haben es in unserem Geschäft zwar nicht mit Patienten zu tun, aber mit Menschen. Deshalb darf jeder Mensch von Ihnen erwarten, dass Sie über eine fundierte Ausbildung verfügen. Darüber hinaus sollten Sie das Geschäft aus dem Effeff beherrschen. Sie sollten auch in der Lage sein, Ihr Produktwissen auf den Punkt zu bringen, und zwar so, wie es die Situation beim Kunden erfordert. Bekanntlich liegt die Würze in der Kürze. Kunden wollen nicht belehrt oder mit unnötigem Wissen voll gestopft werden.

Erkundigen Sie sich noch heute nach den nächsten Ausbildungsterminen in Ihrem Network-Unternehmen.

MLM-Erfolgsregel Nr. 30

„Eine Investition in Wissen bringt noch immer die besten Zinsen."

7.07 Spielen Sie das Klavier Ihres Lebens

„Mach das Beste aus dir, etwas Besseres kannst du nicht tun."

Ralph W. Emerson

Mit der richtigen Ausbildung werden Sie sehen, dass die Dinge plötzlich viel einfacher werden. Es gelingt Ihnen, schneller zum Termin und damit zum Abschluss zu kommen. Sie gehören jetzt zu den Menschen, die das „Klavier ihres Lebens" perfekt bedienen können. Sie haben sich abgesetzt vom Feld der Klavierspieler, die nur ab und zu einen Ton anschlagen. Alle Menschen sitzen im Wortsinn vor dem Klavier ihres eigenen Lebens und bestimmen, welches Stück gespielt wird. Je besser Sie dieses Klavier beherrschen, desto einfacher und müheloser werden Sie auch die schwierigsten Stücke spielen. Meisterhaft und erfolgreich. Die anderen, die ebenfalls vor dem Klavier sitzen, haben nie gelernt, mit diesem Instrument richtig umzugehen. Sie sind neun Jahre zur Schule gegangen, haben eine Ausbildung abgeschlossen und arbeiten nun schon seit mehreren Jahren für einen kargen Hungerlohn in irgendeiner großen Fabrikhalle. Ständig die Angst im Nacken, morgen den Arbeitsplatz zu verlieren. Diese Angst lähmt, und so haben es diese Menschen „vergessen", sich weiterzubilden, um ihre Position am Arbeitsmarkt zu verbessern. Kein Wunder also, dass sie das Klavier ihres Lebens nicht wirklich spielen können. Es bleibt ihnen nur die Möglichkeit, hin und wieder nur einen einzigen Ton anzuspielen. Eine ganze Tonfolge schaffen sie nicht. Also nehmen sie den Zeigefinger und drücken eine schwarze Taste. „Bäng", schallt es aus dem

Klavier. Der vermeintliche Klavierspieler freut sich. Endlich, ein Ton! Für ihn ein großes Erfolgserlebnis. Also probiert er es noch einmal. Diesmal drückt er eine weiße Taste. „Bumm". Hurra, wieder ein Ton. Diese Symbolik ist einfach auf unser Leben übertragbar. So könnte der erste Tastendruck für eine Lohnerhöhung von 2 Prozent (!) stehen. Aus meiner Sicht ein sehr schlechtes Ergebnis, aber für einen Menschen, der das Klavier des Lebens nicht spielen kann, ein Erfolgserlebnis. Der zweite Tastendruck steht für die Anschaffung eines neuen Autos. Beileibe kein Neuwagen, den kann sich ein schlechter Klavierspieler gar nicht leisten. Es reicht gerade einmal für einen gebrauchten Wagen aus dritter Hand. So hangeln sich diese Menschen von einem „Erfolgserlebnis" zum anderen, indem sie ein- bis zweimal pro Jahr in die „Tasten hauen", um nur einen Ton oder vielleicht auch einen zweiten Ton auf dem Klavier des Lebens spielen zu dürfen.

Sie dagegen, der Sie nun das Geschäft Ihres Lebens kennen gelernt haben, unterscheiden sich von diesen Nichtspielern. Sie sind in der Lage, so richtig in die Tasten zu hauen und das Stück Ihres Lebens zu spielen. Sie können es, weil Sie von Ihren Sponsoren gelernt haben, wie und in welcher Reihenfolge Sie die Tasten zu drücken haben, damit ein ordentliches Stück herauskommt. Spielen Sie weiter. Hören Sie nie auf. Denken Sie daran, alle großen Musiker üben täglich. Kein noch so großer Star würde auf die Bühne treten, ohne ständig zu üben. Genauso funktioniert unser Geschäft. Sie müssen täglich an sich und Ihrem Geschäft arbeiten. Nur so ist es möglich, zu den Besten zu gehören.

Nun gibt es Networker, denen geht ihre eigene Entwicklung nicht schnell genug. Sie wollen das Klavierspielen in wenigen Tagen erlernen und wundern sich dann, dass es nicht geht. Ich begrüße es, wenn Sie Ihre Energie voll und ganz in Ihr Network-Marketing-Geschäft investieren, doch sollten Sie immer darauf achten, dass alles im Leben seine Zeit braucht. Bekanntlich wurde Rom auch nicht an einem Tag erbaut. Sie dürfen nicht nervös werden, wenn es augenscheinlich nicht schnell genug geht. Es ist wie in der Pflanzenwelt. Wer z. B. einen Bambus pflanzt, braucht auch hier einen sehr langen Atem. Zunächst einmal werden die Sprossen unter der Erdoberfläche eingegraben. Danach wird die Stelle mit ein wenig Heu bedeckt und jeden Morgen gewässert. Im Grunde genommen drängt sich der Eindruck auf, man gieße einen Haufen Heu, denn die Sprossen werden vom Heu und von der Erde komplett bedeckt. Nun ist es für jeden Gärtner eine Verpflichtung, diese Stelle jeden Tag zu wässern, damit er eines Tages ein gutes Ergebnis erhält. Doch bis dahin ist es ein langer Weg, und so muss immer wieder das Unkraut entfernt und der Boden laufend aufgelockert werden, damit der Bambus prächtig wachsen kann. Nie vergessen sollte man dabei, jeden Morgen aufs Neue zu gießen, und das ganze vier Jahre lang! Vier lange Jahre, in denen der Gärtner die Sprossen nicht sieht. Schlimmer noch, er weiß in diesen vier Jahren nicht, ob die Saat aufgeht. Vielleicht sind die Sprossen trotz aller Sorgfalt vertrocknet. Dann waren die Mühe und die Arbeit umsonst. Im anderen Fall, der sehr viel häufiger eintritt, bricht am Ende des vierten Jahres der Boden auf und die Bambussprossen schießen aus der Erde. Jetzt endlich wächst der Bambus der Sonne entgegen, zig Meter.

Es gibt keine Patentrezepte, nach denen Sie Ihren Weg zum Erfolg verkürzen können. So individuell wie Ihr Fingerabdruck, so individuell ist auch der Weg, den Sie im Network-Marketing zurücklegen müssen. Genauso wie ein Wanderer, der im Wald auf einen Holzfäller bei der Arbeit trifft. Der Holzfäller sägt und sägt und sägt. Deshalb muss der Wanderer richtig lautstark brüllen: „He Sie", ruft er in den Wald, „wie lange brauche ich noch bis nach Prag?" Der Holzfäller schaut ihn fragend an, nimmt seine Säge und sägt weiter. Ritsche ratsche, ritsche ratsche klingt es nur noch. Der Wanderer gibt nicht auf und versucht es ein zweites Mal: „He Sie! Sie sind doch von hier! Können Sie mir sagen, wie lange ich noch bis nach Prag brauche?" Der Holzfäller dreht sich zu ihm, schaut ihn an, greift diesmal zum Beil und hackt weiter auf das Holz ein, tscheng, tcheng, tscheng. Da wird es dem Wanderer zu viel. Er glaubt, er habe es hier mit einem Deppen zu tun. Deshalb greift er sich seinen Rucksack und läuft weiter. Nach ein paar Schritten ruft der Holzfäller plötzlich: „45 Minuten". Wie angewurzelt bleibt der Wanderer stehen, dreht sich um, schaut dem Holzfäller direkt ins Gesicht und sagt: „Ich habe Sie vorhin nett und höflich gefragt, wie lange ich noch nach Prag brauche, und Sie gaben mir keine Antwort. Jetzt, wo ich weiterlaufe, sagen Sie mir 45 Minuten.“ Daraufhin antwortet der Holzfäller: „Tja, ich musste ja erst einmal sehen, wie schnell Sie laufen.“

Ihr Manager wird Sie eine Zeit lang beobachten. Wenn er weiß, wie Sie denken, handeln und Ihr „Klavier spielen“, kann er Ihnen sagen, wie lange Sie brauchen werden, um Ihre finanzielle Unabhängigkeit zu erreichen. Wie lange es auch immer dauern mag, verlieren Sie nie die Geduld. Ihre Zeit wird kommen, und deshalb sollten Sie üben, üben und nochmals üben.

MLM-Erfolgsregel Nr. 31

„Übung macht bekanntlich den Meister. Deshalb sollten Sie sich bemühen, jeden Tag ein bisschen besser zu werden.“

7.08 Seien Sie anders als andere

„Behandle die Menschen so, als wären sie, was sie sein sollten, und du hilfst ihnen zu werden, was sie sein können."

Goethe

Ich gehe doch richtig in der Annahme, dass Sie die Geschichte vom Rotkäppchen und dem bösen Wolf kennen, oder? Ich glaube, dass jedes Kind mit Märchen der Gebrüder Grimm groß geworden ist oder groß werden wird. Ob Frau Holle, der gestiefelte Kater oder eben Rotkäppchen, alles vertraute Namen und Geschichten, die für immer in unser Bewusstsein eingebrannt sind. Wenn Sie den Namen Rotkäppchen hören oder lesen, was kommt Ihnen da spontan in den Sinn? Mit Sicherheit läuft vor Ihrem geistigen Auge eine Art Film ab. Sie sehen vielleicht ein kleines Mädchen mit langen blonden Haaren und zwei Zöpfen. Auf ihrem Kopf hat sie ein kleines Käppchen (heute würden wir Mütze dazu sagen). Sie trägt einen Picknickkorb und hüpft durch den Wald, usw. Gut, das ist der Inhalt dieser Geschichte. Danach habe ich aber nicht gefragt. Mir geht es um etwas ganz anderes. Für mich ist diese Geschichte nämlich einer der besten Beweise, dass Marketing schon zu allen Zeiten hervorragend funktionierte. Die Märchenerzähler hätten dem Kind doch auch einen anderen Namen geben können und die Geschichte vielleicht „Maria und der große böse Wolf" genannt. Stattdessen verzichteten sie auf den Namen und sprachen nur noch von dem Mädchen mit der roten Kappe, eben Rotkäppchen, und jeder weiß, wer gemeint ist.

Diese Erkenntnis ist für jeden erfolgsorientierten Menschen von bahnbrechender Wichtigkeit. In einer Zeit, wo der Begriff Informationsinflation kein Fremdwort mehr ist, haben die Menschen gelernt, vieles wieder zu vergessen. Es passiert doch häufig, dass wir auf einen netten unbekannten Menschen treffen, ein paar Worte mit ihm wechseln und ihn dann wieder vergessen. Aus den Augen, aus dem Sinn. Läuft man sich drei Tage später wieder über den Weg, kennt man seinen Namen nicht mehr und weiß auch sonst nicht mehr, wo man sich schon einmal begegnet ist.

Unser Verhalten ist kein Vorbote von Alzheimer, sondern das Ergebnis einer sich immer schneller verändernden Welt mit ihren Höhen und Tiefen. In diesem Dilemma steckt jeder Mensch. Sie als Networker leben aber davon, dass man sich an Sie erinnert. Damit steht und fällt Ihr geschäftlicher Erfolg. Um sich von der breiten Masse abzuheben, brauchen Sie ein „Erkennungsmerkmal", das Menschen in bestimmten Situationen dazu bringt, an Sie zu denken und nicht an den Wettbewerber. Nun müssen Sie natürlich kein rotes Käppchen aufsetzen, wenn es um diesen „Wiedererkennungseffekt" geht. Das wäre nicht nur albern, sondern sähe auch noch etwas komisch aus, wenn Sie zu Ihrem dunkelblauen Geschäftsanzug eine rote Kappe tragen würden. Dennoch gibt es aber zwei Persönlichkeiten, für die diese rote Kappe zum unverwechselbaren Markenzeichen geworden ist. Die Rede ist natürlich von den beiden legendären Rennfahrern Michael Schumacher und Nikki Lauda. Diese Männer leben das „Marketing-Märchen" vom Rotkäppchen und betreiben Marketing in Reinkultur.

Es ist an Ihnen, anzufangen. Sie müssen den ersten Schritt tun und nicht die anderen.

MLM-Erfolgsregel Nr. 32

„Schon Konfuzius sagte: „Auch eine Reise von tausend Meilen beginnt mit dem ersten Schritt." Ihre Erfolgsreise zur finanziellen Unabhängigkeit beginnt ebenfalls mit dem ersten Schritt. Sie müssen nur anfangen. Nicht irgendwann, sondern jetzt!"

7.09 Vereint sind auch die Schwachen mächtig

„Mit einer Hand lässt sich kein Knoten knüpfen."

Sprichwort aus der Mongolei

Seien Sie anders als andere, das ist die Botschaft aus den vorherigen Kapiteln. Doch Sie dürfen diese Aufforderung nicht damit gleichsetzen, alles allein machen zu wollen. Network-Marketing ist ein Teamgeschäft und funktioniert am besten, wenn sich alle gegenseitig unterstützen. Für notorische Eigenbrötler ist hier kein Platz.

Schauen Sie sich die Tiere an, die in der unwirtlichen Steppe leben. Viele der exotischen Tiere, die wir nur in heimischen Zoos besichtigen können, leben hier in freier Wildbahn und in großen Herden, ständig auf der Suche nach Futter und Wasser. Ob Zebras, Gnus, Antilopen und Giraffen, sie alle leben so lange friedlich in der Herde, bis der König der Tiere, der ebenfalls in der Steppe sein Unwesen treibt, eines der Tiere zerreißt. Es zerreißt einem im Wortsinn das Herz, wenn man beobachtet, wie diese schönen Tiere durch die wuchtige Pranke eines Löwen sterben müssen. Es ist sicherlich kein schöner Anblick, und doch ist es für das Überleben der Löwen wichtig. Genauso wie die meisten Menschen nicht auf ihr saftiges Steak verzichten möchten, so will auch der Löwe nicht auf seine tägliche Portion Fleisch verzichten. Trotz der großen Herden, die zahlenmäßig einem einzigen Löwen überlegen sind, gelingt es ihm, sich ein Tier zu holen. In echtem Manager-Deutsch würde man sagen, dass der Löwe mit einer klaren Strategie vorgeht. Statt sich eines der Tiere auszusuchen, treibt er die Herde so lange vor sich her, bis das schwächste Tier zurückbleibt, während die Herde um ihr Leben rennt. Das schwächste Tier ist nun nicht mehr in der sicheren Obhut der Herde und damit eine leichte Beute für den Löwen. Mit einem gezielten Biss ins Genick wird es getötet.

Wenn Sie sich gerne Tierfilme anschauen, dann wird Ihnen aufgefallen sein, dass die Löwen nicht nur über die schwächeren Tierarten herfallen. Ich habe einige Filmszenen beobachtet, wo ein Löwe am Wasserloch mit einem riesigen Büffel kämpfte und am Ende als Sieger hervorging. Wieso schaffte er das? Nun, es gibt Büffel, die halten sich für die Größten, Stärksten und die Besten. Ganz im Sinne des Sprichwortes „Übermut tut selten gut“ marschieren diese „überheblichen“ Büffel allein an die Wasserstelle. Sie sind fest davon überzeugt, dass sie den Angriffen eines Tieres standhalten werden. Schließlich sind sie die Größten, Stärksten und die Besten. So lange, bis ein Löwe zum alles entscheidenden Sprung ansetzt und mit einem gezielten Biss das Tier erledigt.

Diese beiden Ereignisse verdeutlichen, dass der, der sich von der Gruppe absondert, weil er sich für den Größten, den Besten und Stärksten hält, keine Chance hat. Die Starken werden genauso gerissen wie die Schwachen. Nur wenn wir uns gegenseitig unterstützen, können wir wachsen. So wie in einer alten Geschichte, die ich immer gern erzähle.

Ein Rabbi kommt zu Gott und fragt ihn: „Herr, ich möchte die Hölle sehen und auch den Himmel.“ Gott spricht zu ihm: „Nimm Elisa als Führer, er wird dir beides zeigen.“ Der Prophet nimmt den Rabbi bei der Hand und führt ihn in einen großen Raum. Ringsum sitzen Menschen mit langen Löffeln. In der Mitte, auf einem Feuer kochend, ein Topf mit einem köstlichen Gericht. Alle schöpfen mit ihren langen Löffeln aus dem Topf. Aber die Menschen sehen mager aus, blass, elend. Kein Wunder: Ihre Löffel sind zu lang. Sie können sie nicht zum Munde führen. Das herrliche Essen ist nicht zu genießen. Die beiden gehen hinaus. „Welch seltsamer Raum war das?“, fragt der Rabbi den Propheten. „Die Hölle“, lautet die Antwort. Sie betreten einen zweiten Raum. Alles genau so wie beim ersten. Auch hier sitzen ringsum Menschen mit langen Löffeln. In der Mitte, auf einem Feuer kochend, ein Topf mit einem köstlichen Gericht. Alle schöpfen mit ihren langen Löffeln aus dem Topf. Aber ein Unterschied zu dem ersten Raum: Diese Menschen sehen gesund aus, gut genährt, glücklich. „Wie kommt das?“, will der Rabbi wissen. Als er noch einmal genau hinschaut, erkennt er den Unterschied zum ersten Raum. Hier schieben sich die Menschen die Löffel gegenseitig in den Mund. Sie geben einander zu essen. Da weiß der Rabbi, wo er ist.

Sie sehen, wir Networker sind im Himmel des Erfolges, wenn wir alle fest zusammenhalten und uns gegenseitig unterstützen.

MLM-Erfolgsregel Nr. 33

„Im Team, in der Gemeinschaft, sind Sie stark und unschlagbar. Sie sind Teil dieser starken Gemeinschaft. Das ist eine Herausforderung und eine Verpflichtung zugleich.“

7.10 Schauen Sie immer nach oben

„Verfallen wir nicht in den Fehler, bei jedem Andersmeinenden entweder an seinem Verstand oder an seinem guten Willen zu zweifeln.“

Otto Fürst von Bismarck

In jedem erfolgreichen Network-Team gibt es einen Manager, dem Sie das Vertrauen aussprechen sollten. Denken Sie immer daran, er ist bereits dort, wo Sie noch hin möchten. Denken Sie auch daran, dass es besser ist, sich von einem erfahrenen Praktiker in die Geschäftsgeheimnisse einweihen zu lassen, als alle Fehler nochmals neu zu machen.

Ein Esel, ein Löwe und ein Fuchs gingen auf Hasenjagd. Am Ende eines ziemlich erfolgreichen Tages hatten sie einen großen Haufen Hasen erlegt. Der Löwe sagte zum Herrn Esel: „Ich möchte, dass Sie die Hasen fair unter uns dreien verteilen.“ Also verteilte der Esel die Hasen in drei gleich große Haufen und meinte: „Wie wär´s damit?“ Der Löwe warf sich sofort auf den Esel und tötete ihn. Dann stapelte der Löwe alle Hasen auf den Esel und machte wieder einen großen Haufen daraus. Jetzt wandte sich der Löwe an Herrn Fuchs und sagte zu ihm: „Ich möchte, dass Sie die Hasen fair unter uns beiden verteilen.“ Der Fuchs lief zu dem großen Haufen, nahm einen mickrigen kleinen Hasen vom Stapel und sagte: „Der große Haufen ist für Sie, Herr Löwe.“ Der Löwe fragte: „Wo haben Sie gelernt, die Dinge so fair zu verteilen?“ Darauf antwortete der Fuchs: „Herr Esel hat mir das beigebracht.“ Was will uns diese Geschichte lehren? Nun, nicht das, was wir für richtig halten, muss immer richtig sein. Oft ist es besser, auf jemanden zu hören, der mehr Erfahrung hat als wir. Mit anderen Worten: Wer aus seinen eigenen Fehlern lernt, ist klug. Wer aber aus den Fehlern anderer lernt, ist weise. Schon Konfuzius mahnte vor 2.500 Jahren:

> *„Der Mensch hat dreierlei Wege, klug zu handeln. Erstens durch Nachdenken: das ist der edelste. Zweitens durch Nachahmen: das ist der leichteste. Drittens durch Erfahrung: das ist der bitterste."*

Auch Sie haben diese drei Möglichkeiten, von denen Sie aber weiß Gott nicht alle nutzen sollten. Den ersten Weg haben Sie bereits erfolgreich abgeschlossen. Sie haben nachgedacht, wie Sie mehr Geld verdienen können. Ihr Denken hat Sie zum Network-Marketing gebracht. Damit sind Sie auf dem richtigen Weg. Den dritten Weg sollten Sie vergessen. Wozu noch teures Lehrgeld bezahlen, wenn es auch einfacher geht? Also bleibt jetzt nur noch der zweite Weg: durch Nachahmen! Wer als Ihr Manager wäre geeigneter, Ihnen Ihren Weg zur finanziellen Freiheit zu zeigen? Vertrauen Sie ihm und Sie werden Ihren Erfolg nicht mehr verhindern können.

Kennen Sie die springenden Hirten aus dem Morgenland? Die springen nicht etwa, weil sie sich so freuen. Sie springen, weil sie Hirten sind. Und wie das bei den naturverbundenen Menschen so Sitte ist, trifft man sich des Öfteren zum großen „Sit-in". Dazu führen die Hirten ihre Herden auf einer großen Weide zusammen. Während die Herde frisst, hocken die Hirten zusammen und halten Smalltalk. Wenn man so zusammen sitzt und sich die neuesten Storys erzählt, kann es schon einmal passieren, dass man die Dinge, die um einen herum geschehen, nicht mehr wahrnimmt. So auch bei dieser Gesprächsgruppe, die in der Vergangenheit des Öfteren eines ihrer Tiere verloren hatte, weil sich ein Löwe an die Herde schlich und sich ein Tier schnappte. Um das zu verhindern, haben die Hirten einen aus ihrer Gruppe zum Aufpasser bestimmt. Im Sitzen hat er keinen Überblick, den verschafft er sich dadurch, dass er springt. So sieht er sofort, wenn Gefahr in Verzug ist und ein Löwe sich der

Herde nähert. In diesem Moment kann der springende Aufpasser einen Warnschrei ausrufen und jeder aus der Gruppe weiß, was dann zu tun ist. So konnte durch die Aufpasser der Bestand der Herde gesichert werden.

Auch wenn der Vergleich ein wenig hinkt, aber so, wie die springenden Hirten sich verhalten, so verhält sich auch Ihr Manager. Er springt zwar nicht auf und ab, doch er kann aufgrund seiner langjährigen Erfahrung Gefahren und Chancen „wittern". Als Aufpasser sitzt er ganz oben und er weiß, welche Maßnahmen in einer bestimmten Situation zu ergreifen sind. Je mehr Sie ihm Vertrauen, desto leichter wird die Arbeit für Sie.

Dass die Jäger von einem Hochsitz die beste Übersicht haben, ist bekannt. Niemand würde auf die Idee kommen, eine Jagd aus der so genannten Froschperspektive zu planen. In welche Richtung sollte die Jagdgesellschaft denn schießen? Wer von unten nach oben schaut, kann nie wissen, wo es langgeht. Umgekehrt wird ein Schuh draus, wie ein altes rumänisches Sprichwort ausdrückt. Wer oben sitzt, kann denen da unten den richtigen Weg zeigen. Auch Ihr Manager sitzt ganz oben, gleichermaßen auf einer Art Hochsitz. Betrachten Sie ihn als Wegweiser und sehen Sie in dieser Konstellation keine Belehrung. Wenn Sie es wirklich wollen, dann werden auch Sie eines Tages einen Hochsitz besteigen und Ihren Kollegen die Richtung zeigen. Dann werden Sie Dinge sehen und erkennen, die Ihnen als Anfänger verborgen blieben. Ein gewissenhafter Manager handelt dabei nicht nur intuitiv.

Das Gegenteil ist der Fall. Der Manager handelt aufgrund seines Wissens und seiner Erfahrung. Durch eine hervorragende Ausbildung, begleitet durch Schulungen und Weiterbildungen, hat Ihr Manager durch sein Network-Unternehmen das nötige Rüstzeug erhalten, um alle Menschen zu erfolgreichen Networkern auszubilden. Deshalb ist es so wichtig, dass Sie ihm vertrauen. Er meint es ehrlich mit Ihnen, und er möchte, dass Sie erfolgreich werden. Wenn Ihnen Ihr Manager Hinweise, Tipps und Anregungen gibt, dann sollten Sie diese nicht in den Wind schießen, sondern dankbar annehmen und anwenden. Auch wenn Sie nicht immer den Sinn des Ganzen sofort erkennen, sollten Sie voller Vertrauen Ihre Arbeit verrichten. Der Erfolg wird sich schon bald einstellen.

MLM-Erfolgsregel Nr. 34

„Vertrauen kommt von trauen. Trauen Sie Ihrem Manager zu, dass er nur eines im Sinn hat: Ihren Erfolg. Deshalb sollten Sie ihm vertrauen."

7.11 Danken Sie Ihrem Gastgeber, dass er die Tür aufgehalten hat

„Ein guter, edler Mensch, der mit uns gelebt, kann uns nicht genommen werden; er lässt eine Spur zurück gleich jenen erloschenen Sternen, deren Bild nach Jahrhunderten die Erdbewohner sehen."

Thomas Carlyle

Ihrem Manager sollten Sie dankbar sein, weil er Ihnen die Möglichkeit gibt, Ihre finanzielle Freiheit zu erlangen. Aber es gibt noch einen anderen Menschen, dem Sie unendlich dankbar sein sollten. Können Sie sich vorstellen, von wem die Rede ist? Nun, bevor ich zur Auflösung des „Rätsels" komme, möchte ich Ihnen eine kleine Geschichte aus dem Land der unbegrenzten Möglichkeiten erzählen.

Wer es in Amerika geschafft hat und es zu Reichtum und Ansehen gebracht hat, wird nach allen Regeln der Kunst hofiert. Im Gegensatz zu Deutschland. Hier wird nur hinter vorgehaltener Hand getuschelt, dass der oder die es geschafft haben. In Amerika dagegen feiert man und macht ein riesiges Fass auf. So lässt man auch seine Freunde und Bekannten am Erfolg teilhaben. Natürlich interessiert sich auch die Presse für diese Menschen. Es trug sich zu, dass ein sehr reicher Unternehmer ein großes Jubiläum feierte. Er führte ein sehr großes und erfolgreiches Unternehmen. Geld hatte er im Überfluss. Da zu diesem Jubiläum auch einige Reporter anwesend waren, wollten sie es von dem Unternehmer ganz genau wissen und fragten ihn, wie er zu diesem unermesslichen Wohlstand gekommen sei. Doch bevor er antworten konnte, fragte ein anderer Reporter, ob es irgendjemanden im Leben des Unternehmers gäbe, dem er danken möchte, weil er für seinen Erfolg mitverantwortlich sei. „Ja", sagte der Unternehmer, „einen Menschen gibt es, dem würde ich gerne danken. Ich würde ihm sogar die Hälfte meines Vermögens abgeben." Der Unternehmer führte weiter aus: „Sie müssen wissen, dass ich schon einmal ein anderes Unternehmen aufgebaut hatte. Doch ich habe die Lage verkehrt eingeschätzt, habe mich verspekuliert und viele Schulden gemacht. Ich denke, dass ich auch einige falsche Leute um mich herum hatte. Es lief einfach gar nichts. So gab es für mich nur eine Möglichkeit. Ich habe alle meine Kreditkarten genommen und bin nach Las Vegas gefahren. Ich wollte durch Glücksspiele so viel Geld gewinnen, dass ich davon meine Schulden begleichen konnte. Aber wie das Leben so spielt, ging dieser Schuss nach hinten los. Ich musste feststellen, dass man sein Glück nicht herausfordern kann. Am Ende hatte ich alles verspielt. Alle Kreditkarten waren bis zum Limit überzogen. Ich war total am Ende und fix und fertig. Nun stand ich wirklich mit leeren Händen da. Ich hatte keinen einzigen Dollar mehr und war sogar noch hoffnungslos überschuldet.

Nichts ging mehr. Ich verließ das Casino, ging auf die Straße und torkelte, weil mir richtig schlecht war. Ich merkte plötzlich, wie es im Magen rumorte und auch der Darm schon deutliche Anzeichen von sich gab. Ich musste auf dem schnellsten Wege auf die Toilette, um nicht in die Hose zu machen. Also rannte ich zurück ins Casino und suchte die Toiletten. Als ich endlich fündig wurde, erstarrte ich. Denn statt offener Türen fand ich nur diese neumodischen Automatiktüren vor, in die man einen viertel Dollar einzuschmeißen hat, eh sie sich öffnen. Ich kramte in meinen Hosen- und Jackentaschen, um noch etwas Bares zu finden. Doch Fehlanzeige. Ich fand keinen einzigen Cent. Es half alles nichts. Ich musste nach wie vor mehr dringend als nötig. Also rannte ich auf den Toilettenflur zurück und fragte die vorbei gehenden Leute, ob sie mir einen viertel Dollar leihen könnten. Ich glaube, es war der zweite oder dritte Mann, der mir das ersehnte Geld gab. Überglücklich rannte ich zur Toilette zurück und wollte gerade Geld in einen der Münzautomaten werfen, als nebenan die Tür aufging und ein Mann herauskam. Er hielt mir die Tür auf und sagte: „Gehen Sie hier herein, dann sparen Sie sich Ihr Geld." Ich bedankte mich und schloss hinter mir die Tür, um endlich das zu tun, worauf ich die ganze Zeit gewartet hatte. Danach ging es mir wesentlich besser. Jetzt wollte ich nur noch nach Hause. Von der Toilette zum Hauptausgang führte mich der Weg durch eine große Halle mit den so genannten „Einarmigen Banditen". Ich konnte es nicht lassen, warf den viertel Dollar, der mir vorhin von einem Mann geschenkt worden war und den ich durch die nette Geste des anderen Herrn gespart hatte, in den Schlitz des Automaten und zog den Hebel. Genervt von den Entwicklungen der letzten Stunden war ich bereits im Begriff zu gehen, als es klingelte. Ich gewann den Jackpot (Anm.: bedeutet in Amerika einen Millionengewinn) und hatte tatsächlich 1,3 Millionen Dollar gewonnen. Mit diesem Geld konnte ich meine Schulden bezahlen und behielt trotzdem noch etwas übrig.

Von diesem restlichen Geld habe ich dann dieses Unternehmen aufgebaut." Die Reporter waren verblüfft und wollten es noch genauer wissen: „Jetzt ist mir klar, dass Sie bereit sind, dem Mann, der Ihnen den viertel Dollar gegeben hat, einen Teil von Ihrem Vermögen abzugeben. Das würde ich auch machen." Darauf sagte der Unternehmer: „Nein, nein, Sie irren. Dieser Person bin ich auch dankbar. Aber derjenige, dem ich zutiefst dankbar bin und dem ich die Hälfte meines Vermögens abgeben würde, ist der Mann, der mir damals die Tür aufgehalten hat. Nur deshalb hatte ich den viertel Dollar übrig, der mir die Millionen brachte.

Jetzt kennen Sie die Lösung des Rätsels, oder? Diese Geschichte zeigt deutliche Parallelen zum Network-Marketing. Danken Sie Ihrem Gastgeber. Danken Sie ihm, dass er Ihren Namen auf seine

Namensliste geschrieben hat. Danken Sie ihm dafür, dass er Sie eingeladen hat. Er hat Sie nicht vergessen. Er hat Ihnen die Tür zu diesem fantastischen Geschäft aufgehalten. Es liegt nun an Ihnen, durch diese offene Tür zu schreiten.

MLM-Erfolgsregel Nr. 35

„Wenn Ihnen jemand die Tür zu einem neuen Geschäft öffnet, sollten Sie dieses Angebot dankbar annehmen. Es könnte die Chance Ihres Lebens sein."

7.12 Kleider machen Leute

„Der Mode entkommt man nicht. Denn auch wenn Mode aus der Mode kommt, ist das schon wieder Mode."

Karl Lagerfeld

„Kleider machen Leute", das gilt im Besonderen für Networker. In einer Studie konnte nachgewiesen werden, dass Finanzberater von Kunden eher akzeptiert werden, wenn sie entsprechend gut gekleidet sind. Perfekte Verkäufer tragen daher immer einen Anzug, Hemd und Krawatte. Je dunkler der Anzug, desto eher waren die Kunden bereit, einen Vertrag zu unterschreiben. Ich kann mich dieser Meinung nur anschließen. Denn „*Wie du kommst gegangen, so wirst du empfangen*", sagt ein deutsches Sprichwort. Wer mit ausgetretenen Schuhen, Strumpfhose mit Laufmasche oder weißen Socken zum Kunden fährt, darf sich nicht wundern, wenn dieser ihm seine herrlichen „Verkaufsversprechen" nicht abnimmt. Menschen wollen sich mit erfolgreichen Menschen unterhalten, und das lässt sich neben der Sprache im Wesentlichen noch immer an der Kleidung festmachen. Der erfolgreiche Verkäufer trägt „normale" Geschäftskleidung, keine Designer-Mode, und kleidet sich moderat und nicht als feiner „Pinkel".

Stellen Sie sich doch einmal vor, Sie haben Ihren ersten Provisionsscheck von 10.000 Euro erhalten. Sie tragen sich mit dem Gedanken, dieses Geld gut anzulegen. Also machen Sie sich auf den Weg in die Stadt und suchen ein Geldinstitut. Die Auswahl ist groß, denn links und rechts der Straße befinden sich verschiedene Geschäftsbanken. Sie wählen die Bank mit der besten Hausfassade und dem Parkplatz vor dem Haus. Frohgemut treten Sie in die großzügige Schalterhalle und laufen schnurstracks auf den freien Schalter zu. Als Sie den Scheck zeigen und Ihr Anliegen vortragen, bittet Sie der freundliche Kassierer, einen Augenblick Platz zu nehmen, weil bei diesen großen Summen der Chef persönlich das Gespräch führen wird. Sie wachsen bereits 3 cm über sich hinaus, so stolz sind Sie. Schließlich wird man nicht alle Tage vom Hausherrn persönlich beraten. Eine kurze Zeit später bittet Sie die sympathische Vorstandssekretärin, in einem feudalen Besprechungsraum Platz zu nehmen. Ein Tisch, so groß wie drei Billiardtische, füllt fast den gesamten Raum. Ringsherum nur Stühle aus feinstem Leder. Bilder namhafter Künstler zieren die weißen Wände. Die Klimaanlage sorgt für eine angenehme Raumtemperatur. Sie fühlen sich rundherum wohl. Inzwischen wurden Kaffee und Kuchen gereicht. Plötzlich öffnet sich die große, schwere Zimmertür und vor Ihnen steht der Bankvorstand in Person. Der Banker trägt ein zerknittertes Sakko, eine ausgewaschene Jeans, eine verrutschte Krawatte und Birkenstock-Sandalen sowie weiße Socken. Die Haare sind seit drei Tagen nicht gewaschen und auch sonst scheint er es mit der Hygiene nicht so genau zu nehmen. Jedenfalls verbreitet er seinen ganz persönlichen Duft.

Wie würden Sie sich fühlen?

Ich gehe mit Ihnen jede Wette ein, dass Sie Ihren Scheck in Ihre Brieftasche zurückstecken, sich noch ordentlich verabschieden und das Weite suchen. Zurück bleibt ein irritierter Banker. Doch was lange währt, wird endlich gut, und so finden Sie einige Straßen weiter eine neue Bank. Auch hier werden Sie zum Chef vorgelassen und dieser steht in wenigen Minuten vor Ihnen, in einem dunklen Geschäftsanzug, mit ordentlicher Krawatte und schwarzen Schuhen. Er riecht dezent nach einem guten Joop-Parfum. Die Haare sind gut gescheitelt, der Teint gut gebräunt. Meine Frage an Sie: Würden Sie diesem Banker Ihr Geld anvertrauen? Doch wohl eher als dem Banker der ersten Bank. Habe ich Recht? Kleider machen eben Leute. Der erste Eindruck ist entscheidend, für den zweiten bekommt man in der Regel keine zweite Chance. Auch die erste Bank wird keine zweite Chance mehr bekommen, weil Sie Ihr Geld bei der zweiten Bank angelegt haben. Ihr Geld können Sie nur einmal anlegen.

Diese Maßstäbe, die wir für unser Geld fordern, sollten wir auch im Umgang mit Menschen an den Tag legen. Es ist wichtig, dass Sie die Menschen ernst nehmen und dass sie Ihnen nicht gleichgültig sind. Das drücken Sie zum einen durch Ihre freundliche Art aus sowie zum anderen durch Ihr gesamtes äußeres Erscheinungsbild. Deshalb ist es so wichtig, dass Sie sich geschäftsmäßig, sauber und adrett kleiden. Schließlich vertreten Sie ein Multi-Millionen-Unternehmen und keine Garagenfirma. Der Kunde sieht Sie. Sie sind für ihn das Unternehmen. Die Geschäftsräume des Unternehmens können noch so perfekt sein, wenn Sie sich gehen lassen und ungepflegt herumlaufen, wird es nie zu einem Geschäftsabschluss kommen. Männer tragen daher idealerweise einen dunklen Geschäftsanzug mit Krawatte. Frauen tragen, was ihnen gefällt, am Besten eine weiße Bluse, in Verbindung mit einem dunklen Dress. Dazu „normale" Schuhe, keine High-Heels.

Neben gut sitzender Kleidung kommt es auch darauf an, dass Sie sich dieser würdig erweisen. „Brust voraus, Hintern zurück", so muss es richtig heißen. In zahlreichen wissenschaftlichen Studien wurde bewiesen, dass wir andere Menschen bis zu 90 Prozent über so genannte nonverbale Signale, zu sieben Prozent über die Stimme und nur zu drei Prozent anhand der gesprochenen Inhalte wahrnehmen. Es kommt also entscheidend auf Ihre körperliche Haltung an. Menschen, die buckeln, haben in aller Regel kein Rückgrat. Sie kriechen vor sich und den Menschen zu Boden und schauen resigniert nach unten. Keine Kraft, ihrem Gegenüber fest und entschlossen in die Augen zu sehen. Ein solcher Mensch wäre mit Abstand der schlechteste Verkäufer. Wer aufrecht durch das Leben marschiert, behält den Überblick, ist kantig und gradlinig. Das schätzen die Kunden. Sie wollen Persönlichkeiten als Partner und keine Duckmäuser.

Darüber hinaus sollten Sie immer einen ordentlichen Kugelschreiber zur Hand haben. Sie werden im weiteren Verlauf dieses Buches noch sehen, dass der Kugelschreiber eines Ihrer wichtigsten Werkzeuge ist. Es muss ja nicht immer gleich ein Montblanc sein. Es gibt auch schöne Kugelschreiber von Parker oder Lamy. Wichtig ist nur, dass Sie keinen Kugelschreiber mit Werbebotschaften anderer Firmen bei sich tragen. Ich habe es schon erlebt, dass Networker ihr Produkt vorstellten und einen orangefarbenen Kugelschreiber von einem Schweinezuchtverband bei sich trugen. Das ist ein unverzeihlicher Fehler.

MLM-Erfolgsregel Nr. 36

„Wie du kommst gegangen, so wirst du empfangen. Deshalb gilt: Ordentliche Geschäftskleidung und eine saubere Erscheinung sind bereits der halbe Auftrag.“

Kapitel 8
Zweiter Schritt

„Gehe nie aus einem Gespräch, ohne dem anderen die Gelegenheit zu geben, mit Dankbarkeit an dieses Gespräch zurückzudenken."

Adolf Freiherr von Knigge

8.01 Gesprächseröffnung

„Vertrauen gibt dem Gespräch mehr Stoff als Geist."

Francois de Rochefoucauld

Erinnern Sie sich noch an das Spinnennetz als Netz Ihrer Kontakte? Kontakte sind im Network-Marketing überlebenswichtig. Doch keiner sollte meinen, dass es nur bei dieser Vertriebsform so wäre. Menschen ohne soziale Kontakte sind meistens sehr einsam. Insofern sollte jeder Mensch schon über ein Netz guter Kontakte fügen. Wenn es nun aber an der Zeit ist, Ihr „Kontaktnetz" zu erweitern, müssen Sie auf fremde Menschen zugehen und mit ihnen reden. Ich weiß, was ich verlange, ist auch nicht immer ganz einfach. Aber es führt kein Weg daran bei. Denken Sie daran: Es ist Ihr Geschäft und

Sie können dieses Geschäft nur nach vorne bringen, wenn Sie mit möglichst vielen Menschen darüber sprechen. Oft sagen mir die neuen Networker, sie wüssten ja um die Wichtigkeit dieser Gespräche, aber ihnen fiele es schwer, die passenden Worte zur richtigen Zeit zu finden. Wie heißt es so treffend in der Bibel?: „Euch geschehe nach eurem Glauben." Mit anderen Worten: Wenn Sie davon überzeugt sind, keine guten Kontakte auf die Beine zu stellen, dann werden Sie Recht behalten. Schon der römische Kaiser Marc Aurel (121-180) sagte:

„Unser Leben ist das, wozu unser Denken es macht."

Sehen Sie, genauso wie Sie denken, dass Sie eine Sache nicht gut können, so können Sie auch denken, dass Sie eine Sache besonders gut können. Sie müssen es nur tun. Reden Sie mit Menschen. Je lockerer Sie sind und je genauer Sie zuhören, desto schneller werden Sie sehen, dass jedes Gespräch in die gewünschte Richtung läuft. Schon bald reden die Menschen über Gesundheit und Geld. Und das ist doch Ihr Thema. Materielle Sicherheit ist für die Mehrheit der Bundesbürger heute wichtiger als die große Liebe.

„Ich möchte nie mehr Geldsorgen haben",

antworteten 42 Prozent der Bürger zwischen 20 und 49 Jahren auf die Frage: „Was ist Ihr heimlicher Lebenstraum?" Auf Rang zwei der Studie von TNS Emnid Mediaforschung im Auftrag der Zeitschrift „Lisa" liegt die Reise ins persönliche Traumland (22 Prozent), und schon an dritter Stelle rangiert der Job, der wirklich Spaß macht (13 Prozent). Sie sehen, alles Dinge, die sich ein Networker erfüllen kann. Er verdient viel Geld, kann sich Reisen rund um die Welt leisten, und der Job wird ihm Spaß machen. Erfolg macht immer Spaß, und sich mit erfolgreichen Menschen zu umgeben ebenso. Die Studie geht natürlich noch weiter. Bei den großen Sehnsüchten der Menschen liegen die Liebe (5 Prozent) und Super-Sex (knapp 1 Prozent) auf der Wunschskala ganz hinten.

Die Studie fördert aber noch etwas anderes Bemerkenswertes zu Tage. Konträr zum Wunsch nach materieller Sicherheit ist nämlich die Ahnungslosigkeit der meisten Deutschen zum Thema Geldanlage. So meidet fast die Hälfte finanzielle Fragen und fühlt sich im Umgang mit Geld überfordert. Gerade junge Menschen verdrängen den Gedanken an Vermögensbildung und Altersvorsorge. Nicht einmal ein Fünftel der Bevölkerung begegnet dem Geld fürs Alter unbefangen und mit Spaß und Interesse. Mit anderen Worten: 80 Prozent der Menschen haben sich noch keine Gedanken über den Umgang mit Geld gemacht. Und die Menschen, die sich Gedanken um ihr Geld gemacht haben, investieren falsch.

In ihrer Studie „Junge Generation spart zu wenig für die Altersvorsorge" stellt die Postbank zudem fest, dass die Struktur des Sparverhaltens zu wünschen übrig lässt[20]. Nach Ansicht der Postbank haben sich die Privatanleger in den vergangenen Jahren ausgesprochen risikoscheu verhalten. Es besteht also ein erhöhter Handlungsbedarf. In diesen Zeiten kommt es nicht so sehr darauf an, Geld richtig anzulegen, sondern viel wichtiger ist es, mehr Geld zu verdienen, also einzunehmen. Neben sinkenden Renditen am Aktienmarkt, steigenden Zinsen für Kredite und immer weniger Zinserträge fürs eigene Geld ist die Inflation der größte Feind eines jeden Sparers. Sie vernichtet mehr Geld als gemeinhin angenommen wird. Deshalb wird es immer schwieriger, vorhandenes Vermögen dauerhaft zu mehren. Ich rate daher dringend, nicht so sehr auf das Erreichte zu schauen, sondern zu überlegen, wie Sie Ihre Einnahmen erhöhen können. Je höher Ihre Einnahmen, desto mehr Geld können Sie anlegen. Ganz einfach und doch so schwer. Doch durch Network-Marketing können Sie Ihre Einnahmen dauerhaft erhöhen. Das ist die einfachste Lösung in diesen „schweren" Zeiten.

Wenn Sie den Mut haben, mit anderen über Ihr Network-Marketing Geschäft zu sprechen, bleibt der Erfolg nicht aus.

Verlieren Sie Ihre Hemmungen, denn die Wahrscheinlichkeit, auf einen Menschen zu treffen, der sich nicht für Geld interessiert, ist gleich Null. Deshalb werden Sie nicht abgewiesen, sowie Sie das Gespräch mit einem neuen Kontakt suchen. Er wird Ihnen aufmerksam zuhören. Es liegt an Ihnen, diesen Kontakt in ein Geschäft umzuwandeln.

So simpel sich die Frage auch anhören mag, aber sie ist noch immer der beste Türöffner für weiterführende Gespräche, nämlich die Frage:

„Wie geht es Ihnen?"

Seien wir ehrlich. Diese Frage stellen wir doch schon automatisch und täglich, oder? Also ist für Sie die Situation weder neu noch ungewohnt. Doch es gibt einen großen Unterschied: Jetzt können Sie mit dieser Frage sehr viel Geld verdienen. Natürlich weiß ich, dass sich nicht jedes Gespräch sofort in klingende Münzen verwandelt. Doch Sie müssen nur mit den Leuten sprechen, sprechen und nochmals sprechen. Wenn Sie es nur oft genug tun, wird sich der Erfolg einstellen. Menschen entscheiden aus dem Bauch heraus. So kann es sein, dass eine von Ihnen befragte Person kein Interesse an Ihrem Geschäft hat. Vielleicht, weil es sie jetzt nicht interessiert, oder einfach nur, weil sie heute einen schlechten Tag hat. Bekanntlich ist nichts dynamischer als der Wandel, und auch bei diesem Menschen kann sich sein Leben grundlegend verändern. Was er heute nicht will, braucht er vielleicht doch in einem halben Jahr. Deshalb sollten Sie einen solchen Kontakt nicht abschreiben. Notieren Sie sich einfach die Daten der Person, die im Augenblick kein Interesse hat, und melden Sie sich nach einiger Zeit wieder bei ihr.

Nicht selten haben viele meiner Networker so sehr gute und fähige Menschen ins Geschäft geholt, die heute sehr erfolgreich hauptberuflich als Networker arbeiten. Zur Erinnerung: Jemanden nach einem halben Jahr noch einmal anzurufen ist nicht gleichzusetzen mit jemandem hinterherlaufen, so wie ich das am Beispiel der Austernfischer erwähnte. Geben Sie Menschen eine zweite Chance, aber laufen Sie ihnen nicht ewig hinterher. Aber auch hier gilt: Sagen ist nicht tun. Sie müssen zum Handeln kommen. Sie müssen es TUN. Merken Sie, ich habe diese Buchstaben groß geschrieben, weil sie für mich eine sehr große Bedeutung haben. Sie stehen nämlich auch für

Tag Und Nacht.

Liest man jeweils die ersten Buchstaben rückwärts, stehen sie für

Nicht Unnötig Trödeln!

Ein erfolgreicher Networker kennt nämlich keinen Feierabend. Er trödelt nicht unnötig herum, knüpft Kontakte zu jeder Zeit und an jedem Ort.

Ganz entscheidend für den Erfolg eines Gespräches ist auch die Wahl bestimmter Worte. Es gibt so genannte Gesprächskiller, also Worte, mit denen Sie kein konstruktives Gespräch führen können, und es gibt so genannte Türöffner, das sind Wörter, die Ihnen die Tür für weitere Gespräche aufhalten. Hier einige Beispiele:

> Freiheit. Finanzielle Freiheit. Finanzielle Unabhängigkeit. Geld. Geld verdienen. Geld sparen. Gratis. Entdecken Sie. Leicht. Garantiert. Liebe. Vorteile. Alternative. Jetzt. Gewinnen Sie. Vorteil. Glück. Vertrauen. Vertrauenswürdig. Einfach. Bequem. Gesundheit. Sicherheit. Freude. Spaß. Freizeit.

Das Gegenteil sind so genannte Gesprächskiller. Das sind Wörter, die fast jedes Gespräch abwürgen und von Ihnen deshalb nie in den Mund genommen werden dürfen:

> Vertrag. Kaufen. Verpflichtung. Fehler. Schlecht. Kompliziert. Verlust. Falsch. Schwierig. Entscheidung. Kaufvertrag. Unterschreiben. Bestellung. Kosten.

Denken Sie immer daran: Wir als Networker haben eine Mission. Wir erfüllen eine wichtige Aufgabe, weil wir den Menschen Mittel an die Hand geben, damit sie ein Leben in finanzieller Freiheit führen können. Das unterscheidet uns auch von den so genannten Finanz- und Wirtschaftsberatern, die hochwichtig tun und doch keine Ahnung haben, wie das nachstehende Beispiel zeigt.

Es war einmal ein Schäfer, der in einer einsamen Gegend seine Schafe hütete. Plötzlich tauchte in einer großen Staubwolke ein nagelneuer Mercedes Jeep (M-Klasse) auf und hielt direkt neben ihm. Der Fahrer des Jeeps, ein junger Mann in Hugo-Boss-Anzug, Cerruti-Schuhen, mit Gucci-Brille und einer Joop-Krawatte, stieg aus und fragte ihn: „Wenn ich errate, wie viele Schafe Sie haben, bekomme ich dann eins?“ Der Schäfer schaute den jungen Mann an, dann seine friedlich grasenden Schafe, und sagte ruhig: „In Ordnung.“ Der junge Mann parkte seinen Jeep, verband sein Notebook mit dem Handy, ging ins Internet auf eine NASA-Seite, scannte die Gegend

mit Hilfe seines GPS-Satellitennavigationssystems, öffnete eine Datenbank und 50 Excel-Tabellen mit einer Unmenge Formeln. Schließlich druckte er einen 100-seitigen Bericht auf seinem Minidrucker, drehte sich zu dem Schäfer um und sagte: „Sie haben hier exakt 1.586 Schafe.“ Der Schäfer sagte staunend: „Das ist richtig, suchen Sie sich ein Schaf aus.“ Der junge Mann nahm eines und lud es in den Jeep. Der Schäfer schaute ihm zu und sagte: „Wenn ich Ihren Beruf errate, geben Sie mir das Schaf dann zurück?“ Der junge Mann antwortete: „Klar, warum nicht.“ Der Schäfer sagte wie aus der Pistole geschossen: „Sie sind Unternehmensberater.“ Der Unternehmensberater stutzte und antwortete: „Eh, Mann, das ist richtig. Woher wissen Sie das?“ „Sehr einfach“, sagte der Schäfer, „erstens kommen Sie hierher, obwohl ich Sie nicht gerufen habe. Zweitens wollen Sie ein Schaf als Bezahlung dafür haben, dass Sie mir etwas sagen, was ich ohnehin schon weiß, und drittens haben Sie keine Ahnung von dem, was ich mache. Sie haben sich nämlich meinen Hund ausgesucht, den Sie mir nun bitte zurückgeben.“

MLM-Erfolgsregel Nr. 37

„Der wichtigste Türöffner in die finanzielle Unabhängigkeit ist die Frage: „Wie geht es Ihnen?“ Je öfter Sie diese Frage stellen, desto mehr Gespräche werden Sie führen.“

8.02 Der erste Gesprächstermin beginnt im Kopf

„Vorstellungskraft ist wichtiger als Wissen."

Albert Einstein

Um es gleich vorweg zu sagen, es gibt keine einheitlichen Sätze, die Sie nur auswendig zu lernen haben, um in ein Gespräch einzusteigen. Wir Menschen sind so verschieden, wie wir unterschiedlicher nicht sein können. Deshalb ist es so wichtig, dass Sie sich auf Ihre Gesprächspartner jedes Mal aufs Neue einstellen, und zwar so, wie es die Situation verlangt. Im vorherigen Kapitel habe ich Ihnen einige Anregungen gegeben, wie Sie ein Gespräch beginnen können. Das aber ist nur der erste Schritt. Es geht nun darum, diese Kommunikation über den ersten Satz hinauszubringen und ein gutes Gespräch zu führen. Denken Sie immer daran: Der Lohn Ihrer Bemühungen ist der Vertragsabschluss. Nur das zählt. Sie werden nicht dafür belohnt, dass Sie zwei Stunden lang eine bundestagtaugliche Rede gehalten haben und die Menschen in Ehrfurcht vor Ihnen stehen. Wenn das Ihr Ziel ist, sind Sie für das Network-Marketing-Geschäft nicht geschaffen. Die Vertragsunterschrift Ihres Kunden ist Gegenstand Ihres Strebens und damit Grundlage allen Handelns. Um dieses Ziel zu erreichen, brauchen Sie einen klaren Kopf und positive Gedanken.

In Reinhard Mey´s Klassiker „Über den Wolken" heißt es: „...alle Ängste, alle Sorgen, sagt man, blieben darunter verborgen und dann würde, was uns groß und wichtig erscheint, plötzlich nichtig und klein." Wer, so wie ich, viel fliegt, weiß, dass dieser Refrain nicht ganz der Realität entspricht. Realität ist aber, dass die meisten Menschen Sorgen und Angst vor dem Morgen haben. So lautet auch das Ergebnis einer Online-Befragung von der „Perspektive Deutschland", einer Initiative von McKinsey, Stern, ZDF und AOL[21]. Daran nahmen über eine halbe Million Menschen teil. Das Ergebnis ist niederschmetternd, denn die

Optimisten sind in der Minderheit,

und das in einem Land mit dem weltweit höchsten Lebensstandard, der kürzesten Arbeitszeit, dem besten Gesundheitssystem, dem höchsten technischen Standard, freier Meinungsfreiheit, dem perfektesten Müllbeseitigungssystem, Religionsfreiheit, einer demokratischen Grundordnung und einer geringen Kriminalitätsrate. Die Reihenfolge dieser meiner Aufzählung ist natürlich rein zufällig. Aber die Fakten sprechen für sich. Besonders sorgenvoll schauen die Bundesbürger auf ihre Finanzen und den Arbeitsplatz.

Die Sorgen der Bundesbürger
Von je 100 Bundesbürgern (16 bis 69 Jahre alt) machen

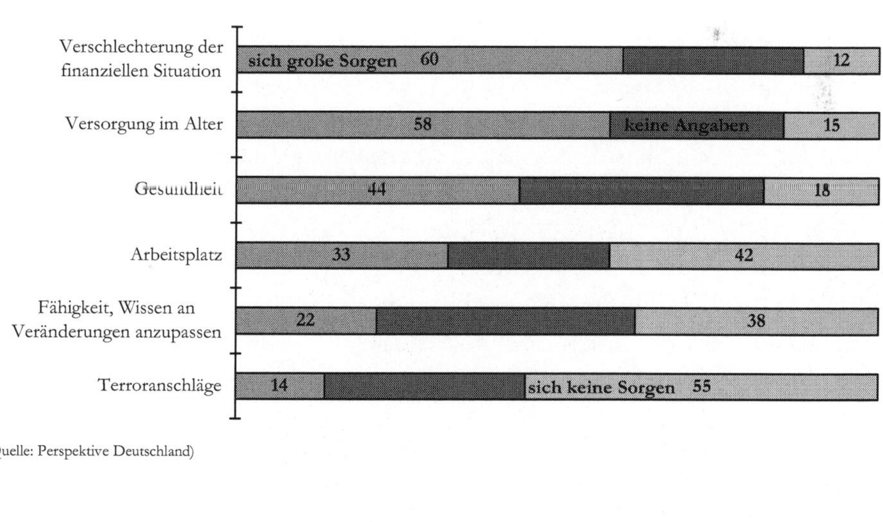

(Quelle: Perspektive Deutschland)

Sie sehen, 60 Prozent der Befragten haben Angst, dass sich ihre finanzielle Situation verschlechtert. 58 Prozent machen sich Gedanken darüber, ob sie im Alter gut versorgt werden. Vor Terroranschlägen, und das ist die positive Nachricht, fürchten sich indes nur noch 14 Prozent.

Mit welchen Sorgen plagen Sie sich herum? Gehören Sie zu den Menschen, die frisch und erholt des Morgens aus dem Bett springen und voller Tatendrang in den Tag starten? Oder gefällt es Ihnen, sich nach dem Aufwachen noch einmal kurz umzudrehen, um für weitere zehn Minuten die Augen zu schließen? Wenn Sie zu diesen Menschen gehören, dann möchte ich fast schon belehrend den Zeigefinger heben. In vielen wissenschaftlichen Studien wurde eindrucksvoll nachgewiesen, dass sich dieses „Ich bleibe noch ein paar Minuten liegen" negativ auf den Organismus auswirkt. Am besten, Sie stehen ohne Verzögerung auf, sobald Sie die Augen geöffnet haben, ganz im Sinne von Benjamin Franklin:

> *„Früh ins Bett und früh aufstehen macht gesund, wohlhabend und klug."*

Ich kann mich seiner Meinung nur anschließen, möchte allerdings noch ergänzen: „... aber nur, wenn man sich positiv auf den Tag einstellt", und das ist schwierig genug. Nach dem Aufstehen schalten die meisten Bürger das Radio ein und greifen dann zur Tageszeitung. Gute-Laune-Musik sollte zwar die Stimmung heben, doch seien wir ehrlich. Zwischen dem Gedudel kommen immer mehr Werbungen und so genannte Ad-hoc-Meldungen. Von Steuererhöhungen über einen schweren Verkehrsunfall bis hin zum Arbeitsplatzabbau ist alles drin. Und da gibt es Menschen, die lassen sich morgens von einem Radiowecker (!) aus dem Reich der Träume wecken. Nicht nur, dass sie die ganze Nacht dem Elektrosmog ausgesetzt sind. Schlimmer noch. Sie haben ihre Augen noch gar nicht so richtig aufgeschlagen, da sind sie schon zehn Minuten zugedröhnt mit negativen Botschaften. Dabei könnte es so einfach sein. Einfach einen Wecker aufstellen und das Radio abstellen, und schon hat man seine Ruhe. Wer dagegen meint, er höre nur die guten Nachrichten heraus und bei den schlechten Nachrichten einfach weg, irrt. Das Unterbewusstsein registriert alles. Und ob man es will oder nicht, es entsteht langsam eine negative Grundstimmung, die einem den ganzen Tag versauen kann. Mit dieser Einstellung zum Kunden zu fahren, ist die denkbar schlechteste Voraussetzung, um Geschäfte zu machen. Unsere Gefühle sind oft intelligenter als der Verstand. Denn die Verarbeitungskapazität des bewussten Denkens beträgt nur 40 bis 60 Bits pro Sekunde. Das reicht gerade, um sieben Aspekte einer Sache gleichzeitig zu bedenken. Unser Bewusstsein ist zu einfach strukturiert, um größere Sachverhalte zu analysieren.

Unser „Bauchgehirn" ist da weitaus komplexer. Es speichert unsere Lebenserfahrung in Form von Gefühlen. Diese können in Bruchteilen von Sekunden abgerufen werden. Prof. Dr. Wolf Singer vom Max-Planck-Institut für Hirnforschung in Frankfurt sagt[22]: „Intuition ist der Teil des Wissens, der im Unterbewusstsein bleibt und unseren Körper Signale senden lässt." Das Kribbeln im Bauch oder der Kloß im Hals sind so genannte somatische Marker. Diese Marker senden uns ein „Go" oder ein „Stopp"! Verblüffende Experimente zeigen, dass es klug ist, auf diese Signale zu hören. Ich habe Ihnen im Kapitel 6.07 - Das Netz Ihrer Kontakte - von den Austernfischern erzählt. Diese Fischer handeln richtig. Sowie sie erkennen, dass in der gefischten Auster keine Perle ist, halten sie sich nicht mit langen Überlegungen auf, ob diese Auster eventuell doch noch eine Perle hervorbringen könnte, wenn man sie nur lang genug pflege. Sie lassen diese Auster fallen und beschäftigen sich mit der nächsten. Menschen, die auf ihr Bauchgefühl „hören", handeln genauso. Sie prüfen jede Chance und entscheiden sehr schnell. Sie plagen sich nicht tagelang mit dem Gedanken, ob diese Chance gut oder schlecht ist. Entweder nutzen sie sie oder sie vergessen sie, dazwischen gibt es nichts. Es ist, wie Albert Einstein treffend formulierte: „Alles, was wirklich zählt, ist Intuition." Gefühle sind deshalb kein Störfaktor für klares Denken, sondern wichtiger Bestandteil jeder klugen Entscheidung. Diese Erkenntnisse sind für Ihren Verkaufserfolg von größter Wichtigkeit. Auch Ihre Kunden handeln mehr aus dem Bauch heraus und weniger aufgrund von Fakten. Sicher haben Sie schon etwas vom Eisbergprinzip gehört. Bei einem schwimmenden Eisberg ragt nur etwa 1/7 aus dem Wasser, während sich 6/7 des Berges unter Wasser befinden. Im übertragenen Sinne bedeutet diese Erkenntnis, dass Menschen ihre Entscheidung zu 6/7 aus dem Bauch heraus, also unterschwellig, treffen. Zu 1/7 nur tragen Fakten zur Entscheidung bei. Ein guter Networker nutzt diese Erkenntnis und überfordert seinen Gesprächspartner nie mit vielen Fakten, die nur die wenigsten Menschen verarbeiten können. Deshalb spricht der Networker in der geplanten Zeit zum größten Teil (6/7) nicht über sein Produkt. Er wird in dieser Zeit für eine entspannte und positive Atmosphäre sorgen. Wenn die Stimmung ihren Höhepunkt erreicht, wird er die restliche Zeit (1/7) nutzen, um das Produkt zu verkaufen. Ein kurzes, persönliches und emotionales Gespräch mit Ihrem Gesprächspartner kann dazu beitragen, den Tag für alle Beteiligten Gewinn bringend zu beenden. Beziehen Sie dabei den Kunden immer in alle Überlegungen und Gespräche ein und geben Sie ihm die Chance, sich Ihnen anzuvertrauen.

Wenn unser Gefühl stimmt, sind wir erfolgreich. Wenn uns leise Zweifel beschleichen, kann unser Geschäft darunter leiden. Deshalb sollten Sie sich grundsätzlich nur mit positiven Gedanken beschäftigen und negative verbannen. Steigern Sie sich auch nie in Dinge hinein. Nichts ist so wichtig, als dass Sie darunter leiden sollten. Schon Goethe wusste: „Man sollte die Dinge so nehmen, wie sie sind. Man sollte aber auch dafür sorgen, dass die Dinge so sind, wie man sie nehmen möchte." Ansonsten könnte es Ihnen so ergehen wie dem Mann, der mit einer Reifenpanne an seinem Auto nachts auf einer einsamen Landstraße liegen bleibt. Er öffnet den Kofferraum und sucht vergebens nach einem Wagenheber. Als er keinen findet, schaut er sich um und entdeckt in der Ferne ein kleines Licht. Er vermutet hier ein Haus. Also macht er sich auf den Weg zu dem Haus, aus dem das Licht kommt. Je näher er diesem einsam gelegenen Haus kommt, desto größer werden seine Zweifel. „Vielleicht öffnet niemand, wenn ich an die

Tür klopfe", geht es ihm durch den Kopf. „Wer so einsam wohnt, hat mit Sicherheit Probleme mit den Menschen. Wer weiß, was mit mir passieren wird, wenn ich an die Tür klopfe", denkt sich der Mann weiter. „Wenn ich an die Tür klopfe, denkt der Bewohner des Hauses vielleicht, ich wolle ihm etwas Böses tun, deshalb wird er vielleicht mit dem Schrotgewehr auf mich schießen." Mit diesen und anderen Gedanken steigert sich der Mann in eine Vorstellung, die völlig absurd ist. Als er nun endlich vor der Haustür steht, klopft er an und jemand öffnet. Bevor der Hausbesitzer auch nur einen Ton sagen kann, schreit der Autofahrer ihn an: „Behalte doch deinen blöden Wagenheber." Diese Geschichte verdeutlicht, wohin uns unsere Gedanken treiben können, wenn wir ihnen freien Lauf lassen, und sie macht darüber hinaus eines deutlich:

Erfolg beginnt im Kopf und nirgendwo anders!

Kennen Sie die wichtigsten 15 cm im Leben? Oh nein, es ist nicht das, was Sie denken mögen. Mitnichten. Diese 15 cm, das ist der Abstand zwischen Ihren Ohren. Dazwischen liegt das Gehirn, Dreh- und Angelpunkt einer jeder Entscheidung (Wenn Sie Ihre Hände zu Fäusten ballen und nebeneinander halten, haben Sie in etwa die Größe Ihres Gehirns). Diese 15 cm entscheiden über Erfolg oder Niederlage. Je stärker Sie von Ihrem Erfolg überzeugt sind, desto eher wird er sich einstellen. Das Gleiche gilt auch für Misserfolge.

Das sind die wichtigsten 15 cm:

Wenn Sie im Kopf, also gedanklich, davon überzeugt sind, dass heute ein guter Tag wird, dann haben Sie die besten Chancen, heute ein gutes Geschäft zu machen. Sie können einiges dafür tun, dass es ein guter Tag wird. Statt sich in der Früh mit den negativen Schlagzeilen der Tageszeitung oder den Radiomeldungen zu beschäftigen, sollten Sie lieber zu Ihrem Traumbuch greifen (siehe Kapitel 6.02 - Sagen ist nicht tun) und Ihre Wünsche visualisieren. Wenn Sie noch keinen Lamborghini besitzen, sich aber einen solchen wünschen, dann machen Sie es doch einfach so, dass Sie sich das Auto genau anschauen und sich neben diesem Wagen fotografieren lassen. Dieses Bild kleben Sie dann in Ihr Traumbuch. Unterschätzen Sie die Wirkung eines solchen Bildes nicht. Ihr Unterbewusstsein kann nicht zwischen Vorstellung und Wirklichkeit unterscheiden. Wenn Sie Ihre Wünsche stark genug visualisieren, wird Ihr Unterbewusstsein diese Wünsche realisieren, weil es sie für real hält.

Viele kleben ihre Autobilder in ihr Traumbuch – ich klebe mir die Autos an die Wand.

Die Visualisierung ist wesentlich konstruktiver als alles andere. So schlimm wie die Ereignisse in dieser Welt auch sind, sie werden keinen Deut besser, wenn Sie darüber grübeln. Eine Naturkatastrophe findet statt, egal ob Sie sich darüber ärgern oder nicht. Hurrikans finden genauso statt wie Überschwemmungen. Daran werden wir nichts ändern können. Wir können aber unsere Einstellung dazu ändern. Wenn Sie einen guten Job machen, verdienen Sie Geld, viel Geld. Von diesem Geld können Sie dann einen Teil für Bedürftige spenden. In diesem Augenblick haben Sie mehr getan als Menschen, die wegen der unmenschlichen Ereignisse Gott und die Welt verfluchen, aber sonst nichts tun. Michael Schumacher hat es vorgemacht.

Er spendete 10 Millionen Dollar für die Opfer der Flutkatastrophe vom Dezember 2004. Erfolg verpflichtet, und dennoch ist es eine sehr großzügige Geste von ihm. Schließlich handelte es sich damit um eine der höchsten Einzelspenden.

Ein klares Bild zu haben von dem, was Sie wirklich wollen, ist das ganze Geheimnis erfolgreicher Visualisierung. So wie ein Seemann schon an den nächsten Hafen denkt, um dort sein Schiff zu ankern, so müssen Sie Ihr Wunschbild immer klar vor Augen haben. Erfolg tritt in Ihr Leben, sobald Sie davon eine klare Vorstellung haben. Dabei leistet Ihnen Ihr besagtes Traumbuch wertvolle Dienste. Sie werden sehen, dass allein das Betrachten dieser Bilder Ihr Unterbewusstsein und damit auch Ihr Gefühlsleben positiv beeinflussen wird, so dass Sie für die anstehenden Tagesaufgaben optimal gerüstet sind.

Eine dieser Tagesaufgaben ist es, erfolgreiche Gespräche zu führen. Nutzen Sie auch hier die Kraft der Visualisierung und Intuition, indem Sie sich schon vor dem ersten Gespräch im Geiste vorstellen, wie dieses ablaufen wird. Je klarer und genauer Ihre Vorstellung hierzu ist, desto erfolgreicher wird es sich entwickeln. Nach der alten hermetischen Weisheit, die sagt „wie innen so außen", entscheidet nämlich auch der Geist, wie erfolgreich Sie in Ihrem Leben sind. Wenn Sie im Geiste (also innen) Ihren Erfolg nicht sehen, kann er sich im Geschäft (außen) nicht einstellen. Die Menschen, die genau wissen, was und vor allen Dingen wie sie etwas im Leben erreichen werden und wollen, sind die absoluten Gewinner. Wer Champagner aus einem

Glas schlürfen will, muss diesen einfüllen. Wer dagegen Wasser einfüllt, kann auch nur Wasser trinken. Was so banal klingt, wird von vielen Menschen immer wieder ignoriert. Den ganzen Tag über „füllen“ sie im Wortsinn ihren Geist mit negativen Botschaften und wundern sich dann, dass am Ende die Welt nur noch grau in grau erscheint. Die Situation ist vergleichbar mit einem Trichter. Oben ist er breit genug, möglichst viel aufzufangen. Nach unten verjüngt er sich, um das Eingesammelte komprimiert zu einem festen Strahl freizugeben.

Das „Trichter-Prinzip“

Mit diesen Versagerbotschaften ruiniert man sein Geschäft:

- Ich habe nie Erfolg.
- Ich bin vom Pech verfolgt.
- Bei mir funktioniert das nicht.
- Die anderen können das viel besser.
- Das ist viel zu schwierig für mich.
- Wie soll ich das bloß schaffen?
- Ich werde nie eine Führungsposition übernehmen können.

= Ergebnis: Misserfolg

Ein guter Networker betreibt Gedankenhygiene. Auch er wird sich nicht gegen schlechte Gedanken wehren können. Kein Mensch ist davor sicher. Doch er lässt diesen Gedanken nicht zu, und das ist ein großer Unterschied. Es ist so, als stünde dieser Gedanke vor der Tür, Sie schauen durchs Fenster, nehmen ihn zur Kenntnis, öffnen aber nicht die Tür. Irgendwann wird der Gedanke dann verschwinden, weil er keine Lust mehr hat zu warten. Klopft dagegen ein guter Gedanke an die Tür Ihres Bewusstseins, nun, dann öffnen Sie diese Tür und bitten ihn herein, so als würde Sie ein guter Freund besuchen. Das ist wirklich so einfach. Sie müssen es nur ausprobieren. Wie sagte Einstein schon so treffend?:

> *„Man kann ein Problem nicht mit den gleichen Denkstrukturen lösen, die zu seiner Entstehung beigetragen haben."*

Wir Menschen machen uns das Leben nur unnötig schwer. Wir haben verlernt, wie einfach das Leben sein kann. Wir denken viel zu kompliziert. Ein typisches Beispiel menschlichen Verhaltens erlebte die Nasa in den 60er-Jahren. Als die erste bemannte Rakete ins All geschossen werden sollte, stand man vor dem Problem, einen Kugelschreiber zu finden, der in allen Lagen schreiben konnte. Weil es im Weltraum kein Oben und Unten gibt, musste der Kugelschreiber so beschaffen sein, dass die Tinte in jeder Lage fließen konnte. Die Nasa vergab hierzu eigens einen Forschungsauftrag für über eine Million Dollar. Am Ende fand sich ein Kugelschreiber mit diesen Eigenschaften. Das Problem war gelöst. Die Russen, mit denen sich die Amerikaner zu dieser Zeit ein Wettrennen um die Vorherrschaft im All lieferten, standen vor dem gleichen Problem. Weil sie nicht so viel Geld hatten, lösten sie das Problem ganz einfach: Sie gaben ihren Astronauten einen Bleistift in die Hand. Sie sehen, so einfach können Probleme gelöst werden, wenn man bereit ist, die nahe liegendsten Dinge zu tun und vermeidet, kompliziert zu denken.

Deshalb wird der Profi-Networker kurz vor dem eigentlichen Termin das kommende Gespräch sprichwörtlich im Kopf ablaufen lassen. Dieses „Kopfkino" hilft ihm, seine Ziele nochmals zu verdeutlichen, und gleichzeitig stellt er sicher, dass er auch wirklich an alles gedacht hat. Nehmen wir an, Sie wollen Ihrem potentiellen Kunden

Ihr Produkt verkaufen. Dann können Sie sich nun vorstellen, wie Sie das Gespräch eröffnen werden. Es könnte sein, dass Sie dem Kunden demonstrieren wollen, wie z. B. die demoskopische Entwicklung in Deutschland in den nächsten zwanzig Jahren aussehen wird und welche Folgen daraus entstehen. Wenn Sie diesen Gedanken hegen, wird Ihnen einfallen, dass Sie hierzu entsprechendes Bild- und Anschauungsmaterial benötigen, das diese Entwicklung eindrucksvoll dokumentiert. Wenn Sie Ihre Verkaufsmappe mit diesen Informationen ausgestattet haben, kein Problem. Fehlt Ihnen dieses Material, so haben Sie jetzt noch die Möglichkeit, es zu beschaffen. Dieses einfache Beispiel verdeutlicht, wie hilfreich die „geistige" Vorbereitung auf das anstehende Kundengespräch ist. Wenn auch Sie sich so vorbereiten, werden Sie sehen, dass Ihre Abschlussquote deutlich steigt.

Es ist ganz wichtig, dass Sie Ihre Unterlagen, die Sie für eine erfolgreiche Gesprächsführung zwingend benötigen, immer auf dem neuesten Stand und natürlich vollständig haben. Ich habe Networker beobachtet, die haben sich einfach um ein lukratives Geschäft gebracht, weil sie die Hälfte vergessen hatten. Das Problem war immer das gleiche. In einem mehrstündigen Gespräch erklärte der Networker das Geschäft von A bis Z. Als der Kunde sich für eine Zusammenarbeit entschieden hatte, wollte der Networker den Bestellschein vorlegen und stellte zu seinem Erstaunen fest, dass er gar keinen dabei hatte.

Sein Fehler war es, seine Unterlagen vor diesem Termin nicht geprüft zu haben. Deshalb konnte er an diesem Tag keine Unterschrift einholen. Also vereinbarte er gleich für den nächsten Abend einen neuen Termin, an dem der Kunde dann nur noch zu unterschreiben hatte. Sie ahnen, was passierte. Am nächsten Abend stand der Networker, wie ausgemacht, vor der Haustür, doch jetzt winkte der

Hausherr ab. Er habe sich das Ganze noch einmal überlegt und festgestellt, dass die ganze Sache nichts für ihn sei. Das ist bitter. Natürlich haben Sie Recht, wenn Sie jetzt einwerfen, dass bei einem in Deutschland gesetzlich festgelegten Rücktrittsrecht von zwei Wochen der Kunde einen unterschriebenen Vertrag sowieso hätte kündigen können. Doch hätte er das wirklich getan? Ich glaube nicht. Denn wer den Kunden am ersten Abend überzeugt und nicht über den Tisch zieht, gewinnt einen neuen treuen Kunden. Wer dagegen seine Unterlagen nicht auf Vordermann hat, hinterlässt einen schlechten Eindruck. Der Kunde kann sich des Gefühls nicht erwehren, dass Sie die Dinge nicht im Griff haben. Von Ihnen schließt er dann auf das gesamte Unternehmen und nimmt an, dass alle in dieser Firma so schlecht arbeiten. Und in einem schlechten Team arbeitet eben keiner gern. Deshalb versagt der potentielle Kunde die so begehrte Unterschrift.

MLM-Erfolgsregel Nr. 38

„Betrachten Sie die Dinge auch einmal von einer anderen Seite, als Sie sie bisher sahen. Das heißt, ein neues Leben zu beginnen."

8.03 Die Geschäftspräsentation als Umsatzbringer

„Das Ärgerlichste in dieser Welt ist, dass die Dummen todsicher und die Intelligenten voller Zweifel sind.“

Bertrand Russel

Sie haben gesehen, wie die richtige Einstellung Ihren Geschäftserfolg erhöhen kann. Je fester Sie an Ihren Erfolg glauben, desto eher werden Sie Ihren Provisionsscheck in den Händen halten. Damit Sie es noch leichter haben, unterstützen wir Sie auf ganz besondere Art. Ihr Ziel sollte es sein, möglichst ohne großen Aufwand viel Umsatz zu schreiben, ganz nach der alten kaufmännischen Regel:

„Mit einem Minimum an Aufwand ein Maximum an Ertrag.“

Nun sitzen natürlich gerade die jungen Networker zu Beginn ihrer Tätigkeit nicht unbedingt fest im Sattel. Deshalb wenden sie sich an ihre Vorgesetzten, die helfen können. Das ist aber nur eine von vielen Maßnahmen. Wir bieten unseren Networkern die Möglichkeit, ihre Interessenten zu einer Geschäftspräsentation in der Nähe des Wohnortes zu bringen. Hier haben die Gäste die Chance, alles über unser Produkt zu erfahren. Ausgezeichnete Sprecher sind in der Lage, dieses komplexe Thema simpel und verständlich darzustellen.

Diese Veranstaltungen dauern in der Regel drei Stunden. Danach kennt der potentielle Kunde das Produkt. Am Ende der Veranstaltung geben wir den Kunden wieder in die Obhut des Networkers, der sich nun um die Detailfragen kümmert und das Verkaufsgespräch führt. Das ist auch der Grund, weshalb wir unseren Networkern empfehlen, nur mit maximal zwei Personen zu einer Veranstaltung zu kommen. Um diese beiden Personen kann er sich intensiv kümmern. Kein Mensch ist in der Lage, sich an einem Abend um fünf, zehn oder gar zwanzig Interessenten zu kümmern. Viele Networker unterliegen einem großen Irrtum. Sie handeln nach dem Spagetti-Prinzip: „Wirf genügend gekochte Spagettis an die Wand, einige bleiben ganz bestimmt hängen."

Mit anderen Worten: Sie laden sich mehrere Dutzend Leute ein, von denen dann nur die Hälfte kommt. Von dieser Hälfte wird vielleicht wieder nur die Hälfte wirkliches Interesse haben. Doch solange sich diese Hälfte aus mehr als zwei Personen zusammensetzt, kann sich der Networker nicht mehr gleich gut um alle kümmern. Was wird passieren? Nun, alle Interessenten werden genervt nach Hause fahren. Schlimmer noch. Diese Menschen sitzen vielleicht alle noch zusammen oder teilen sich ein Auto. Was glauben Sie, wie diese Personen diskutieren werden? Es ist ja niemand unter ihnen, der das Geschäft wirklich versteht. Wie sollte er auch? Schließlich haben sie bis vor drei Stunden noch nie etwas von den einzigartigen Möglichkeiten gehört. Deshalb kommen ihnen große Zweifel, ob das alles Hand und Fuß hat. Am Ende sind sich alle einig: Das Ganze lohnt sich nicht, es kann gar nicht funktionieren. Albert Einstein sagte es sehr treffend:

> *„Wenn die Menschen nur über das sprechen würden, was sie begreifen, würde es auf unserer Erde sehr still sein."*

Deshalb lädt der Profi-Networker nur zwei Personen ein, um die er sich den gesamten Abend kümmert, und zwar nicht erst im Seminarraum. Nein, er kümmert sich schon viel früher. Er vereinbart nämlich nicht nur einen Termin mit seinen Interessenten, sondern auch gleich einen Abholtermin, damit er mit seinen Gästen gemeinsam zu der Veranstaltung fahren kann. So hat er während der Fahrt die Möglichkeit, die Teilnehmer auf das Mega-Event vorzubereiten. Nach der Veranstaltung kann er dann die Eindrücke der Interessenten entsprechend kommentieren und besprechen. Es bleiben keine Fragen unbeantwortet, und die von der Veranstaltung ausgegangene Motivation wird an diesem Abend noch länger anhalten. Aber es gibt noch einen weiteren Grund, warum er seine Interessenten abholen sollte. Denken Sie bitte daran, was ich Ihnen im vorherigen Kapitel gesagt habe. Menschen sind bequem. Sie lieben es, lang auf dem Sofa zu liegen und sich wenig bis gar nicht mehr zu bewegen. Deshalb ist es sehr schwer, sie dazu zu bringen, etwas zu unternehmen.

Der Networker muss diese Leute buchstäblich vom Sofa holen, sonst werden nur die wenigsten mitkommen. Und weil das so ist, weiß der Networker, dass er mindestens zehn Minuten vor der vereinbarten Zeit beim Kunden auf der Matte zu stehen hat. Es gibt nämlich Kunden, die vor dem Termin kneifen wollen. Nicht etwa in böser Absicht, sondern weil sie Angst haben. Angst vor Veränderungen, denen sie sich an diesem Abend sicher stellen müssten. Sie handeln also durchaus menschlich. Dennoch wird kein Networker einen Interessenten zu irgendeiner Handlung zwingen, die ihm unbequem ist. Doch es gibt Situationen, da müssen die Menschen sprichwörtlich zu ihrem Glück gezwungen werden, indem man ihnen die Möglichkeit gibt, ein einzigartiges Geschäft unverbindlich kennen zu lernen. Insofern finde ich es durchaus angemessen, jemanden mit Nachdruck einzuladen. Kommt der Networker pünktlich zur vereinbarten Zeit zu seinem Gast, kann es aber durchaus sein, dass er ihn nicht mehr antrifft oder der Gast ihm erst gar nicht die Tür öffnet. Erscheint der Networker dagegen deutlich früher zum Termin, bleibt dem Interessenten gar keine andere Wahl als mitzukommen. Denn auch das ist eine unverrückbare Tatsache, dass wir Menschen alle sehr neugierig sind. Das scheint uns quasi in die Wiege gelegt worden zu sein. Ihr Job ist es, diese

Gier nach Neuem

zu befriedigen. Das ist Ihr Job als Networker. So einfach ist es. Sie müssen es nur tun.

Ein weiterer Grund, warum ein Networker seine Gäste abholen sollte, liegt in der Agenda der Veranstaltung, die alle unisono jeweils um 19.30 Uhr beginnen. Um 19.30 Uhr und nicht um 19.35 Uhr oder 19.40 Uhr. Wir fangen immer pünktlich an. Egal, ob es stürmt oder schneit. Wer das Geschäft ernst nimmt, wird immer pünktlich sein. Wenn es draußen eiskalt und die Straße spiegelglatt ist, so kann man durchaus früher losfahren, um pünktlich vor Ort zu sein. Ob Lufthansa, Bundesbahn oder Linienbusse, sie alle fahren nach einem festen Zeitplan. Wer nicht pünktlich zur Abfahrtzeit eintrifft, fährt bzw. fliegt nicht mit. So einfach ist das. Kein Flugzeug würde auf einen Passagier warten, bis der sich endlich bequemt, das Flugzeug zu betreten. Nicht nur, weil dadurch der gesamte Flugbetrieb aus den Fugen geraten könnte. Ich finde es viel schlimmer, dass die Menschen, die pünktlich gekommen sind, für die Nachlässigkeit einer Minderheit quasi den Kopf hinhalten müssen. Sie haben sich rechtzeitig auf den Weg gemacht, um das Geschäft ihres Lebens kennen zu lernen, und dann sollen sie auf die warten, die sowieso immer zu spät kommen. Das ist nicht fair. Im Übrigen habe ich die Erfahrung gemacht, dass es notorische „Zuspätkommer" gibt. Wenn wir auf diese Menschen warten würden, würde sich die Veranstaltung immer mehr nach hinten verschieben. Sie kommen das erste Mal fünf Minuten zu spät, das zweite Mal sind es bereits zehn Minuten, beim dritten Mal ist es schon eine halbe Stunde usw. Disziplin ist das Gebot der Stunde, und deshalb ist pünktliches Beginnen Pflicht.

MLM-Erfolgsregel Nr. 39

„Notorische Zuspätkommer sind tödlich fürs Geschäft. Entweder Sie beschäftigen sich mit diesen Menschen oder diese Menschen beschäftigen sich mit Ihnen. Beides ist nicht gut fürs Geschäft.“

8.04 Das Gespräch mit dem Kunden

„Was ist herrlicher als Gold? - Das Licht!
Was ist erquickender als Licht?
Das Gespräch!“

Goethe

Sie haben gesehen, wie Sie durch unsere Geschäftspräsentationen viel leichter verkaufen können. Wichtig ist, dass Sie nach der Veranstaltung den Kunden an die Hand nehmen und ihn weiter betreuen. Unterschätzen Sie die Wirkung dieser Handlung nicht. Heutzutage werden die Menschen viel zu oft und zu schnell allein gelassen. Ob Internet-Banking, Online-Käufe, Selbstbedienung im Supermarkt, Selbsttanken an der Tankstelle, Versteigerungen bei Ebay, etc., überall muss sich der Einzelne selbst kümmern. Betreuung und Unterstützung finden nicht mehr statt. Die Kommunikation beschränkt sich allenfalls noch auf das Piepen der Scanner-Kassen. Eine richtige Beratung gibt es heute kaum noch. Oder haben Sie schon einmal im Baumarkt einem Verkäufer Ihr technisches Problem so genau schildern können, dass er Ihnen danach das gesuchte Teil anbieten konnte? Ich nicht. Einmal davon abgesehen, dass es unglaublich schwierig ist, einen Verkäufer in diesen großen Verkaufstempeln zu finden. Hat man endlich einen gefunden, stehen nicht selten mehr als zehn fragende Personen um ihn herum. Kommt man nach zehn weiteren Minuten endlich an die Reihe, klingelt sein Telefon. Dadurch ist der Verkäufer erneut abgelenkt, und wieder sind fünf wertvolle Minuten verstrichen. Nachdem wir unser technisches Problem geschildert haben, müssen wir erfah-

ren, dass dieser gute Mann gar nicht zuständig ist, sondern sein Kollege, der heute allerdings in Urlaub ist. Also machen wir uns wieder auf den Weg und suchen eigenständig das benötigte Teil. Angesichts der gewaltigen Auswahl ein hoffnungsloses Unterfangen. Nicht selten musste ich bis zu dreimal hinfahren, um endlich das richtige Teil zu finden. Deshalb bin ich mir absolut sicher, dass Sie sich vor Aufträgen und Bestellungen nicht mehr retten können, wenn Sie sich wirklich ernsthaft um die Menschen kümmern und ihnen helfen, ihre Probleme zu lösen.

Ich möchte Ihnen eine weitere Hilfestellung geben, wie Sie noch schneller ans Ziel Ihrer Wünsche, den Vertragsabschluss, kommen. Profi-Networker wenden bei ihren Gesprächen die so genannte

AIDA-Formel

an. Die hat nichts mit dem wunderschönen Kreuzfahrtschiff Aida zu tun, aber die Assoziation hieran hat durchaus einen Reiz. AIDA, Sie sehen, ich schreibe das in Großbuchstaben, ist die Abkürzung für

A	=	Aufmerksamkeit
I	=	Interesse
D	=	Drang
A	=	Aktion,

deren Bedeutung ich nun im weiteren Verlauf beschreiben werde.

A = Aufmerksamkeit

Die ungeteilte Aufmerksamkeit eines Kunden zu bekommen, klingt leichter als es ist. Sie dürfen nie vergessen, dass die meisten Menschen den ganzen Tag über hart gearbeitet haben. Sie kommen ausgelaugt und müde nach Hause. Ihnen steht der Sinn nach einer erfrischenden Dusche, einem gepflegten Abendessen und einer gemütlichen Flasche Bier vor dem Fernseher. Was sie am allerwenigsten gebrauchen können, sind langatmige Gespräche bis in die Nacht. Deshalb ist es so wichtig, sich in diesen Gesprächen auf das Wesentliche zu beschränken. Es ist falsch, den Kunden mit Fachwissen voll zu stopfen, um so seine Unterschrift zu bekommen. Der liebe Gott hat uns Menschen einen Mund, aber zwei Ohren gegeben, damit wir weniger reden und mehr zuhören. In der Tat ist es so, dass Sie die besten Informationen bekommen, wenn Sie Ihren Kunden erzählen lassen. Ich weiß, zuhören kann manchmal sehr anstrengend sein, und deshalb neigen wir dazu, dem anderen ins Wort zu fallen und ihn ständig zu unterbrechen. Das ist nicht gut und führt mit Sicherheit nicht zum gewünschten Ergebnis.

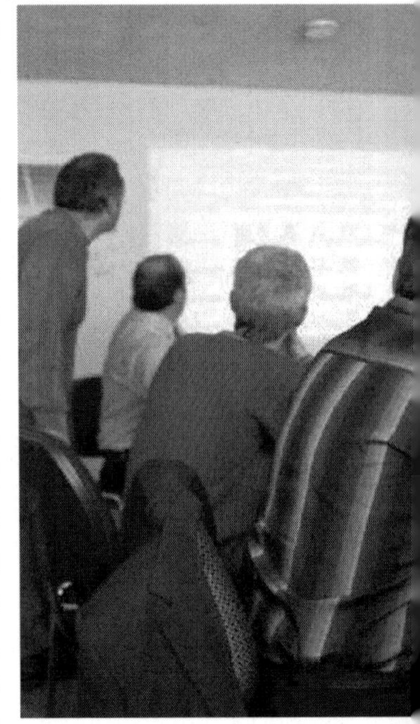

Es gilt, sich zusammenzureißen und dem Kunden Ihre volle Aufmerksamkeit zu widmen. Wenn Sie antworten, dann sprechen Sie Ihren Gesprächspartner immer mit seinem Namen an. Sprechen Sie den Namen richtig aus. Menschen mögen es überhaupt nicht, falsch angesprochen zu werden. Herr Schmidt heißt Herr Schmidt und nicht Herr Schmitz. Wenn der Kunde einen schwierigeren Namen hat, notieren Sie sich diesen Namen zu Beginn des Gespräches auf einem Blatt Papier. Lassen Sie sich, wenn nötig, den Namen vom Kunden buchstabieren, er wird dafür Verständnis haben. Nichts hören die Menschen lieber als ihren eigenen Namen. Erfolgreiche Networker wählen ihre Formulierungen so, dass der Name des Kunden häufig ausgesprochen wird. In Kaufhäusern, wo in der Regel Anonymität herrscht und niemand nach dem Namen des Kunden fragt, wenn er das Haus betritt, gibt es eine klare Anweisung. Sowie ein Kunde mit seiner EC- oder Kreditkarte die Ware bezahlt, kennt die Kassiererin seinen Namen, weil dieser auf der Karte gedruckt ist. Nun hat sie den Kunden mit seinem Namen anzusprechen: „So, Herr Meier, wenn Sie dann bitte hier einmal unterschreiben möchten.“ „Vielen Dank, Herr Meier.“ „Hier sind Ihre

Quittung und Ihre Karte. Ich wünsche Ihnen noch einen schönen Tag, Herr Meier."

Die volle Konzentration Ihres Gesprächspartners ist Ihnen sicher, wenn Sie daneben auch noch ein paar Streicheleinheiten verteilen. O nein, nicht was Sie vielleicht denken mögen. Ich meine mitnichten den körperlichen Kontakt. Meine Streicheleinheiten beziehen sich auf die gesprochenen Worte. Loben Sie Ihren Kunden und geben Sie Ihre Bewunderung darüber zum Ausdruck, was er im Leben schon alles erreicht hat. Sprechen Sie ihn genau auf die sichtbaren Erfolge an und Sie bestätigen ihm somit, dass er einen guten Job gemacht hat. Ich kenne keinen Menschen, der nicht gelobt werden möchte. Hier einige Beispiele, wie Sie durch geschickte Formulierungen den Kunden zum Reden bringen können. Bitte tragen Sie nicht zu dick auf, indem Sie ihm zuviel Honig um den Bart schmieren. Das wirkt aufgesetzt und der Kunde durchschaut sehr schnell, dass Sie nicht ehrlich sind.

Hier einige „Streicheleinheiten":

- Sie haben ein sehr schönes Haus. Wie sind Sie auf die Idee gekommen, es so zu bauen?
- Sie haben einen sehr schönen Wagen. Besonders ansprechend finde ich die Zierleisten. Was hat Sie inspiriert, diese Leisten auszuwählen?
- Ihr Anzug gefällt mir. Besonders in Verbindung mit der Krawatte. Wie finden Sie immer die richtige Kombination?
- Sie haben zuvorkommende und höfliche Kinder. Wie schaffen Sie es, sich nach getaner Arbeit so um die Erziehung zu kümmern?
- Wie ist Ihre Meinung als Experte?

Bei diesen offenen Fragen wird Ihnen Ihr Kunde viele Stichwörter liefern, an die Sie dann anknüpfen können, um ihn zum Vertragsabschluss zu führen. Notieren Sie sich während des Dialoges die Stichwörter auf einem Stück Papier und hören Sie geduldig zu, auch wenn es mitunter sehr langweilig ist. Wenn Sie den Kunden haben ausreden lassen, arbeiten Sie die während des Gespräches notierten Positionen auf der Liste ab. So wird der Kunde ein gutes Gefühl entwickeln, weil Sie auf die Punkte zu sprechen kommen, die ihm am Herzen liegen. Aber auch hier gilt es, sich kurz zu fassen und nicht in langatmigen Sätzen komplizierte Sachverhalte zu erklären. Dafür hat niemand ein offenes Ohr. Konzentrieren Sie sich auf das Wesentliche, nach der bekannten

KISS-Formel,

die so gar nichts mit küssen (engl. to kiss) zu tun hat und Sie mitnichten auffordert, den Kunden zu küssen. KISS ist die englische Abkürzung für Keep It Short and Simple und bedeutet sinngemäß: Fasse dich kurz und vermeide komplizierte Sätze. Insbesondere sollten Sie Fachbegriffe vermeiden. Einige Networker versuchen sich dadurch wichtig zu machen, indem sie möglichst viele englische Wörter oder Fachbegriffe verwenden. Dass sie damit genau das Gegenteil erreichen, ist ihnen nicht klar.

Irgendwie bin ich doch ein klein bisschen zynisch, oder? Da sage ich Ihnen, dass Sie keine englischen Begriffe benutzen sollen, um Ihnen im selben Atemzug die englisch auszusprechende KISS-Formel an die Hand zu geben. Ein Schelm, der Böses dabei denkt. Natürlich bleibe ich weiterhin der einfachen Sprache verbunden und nenne diese wichtige Formel einfach um, und zwar in

KUSS-Formel.

Diese vier Buchstaben stehen für: Kurz und sehr simpel. Sehen Sie, es geht doch, man muss es nur wollen.

Sicher kennen Sie den altklugen Satz: „Die voluminöse Expansion subterraner Substanzen verhält sich reziproportional zu der intellektuellen Kapazität des produzierenden Ökonoms“. Dieser Satz zeigt, wie einfache Dinge schwierig ausgedrückt werden können. Dahinter steht das alte Sprichwort: „Die dümmsten Bauern haben die dicksten Kartoffeln." Also, lassen Sie es nie so weit kommen, dass Ihr Gesprächspartner Sie nicht versteht. Es macht Sie sympathisch, wenn Sie offen und ehrlich reden und jede Wichtigtuerei vermeiden. Überfordern Sie Ihren Gesprächspartner nicht mit Informationen und Fakten. Nehmen Sie stattdessen ein Blatt Papier und zeichnen Sie Lösungsvorschläge auf. Begeistern Sie ihn, indem Sie ihn von der Richtigkeit Ihres Produktes überzeugen.

I = Interesse

Mit den richtigen Fragen können Sie Ihren Gesprächspartner motivieren, Ihnen Rede und Antwort zu stehen. Sie erreichen Ihr Ziel, den Vertragsabschluss, am schnellsten, wenn Sie Ihrem Gesprächspartner die richtigen Fragen stellen. „Wer fragt, der führt", das ist eine alte Kaufmannsweisheit. Um es gleich vorweg zu sagen: Sie sind es, der dieses Gespräch führt. Nicht der Kunde. Wohlgemerkt, die Betonung liegt auf führen und nicht auf sprechen. Sprechen muss der Kunde, doch die Richtung, die geben Sie vor. Es ist wichtig, dass Sie sich das Zepter zu keiner Zeit aus der Hand nehmen lassen.

Achten Sie genau darauf, welche Fragen Sie stellen. Einem übergewichtigen Mann die Frage zu stellen, ob er letztes Jahr zum Surfen auf Mallorca war, ist genauso geschäftsschädigend wie die Frage nach der Wunschhaarfarbe bei einem Mann mit Glatze. Wenn es nicht passieren würde, hätte ich an dieser Stelle solche Patzer nicht erwähnen müssen. Aber es passiert. Meist aus Unwissenheit oder weil sich der Networker nicht konzentriert hat und seine auswendig gelernten Fragen gestellt hat. Wenn Sie einen Angestellten besuchen, könnte die richtige Frage wie folgt lauten: „Verdienen Sie genug Geld?" oder „Wollen Sie mehr Geld verdienen?". Auf diese Frage werden die meisten mit einem klaren „Ja"

antworten. Das Problem ist nur, dass Sie mit einer solchen Antwort nicht mehr Informationen bekommen als ein Ja oder ein Nein. Es handelt sich hierbei um eine so genannte geschlossene Frage, die meiner Meinung nach eher am Ende des Gespräches gestellt werden sollte. Grundsätzlich wird unterschieden in offene und geschlossene Fragen. Die geschlossene Frage beginnt mit einem Tätigkeitswort. Als Antwort erhält der Fragende ein *Ja* oder *Nein* oder *Vielleicht*. Solche Fragen sind z. B.:

- Haben Sie heute schon Radio gehört?
- Haben Sie gestern Abend die Tagesthemen gesehen?
- Sind Sie mit Ihrem Arbeitsplatz zufrieden?
- Üben Sie Ihre Arbeit gerne aus?
- Möchten Sie etwas trinken?
- Wollen wir heute Abend essen gehen?
- Sind Sie schwanger?

Sie sehen, mit den geschlossenen Fragen treten Sie auf der Stelle, weil Sie keine weitergehenden Informationen erhalten. Deshalb sollten Sie so oft wie möglich offene Fragen, die so genannten „W-Fragen", einsetzen, wie z. B.:

- Wann wollen wir uns treffen?
- Wie heißt Ihr Ehepartner und wird er/sie bei dem Gespräch anwesend sein?
- Wen sollten wir noch einladen?
- Wie kann ich Ihnen helfen?
- Wie viel Geld benötigen Sie zur finanziellen Freiheit?
- Wie hoch ist Ihre Altersrente?
- Möchten Sie in einer teuren Boutique einkaufen?
- Wie viel Geld wollen Sie verdienen?
- Wann wollen Sie Ihre finanzielle Unabhängigkeit erreicht haben?

Die Antworten auf diese Fragen liefern Ihnen wichtige Informationen. Die Art Ihrer Fragestellung entscheidet darüber, wie viele Informationen Ihr Gesprächspartner von sich preisgibt. Seine Antwort ist quasi die Basis für die nächste Frage, um noch mehr Informationen zu erhalten. Diese Frage ist wertneutral und sollte möglichst kurz gehalten werden, wie z. B.:

1. Wie würde Ihr Leben aussehen, wenn Sie sich um Geld keine Gedanken mehr machen müssten?

2. Was würden Sie als Erstes tun, wenn Sie einen fünfstelligen Provisionsscheck erhalten?

3. Was erwarten Sie von dem Produkt?

Mit offenen Fragen können Sie jedoch keine Entscheidung herbeiführen, das geht in der Regel nur mit den geschlossenen Fragen. Mit den offenen Fragen geht es zunächst einmal nur darum, möglichst viele Daten zu sammeln. Wenn Sie sich in Richtung Vertragsabschluss bewegen, sollten Sie die so genannte Alternativfrage stellen. Hier wird dem Grunde nach vorausgesetzt, dass der Kunde sich für Sie bzw. Ihr Produkt entschieden hat, aber das noch nicht klar zum Ausdruck gebracht hat.

Deshalb geben Sie ihm mit dieser Fragetechnik die Möglichkeit, zwischen zwei Alternativen zu wählen:

- Möchten Sie per Überweisung oder bar bezahlen?
- Wollen Sie morgen oder erst nächste Woche das Seminar besuchen?
- Soll ich Ihnen das Produkt gleich morgen früh vorbei bringen oder eher morgen Abend?

Auch bei der Terminvereinbarung hilft diese Fragestellung weiter:

- Möchten Sie, dass wir uns heute noch sehen oder passt es Ihnen morgen früh um 10.00 Uhr besser?
- Wollen wir uns am Dienstagnachmittag oder am Freitagvormittag treffen?
- Soll ich Sie von zu Hause oder von Ihrer Arbeitsstätte abholen?

Noch einmal zur Erinnerung. Diese Fragen dienen lediglich der Orientierung. Es wäre völlig falsch, sie nur auswendig zu lernen, um sie dann zu gegebener Zeit „herunterzubeten". Bleiben Sie sich selbst treu und verbiegen Sie sich nicht. Das wirkt gekünstelt. Ihr Gesprächspartner spürt, dass etwas nicht in Ordnung ist. Sein Gefühl verrät es ihm. Und sobald auch nur der Hauch einer Unstimmigkeit das Gespräch überschattet, können Sie den Vertragsabschluss vergessen. Sie können sich noch so sehr anstrengen, es wird Ihnen nicht mehr helfen. Der potentielle Kunde wird nicht mehr kaufen. Die Art und Weise, wie Sie sich Ihrem Gesprächspartner gegenüber verhalten, sagt viel über Ihre Aufrichtigkeit aus. Wer seine Augen nicht auf den Gesprächspartner richtet, während dieser spricht, bringt damit eine Spur von Gleichgültigkeit zum Ausdruck. Ein guter Verkäufer spiegelt daher auch immer das Verhalten seines Gegenübers wider. So wird er nicht mit geschlossenen Armen vor ihm sitzen, wenn dieser beide Arme ausbreitet. Je aufrichtiger Sie Ihren Körper einsetzen, desto klarer und eindeutiger ist die Botschaft an den Gesprächspartner.

Er spürt Ihre Aufrichtigkeit, die Sie nonverbal erzeugen:

- Reden Sie nur, lieber Kunde, ich höre Ihnen gerne zu.
- Ich respektiere Ihre Meinung.
- Sie sind wie Sie sind, und das akzeptiere ich.
- Bitte wiederholen Sie noch einmal das Gesagte, es ist mir sehr wichtig, Sie richtig verstanden zu haben.

Kräftiger Händedruck, saubere Fingernägel, trockene Handflächen (keine Schweißhände), ständiger Blickkontakt, ehrliche, bestätigende und bewundernde Äußerungen, das alles sind unentbehrliche Hilfsmittel im Verkaufsgespräch. Darüber hinaus sollten Sie einige wichtige rhetorische Grundregeln beachten:

- Vermeiden Sie übertriebene Höflichkeitsfloskeln.
- Treten Sie nie als Bittsteller auf. Sie haben ein Produkt, das den Kunden reich machen kann. Wenn er das erkannt hat, wird er Sie über alle Maßen schätzen.
- Vermeiden Sie häufige Wiederholungen Ihrer Lieblingsworte oder landestypische Bestätigungen wie gell (Süddeutschland), nicht/oder (Schweiz), nö (Norddeutschland), nicht wahr (Gesamtdeutschland), etc.
- Sprechen Sie nicht über Themen wie Sport, Politik, Religion und Bundesliga. Es kann Ihnen passieren, dass Ihr Gesprächspartner hierzu eine ganz andere Meinung hat als Sie, und schon wäre ein konstruktives Gespräch gar nicht mehr möglich.
- Sprechen Sie bildhaft.
- Verwenden Sie kurze Sätze.
- Sprechen Sie langsam und deutlich.
- Setzen Sie zur Unterstützung Bildmaterial ein oder skizzieren Sie das soeben Gesagte auf einem weißen Papierbogen (ohne Fettflecken, Eselsohren und sonstige Unansehnlichkeiten).

D = Drang

Kommen wir nun zum dritten Buchstaben unserer AIDA-Formel. D steht für Drang. Jetzt trennt sich die Spreu vom Weizen. Spätestens in dieser Phase müssen Sie Ihren Kunden soweit motiviert haben, dass er nur noch eines möchte: den Vertrag unterschreiben. Wenn er bis hierher nicht „brennt", also den unbändigen Drang verspürt, unbedingt dabei zu sein, haben Sie mit Verlaub einen schlechten Job gemacht. Aber es ist noch nicht aller Tage Abend. Kehren Sie zurück zur Position I und stellen Sie ihm weiterhin einige Fragen, um das Geschäft erneut anzukurbeln.

A = Aktion

A steht zum einen für Aktion, zum anderen für Auftrag, und den erhalten Sie ganz bestimmt, wenn Sie sich an die hier aufgestellten Regeln gehalten haben.

MLM-Erfolgsregel Nr. 40

„Wie ein Mathematiker, so sollten Sie auch die wichtigsten Formeln kennen. Die wichtigsten Formeln in unserem Geschäft sind: die AIDA-Formel und die KUSS-Formel. Wenden Sie diese Formeln konsequent an."

8.05 Das Nein des Kunden

„Halte dich immer für dümmer als die anderen, sei es aber nicht."

Jean Cocteau

Mein Buch will Ihnen Wege zur finanziellen Freiheit aufzeigen und Anregungen geben, wie Sie dieses Ziel erreichen können. Natürlich bin ich mir im Klaren darüber, dass sich die Welt nicht in Schwarz und Weiß einteilen lässt. Auch Sie werden damit leben müssen, dass Sie sich um viele Interessenten kümmern, die nicht sofort Feuer und Flamme sind. Trotz zahlreicher Bemühungen lässt sich der Interessent nicht zu einer Unterschrift verleiten. Statt des ersehnten Ja lehnt der Kunde mit einem entschiedenen Nein ab. Bedeutet das jetzt das Ende aller Bemühungen? Nun, auch hier kann es keine pauschale Antwort geben, weil es Tausend und mehr Gründe gibt, weshalb ein Geschäft nicht zum Abschluss gebracht werden kann. Einer der Gründe ist die Missachtung der nicht gestellten Frage! Klingt kompliziert, ist aber ganz einfach zu verstehen. Wenn Sie einen Porsche verkaufen, dann könnte der Kunde Sie direkt fragen:

„Wie schnell kann ich mit diesem Flitzer fahren?"

Eine klare Frage, auf die Sie klar antworten können. Nachdem die Probefahrt abgeschlossen ist, fragt der Kunde Sie nach dem Preis. Auch hier können Sie wieder eine klare Antwort geben. Aber jetzt kommt es. Sie wissen nicht, ob der Kunde diesen Preis akzeptiert. Gehen Sie davon aus, dass in den meisten Fällen so etwas wie ein Kino im Kopf des Kunden abläuft. Es ist total egal, wie „teuer" das Produkt ist. Die meisten Menschen finden jeden Preis überteuert.

Leider sagen die meisten das nicht so frei heraus. Ein Kunde stellt sich innerlich die Frage, ob dieses Angebot fair ist. Weil er diese Frage nur denkt, können Sie nicht antworten. Genau das meine ich mit nicht gestellten Fragen, die Sie aber beantworten müssen, um einen Auftrag zu bekommen. Bezogen auf mein Autobeispiel könnte die „nicht gestellte Frage" lauten: *„Darf ich Ihnen noch einmal kurz aufzeigen, was Sie alles für diesen günstigen Preis erhalten?"* Die Antwort ist eigentlich egal, weil Sie als guter Networker ohnehin nochmals die Vorzüge Ihres Angebotes kurz und knapp zusammenfassen sollten. Aber Sie erreichen mit diesem Vorgehen, dass Sie den Kunden ernst nehmen und er eher eine für Sie positive Entscheidung treffen wird.

Darüber hinaus kann es natürlich noch andere Gründe geben, warum ein Kunde Ihren Vertrag nicht unterschreiben möchte:

- Sie haben den Kunden nicht begeistern können.
- Die Chemie zwischen Ihnen und Ihrem Kunden stimmt nicht.
- Sie haben zuviel geredet und so dem Kunden keine Chance gegeben, mit Ihnen wirkungsvoll zu kommunizieren.
- Der Kunde vertraut Ihnen nicht.
- Der Kunde sieht keinen Produktnutzen.

Es ist wirklich nicht einfach, das Nein eines Kunden zu akzeptieren. Der schon so sicher geglaubte Auftrag löst sich buchstäblich in Luft auf. Vor dem geistigen Auge sieht man seinen Provisionsscheck davonfliegen. Es erhebt sich die Frage, wie man sich in einer solchen Situation verhalten sollte. Ist es ggf. vernünftig, sich der alten Verkaufsweisheit „Beim Nein fängt das Verkaufen erst an" zu beugen oder die Akte zuzuklappen und das Haus zu verlassen? Letzteres können Sie noch immer tun. Ich bin der Meinung, die Chance, beim Kunden im Wortsinn auf dem Schoß zu sitzen, pardon am Tisch, kommt so schnell nicht wieder. Sie sollten daher Ihren gesamten Mut zusammentragen und noch einmal tief durchatmen und dann in die nächste Runde gehen. Denn für mich bedeutet ein Nein des Kunden:

N	=	**N**och
E	=	**E**ine
I	=	**I**nformation
N	=	**N**ötig

Welche Information dem Kunden noch fehlt, werden Sie sehr schnell durch geschickte Fragen, so wie ich sie bereits beschrieben habe, herausfinden. Üben Sie sich in Geduld. Es ist noch kein Meister vom Himmel gefallen. Gerade wenn Sie ins Network-Marketing einsteigen, fehlt Ihnen die Routine, und Sie werden Fehler machen. Das ist durchaus normal. Aber Sie sollten nie aufhören zu kämpfen. Nichts, ich betone nichts, wird einem heute in die Wiege gelegt. Man muss verdammt hart arbeiten, um nach oben zu kommen. Wobei hart nicht mit harter körperlicher Arbeit gleichzusetzen ist, sondern eher mit Zeiteinsatz.

Bevor Sie in die neue Verhandlungsrunde einsteigen, ist es wichtig, sich einen so genannten Vorabschluss einzuholen. Spätestens hier muss der Kunde Farbe bekennen. Von seiner Antwort hängt es ab, ob ein neuerlicher Versuch, dem Kunden das Produkt zu verkaufen, erfolgreich enden kann. Sie könnten dieses Gespräch in etwa wie folgt beginnen:

> *„Herr Kunde, wir haben über Ihre Ziele und Wünsche gesprochen und Sie haben mir gesagt, dass Ihnen das … und dieses … in den nächsten Jahren am wichtigsten ist. Sie streben in jedem Fall Ihre finanzielle Freiheit an. Wenn ich Ihnen dabei behilflich sein kann, Ihre Ziele schneller zu erreichen und Ihnen eine Lösung dazu anbiete, sind wir dann heute im Geschäft?"*

Sie sehen, mit dieser Fragestellung geben Sie ganz klar die Richtung vor. Wichtig ist, dass Sie den Kunden direkt und bestimmt anschauen. Bei der Formulierung der Frage heben Sie Ihren Hintern ein wenig vom Stuhl, beugen sich weit nach vorne und reichen dem Kunden Ihre Hand. Schlägt er ein, können Sie das als Versprechen werten. Die Symbolik eines Handschlags hat auch heute noch einen sehr hohen Stellenwert in der Gesellschaft. Mit einem Handschlag wurden zu allen Zeiten die besten und teuersten Geschäfte gemacht. Nur Insider wissen, dass der Bau des zu dieser Zeit größten Schiffes aller Zeiten, der Titanic, nur per Handschlag besiegelt wurde. Erst nachdem die Vertragsparteien eingeschlagen hatten, wurden die schriftlichen Formalitäten geregelt. Noch heute treffen sich die Reiter auf Pferdemärkten und besiegeln den Kaufvertrag eines Rennpferdes, das schon einige Hunderttausend Euro kosten kann, nur per Handschlag. Antwortet Ihr Kunde dagegen abermals mit einem Nein, sollten Sie keine weitere Zeit vergeuden. Ich weiß, das klingt hart. Ist es aber nicht. Wir alle, auch Sie, leben vom Produktverkauf und nicht davon, dass wir tolle Beratungen leisten. Glauben Sie mir, nichts frustriert einen Networker mehr als verschwendete Energie. Sagt der Kunde nein, bedanken Sie sich für das Gespräch und gehen zum nächsten Kunden.

Wenden wir uns den wichtigeren Kunden zu. Das sind die, die Ihnen per Handschlag signalisiert haben, dass sie im Geschäft sind, sobald ihre Fragen geklärt wurden. Nachdem Sie nach der obigen Frage via Handschlag das Procedere geklärt haben, nehmen Sie ein Blatt Papier und zeichnen darauf das so genannte Adenauerkreuz. Die linke Seite kennzeichnen Sie mit einem „+“, die rechte Seite mit einem „-“.

Danach sieht Ihr Kreuz wie folgt aus:

+	-

Jetzt eröffnen Sie das Gespräch, indem Sie die richtigen Fragen stellen. Doch vorher bitten Sie Ihren Gesprächspartner und potentiellen Kunden, die aus seiner Sicht positiven Elemente aus dem Gespräch zusammenzufassen. Lenken Sie danach das Gespräch auf das Produkt und bitten Sie ihn auch hier um eine positive Zusammenfassung. Je mehr positive Eigenschaften Ihr Kunde erwähnt, desto weniger Fragen müssen Sie stellen. Erst nachdem der Kunde sein Statement abgegeben hat, fragen Sie ihn, ob ihm etwas nicht gefallen hat. Stellen Sie diese Fragen nie vorher. Es ist ganz wichtig, dass der Kunde zunächst die positiven Eigenschaften, die für dieses Produkt sprechen, erwähnt hat. Seine Angaben hierzu tragen Sie in die „+“-Spalte des Adenauerkreuzes ein. Gehen Sie davon aus, dass Ihr Gesprächspartner nur zwei oder drei Pluspunkte nennen wird. Mehr werden ihm in der Regel nicht einfallen.

Jetzt sind Sie am Zuge, indem Sie nun die richtigen Fragen stellen. So könnte die erste Frage lauten: *„Herr Kunde, ist es nicht super, dass Sie unser Produkt zu allen Zeiten nutzen können?* Auf diese Frage kann der

Kunde nur mit Ja antworten. Diese Antwort notieren Sie nun auf der „+"-Seite des Adenauerkreuzes in Stichworten: „Das Produkt anwenden, wann immer ich will". Ihr Kunde wird im weiteren Gesprächsverlauf nicht mehr sagen können, dass er dieses Produkt nur unter bestimmten Voraussetzungen anwenden kann.

Die nächste Frage könnten Sie wie folgt formulieren: *„Herr Kunde, es ist doch super, dass unser Produkt so einfach angewendet werden kann, oder?"* Es ist ganz wichtig, dass Sie diese Frage unbedingt mit einem „Oder" beenden. So wird er diese Frage nur mit einem Ja beantworten können. Also notieren Sie auch hier wieder auf der „+"-Seite „Einfach anwendbar". Somit kann Ihr Gesprächspartner später nicht behaupten, dass die Anwendung viel zu kompliziert ist.

Weiter geht es mit der nächsten Frage, die wie folgt gestellt werden könnte: *„Herr Kunde, es ist doch super, dass Sie unser Produkt überall einsetzen können. Ob in der Badewanne, am Küchentisch oder im heimischen Bett. Das ist einfach genial, oder?"* Auch hier wird Ihr Kunde zustimmen müssen, weil es der Wahrheit entspricht. Somit kann Ihr Kunde später nicht behaupten, dass er keine Möglichkeit hat, Ihr Produkt zu nutzen.

Meine Ausführungen haben Ihnen gezeigt, wie Sie nun Frage für Frage vorgehen müssen, um die richtigen Antworten zu erhalten. Lassen Sie mich deshalb die alles entscheidende Botschaft über das Adenauerkreuz in einem Satz zusammenfassen:

> Alle Einwände, die Ihr Gesprächspartner möglicherweise gegen Ihr Produkt richten könnte, müssen Sie vorher als positive Frage gestellt haben, deren Antwort Sie, wie nach obigem Muster, auf der „+"-Seite des Adenauerkreuzes notieren.

Wenn Sie so vorgehen, wird Ihr Kunde es schwerer haben, gegen dieses Produkt zu argumentieren. Je mehr Fragen Sie stellen, umso mehr Pluspunkte können Sie notieren. Es gibt keine einheitlichen

Regeln, wie viele Fragen es sein könnten. Ich für mich habe im Schnitt mit 30, teilweise sogar mit 50 Fragen gearbeitet. Dadurch füllte sich die „+“-Spalte recht schnell, während die „-“-Spalte ohne Eintrag blieb, und das ist auch gut so. Schließlich sieht der Kunde jetzt „schwarz auf weiß“, dass die positiven Merkmale Ihres Produktes eindeutig überwiegen. Wie gesagt, wenn Sie Ihre Fragen gestellt haben, dann lehnen Sie sich etwas zurück, schauen den Kunden genau an und stellen dann eine der wichtigsten Fragen auf Ihrem Weg zum Vertragsabschluss: *„Herr Kunde, was gefällt Ihnen an diesem Produkt nicht?“* Wenn Sie bei den positiven Fragen alles richtig gemacht haben und wirklich alle möglichen Einwände vorab durch diese Fragetechnik entkräftet haben, dürfte dem Kunden jetzt nicht ein einziger Minus-Punkt einfallen. Sollte Ihr Gesprächspartner wider Erwarten einen negativen Punkt nennen, dann beschönigen Sie nichts, sondern notieren diesen Punkt auf der rechten Seite des Adenauerkreuzes, also in der „-“-Spalte. Wenn alle negativen Aufzählungen notiert wurden, müssen Sie sich zwingend den Vorabschluss, wie bereits an anderer Stelle ausführlich beschrieben, einholen, bevor Sie die negativen Aufzählungen entkräften.

Hier zur Wiederholung in knappen Worten: Sie stehen auf, reichen Ihrem Gesprächspartner die Hand und sagen: *„Herr Kunde, wenn ich Ihre Feststellungen (Fragen etc.), die ich hier notiert habe, zu Ihrer Zufriedenheit korrigiere, dann sind wir im Geschäft, oder?“* Während Sie diese Frage stellen, nicken Sie zustimmend mit dem Kopf und wenden Ihren Blick nicht vom Gesprächspartner ab. Erst dann beginnen Sie mit der Abarbeitung der von Ihrem Kunden aufgezählten Negativpunkte. Hüten Sie sich hier vor langatmigen Erklärungen und wenden Sie die KUSS-Formel an. Nehmen Sie sich jede Aufzählung des Kunden einzeln vor. Sowie Sie sie beantwortet haben, stellen Sie immer wieder die entscheidende Frage: *„Habe ich damit diese Frage (Ihre Anmerkung, Ihren Hinweis, etc.) zu Ihrer Zufriedenheit beantwortet?“* Ihr Gesprächspartner kann jetzt nur noch mit einem deutlichen Ja antworten. Sowie der Kunde mit einem Ja geantwortet hat, haken Sie diese Frage ab und streichen Sie diese deutlich sichtbar durch, so dass nur noch der Haken stehen bleibt. Erst dann gehen Sie zur nächsten Frage über und verfahren wie beschrieben, nämlich kurze Antwort,

Bestätigung einholen, Frage abhaken, durchstreichen und zur nächsten Frage wechseln. Das Procedere wiederholen Sie so lange, bis alle Fragen abgearbeitet sind. Dann schauen Sie den Kunden an und erinnern ihn an sein Versprechen: *„Herr Kunde, Sie haben mir vorhin in die Hand versprochen, wenn ich alle Ihre Fragen zu Ihrer vollsten Zufriedenheit beantwortet habe, sind wir im Geschäft. Jetzt stellt sich nur noch die Frage: Zahlen Sie bar oder per Scheck?"* Wie wird die Antwort Ihres Gesprächspartners ausfallen? Er kann nur „in bar" oder „mit Scheck" antworten, oder wie sehen Sie das? Wenn Ihnen diese Frage allerdings zu forsch ist, können Sie auch mit anderen Fragen den Geschäftsabschluss einholen. Fragen Sie z. B.: *„Herr Kunde, soll ich den Antrag auf Sie oder Ihre Frau ausstellen?"* Auch bei dieser Frage legen Sie Ihrem Kunden die Antwort buchstäblich in den Mund. Er kann nur antworten: „Auf mich" oder „auf meine Frau". Ich überlasse es Ihrer Phantasie, mit welcher persönlichen Frage Sie den Geschäftsabschluss herbeiführen.

Nur eine Frage sollten Sie in jedem Fall vermeiden. Fragen Sie nie, ob Sie nun im Geschäft sind. Somit geben Sie Ihrem Kunden die Chance, darauf mit einem Nein zu antworten. Die vier Buchstaben versauen Ihnen buchstäblich das Geschäft und Ihre Arbeit war für die Katz. Doch bekanntlich stirbt die Hoffnung zuletzt. Wenn Sie wider Erwarten die „falsche" Frage gestellt haben, auf die Ihr Kunde dann mit einem Nein geantwortet hat, ist noch nicht alles verloren. Wie Sie wissen, steht das Nein des potentiellen Kunden für „Noch eine Information nötig". Resignieren Sie nicht. Bleiben Sie gelassen und antworten Sie: *„Herr Kunde, ich kann Ihre Zweifel verstehen. Es ist nicht einfach, eine Entscheidung zu treffen, die Ihr Leben nachhaltig verändern wird. Deshalb bin ich gerne bereit, Ihnen das Ganze noch einmal zu erklären. Herr Kunde, wenn ich dieses Mal wieder alle Fragen zu Ihrer vollsten Zufriedenheit geklärt habe, dann sind wir doch im Geschäft, oder?"* Dabei reichen Sie ihm die Hand. Sobald er einschlägt sagen Sie: *„Versprochen!“* Nicken Sie mit dem Kopf. Ferner sagen Sie: *„Einhundert Prozent! Okay?“* Dann nehmen Sie ein neues leeres Blatt Papier, zeichnen wieder das bekannte Adenauerkreuz und verfahren genauso, wie zu Beginn erklärt. Fragen stellen, Pluspunkte notieren. Kunden aussprechen lassen. Negative Punkte auf die „-“-Seite eintragen, jede dieser einzelnen Positionen abarbeiten und durch Abhaken kenntlich machen. Danach die Abschlussfrage in gewohnter Manier stellen: *„Herr Kunde, Sie haben mir vorhin zum zweiten Mal bestätigt, dass wir im Geschäft sind, wenn ich alle Fragen zu Ihrer vollsten Zufriedenheit beantwortet habe. Jetzt stellt sich die Frage, ob wir den Antrag auf Sie oder auf Ihre Frau ausstellen.“* Sie wissen, was der Kunde nun antworten muss. Sollte hier tatsächlich noch die „falsche“ Antwort kommen, schließen Sie Ihre Verkaufsmappe, reichen Ihrem Gesprächspartner die Hand und sagen ihm freundlich, aber bestimmt: *„Sorry, Herr Kunde, aber meine Zeit ist mir zu kostbar, als dass ich sie mit Menschen verbringe, die nicht wissen, was sie wollen. Sollten Sie es sich doch noch anders überlegen, rufen Sie mich an. Meine Telefonnummer haben Sie. Ich wünsche Ihnen viel Erfolg und noch einen schönen Tag“.* Dann stehen Sie auf und gehen.

Sie sehen, so einfach kann Verkaufen sein.

MLM-Erfolgsregel Nr. 41

„Das Adenauerkreuz wird Ihnen helfen, das Gespräch in die gewünschte Richtung zu drehen. Wann immer die Situation es erfordert, setzen Sie dieses Kreuz ein, um einen Abschluss herbeizuführen.“

8.06 Nichts als Ausreden

„Unsere Zweifel sind die Verräter am Guten, das wir oft erreichen könnten, wenn wir den Versuch nicht fürchten würden."

William Shakespeare

Nun wissen Sie, wie Sie mit dem Adenauerkreuz gegen das Nein des Kunden zu Felde ziehen können. Wenn Sie aber in den letzten „Kampf" um den Interessenten in den *Krieg* ziehen, sollten Sie schon wissen, ob das Nein Ihres Kunden ein wirklicher Einwand ist oder nur ein Vorwand. Das ist ein feiner Unterschied. So ist ein Vorwand ein Scheinargument, ein unwirklicher Einwand. Er ist eine „Wand", die ein Gesprächspartner „vor"zieht, um sich zumindest für einen Moment dahinter zu verstecken. Dieser unwirkliche Einwand wird vorgeschoben, um die Wirklichkeit zu verschleiern, um Sie zu vertrösten oder einem Gespräch bzw. Auftrag auszuweichen. Häufige, typisch auftretende Vorwände sind z. B.:

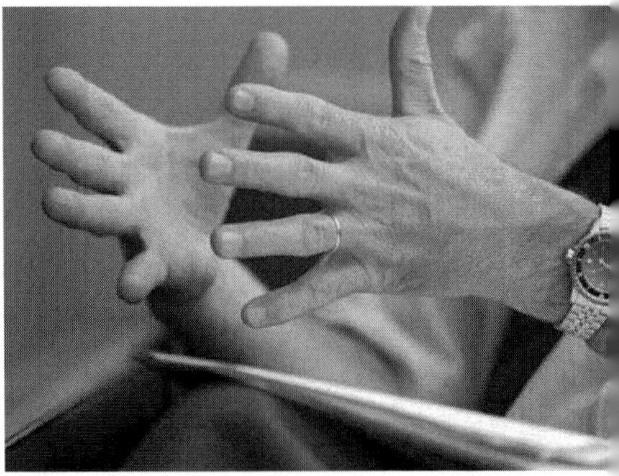

- Ich habe kein Geld.
- Ich habe keine Zeit.
- Ich habe kein Interesse.
- Das kann ich mir nicht leisten.
- Ich kenne niemanden, der sich für das Geschäft interessiert.
- Melden Sie sich in einem Monat noch einmal.

- Lassen Sie mir die Unterlagen da.
- Können Sie mir ein Produkt kostenlos zur Ansicht geben?
- Können Sie mir einen Kontakt zu einem Ihrer Kunden oder Partner herstellen?

Hinter diesen Vorwänden fühlt sich der Gesprächspartner sicher verborgen. Und genau darum bedarf es Ihrer besonderen Aufmerksamkeit. Denn Sie dürfen nicht gegen den ersten Einwand argumentieren, wenn Sie nicht sicher wissen, ob es ein „wirklicher Einwand" ist. Es könnte ja ein Vorwand sein, und gegen einen Vorwand dürfen Sie niemals argumentieren. Ich möchte Ihnen zeigen, wie Sie einen Einwand von einem Vorwand unterscheiden können:

Der Kunde sagt: *„Das Produkt ist viel zu teuer."* Diese Aussage des Kunden kann ein wirklicher Einwand oder ein Vorwand, eine Schutzbehauptung, sein. Ihre Reaktion als Networker könnte wie folgt aussehen: *„Angenommen, wir könnten uns über den Preis einigen, würden Sie das Produkt dann kaufen?"* Antwortet Ihr Gesprächspartner mit *Ja,* war es ein wirklicher Einwand. Antwortet er aber mit *„Nein, ich kaufe nicht, auch wenn wir uns über den Preis einigen!",* ist klar, dass es sich bei dieser Antwort um einen Vorwand handelt. Dass er also nicht kaufen möchte, hat einen anderen Grund, und den gilt es herauszufinden. Sie könnten nun wie folgt vorgehen: *„Wenn ich Sie richtig verstehe, gibt es noch einen zweiten Grund, der Sie nachdenklich stimmt?"* Ihr Gesprächspartner wird nun einen weiteren Grund nennen. Sobald Sie die Vorwände entblößt haben, kommt Ihre entscheidende Frage: *„Vorausgesetzt, Herr Kunde, ich kann Sie überzeugen, dass Ihre Bedenken grundlos sind, würden Sie dann zustimmen?"* Allein die Art der Fragestellung führt in der Regel dazu, dass Ihr Kunde mit einem klaren Ja antworten muss. Ab jetzt sind Sie aufgefordert, alle Vorteile aufzuzeigen. Der Verkauf des Produktes ist Ihre Siegestrophäe.

Ich möchte Ihnen nachfolgend noch einige typische Einwände, die Sie mit der richtigen Argumentation entkräften können, nennen. Die Einwände der Kunden sind immer dieselben, egal ob Sie Kosmetik,

Nahrungsergänzung oder Parfums verkaufen. Deshalb stören Sie sich nicht an meinem gewählten Beispiel. Was Sie hier lernen, können Sie auf alle Produkte übertragen.

„Ich habe kein Geld."

Ihre Antwort: *„Schön, dass Sie so ehrlich zu mir sind, Herr Kunde. Gerade deshalb sollten Sie in unser Produkt investieren. Es wird Sie zur finanziellen Unabhängigkeit führen."* Danach unterbreiten Sie Ihre Lösungsvorschläge. Es ist sehr wichtig, dass Sie Ihr Produkt kennen und bestenfalls selbst studiert haben. So sind Sie in der Lage, mit dem Produktwissen zu kontern. Sollte Ihr Kunde wider Erwarten nicht investieren wollen, so haben Sie noch immer die Möglichkeit, ihn als Vertriebspartner einzuschreiben. Doch weisen Sie ihn darauf hin, dass er durchaus in Erklärungsnöte kommen kann, wenn seine Interessenten spezielle Fragen stellen. Ich bin nach wie vor der Meinung, dass man nur das verkaufen kann, was man auch wirklich beherrscht. So ist mir bis heute kein einziger Autoverkäufer über den Weg gelaufen, der nicht mindestens einen Führerschein besaß. Wie sollte er auch sonst die Vorzüge des Fahrens erklären können, wenn er noch nie selbst hinter dem Steuer eines Autos gesessen hat?

Nehmen wir an, Ihr Kunde muss 5.000 Euro für das Produkt bezahlen. In der Regel haben die meisten einen solchen Betrag nicht gerade unter dem Kopfkissen liegen. Sich diesen Betrag vorzustellen, ist schon sehr schwierig, und die meisten werden auch Probleme haben, diese Summe auf einen Schlag zu beschaffen.

Leichter wird es, wenn man sich diesen Betrag in kleineren Einheiten vorstellt, und zwar in 50 x 100-Euro-Scheinen:

50 x

Wenn Sie die Zahl so darstellen, nehmen Sie ihr den „Schrecken“. Glauben Sie mir, ein Käufer kann sich leichter vorstellen, sich von 50 Stellen je einhundert Euro z. B. zu leihen, als von einer Stelle 5.000 Euro. Er könnte 50 Personen fragen, ob sie bereit wären, ihm für einige Zeit 100 Euro zu geben. Können Sie sich mit diesem Gedanken vertraut machen? Wie finden Sie es, sich von 50 Freunden und Bekannten jeweils einen Betrag von 100 Euro zu leihen statt 5.000 Euro zu hohen Zinsen von einer Bank? Ist Ihnen das peinlich? Warum? Das darf Ihnen nicht peinlich sein. Schließlich wollen Sie dieses Geld weder versaufen noch verjuxen. Sie wollen es investieren in eine sorgenfreie Zukunft.

Darf ich noch einmal in Erinnerung rufen, dass wir hier von einem Geschäft sprechen? Ein Geschäft, das Ihnen Millionen Euro einbringen kann. Es ist doch das Normalste von der Welt, dass jeder Boss in sein eigenes Unternehmen investieren muss, bevor er auch nur einen Cent verdient. Doch scheinbar können die Menschen eher damit leben, dass ein Tischler für seinen Schritt in die Selbstständigkeit sehr viel Geld hinblättern muss, um sich z. B. eine Holzbearbeitungsmaschine für 200.000 Euro zu kaufen. Jeder Außenstehende würde das als normal ansehen und es als sinnvolle Investition gutheißen, ganz nach dem Motto: „Von nichts kommt nichts“. Aber sobald Menschen bereit sind, zu investieren, rümpfen sie die Nase und glauben, hier handle es sich um Abzockerei. Dabei muss hier nur ein Bruchteil dessen investiert werden, was ansonsten für eine klassische Unternehmensgründung bezahlt werden würde.

Das Verhalten dieser Menschen erinnert mich an die Worte des Wiener Burgtheaterdichters Franz Grillparzer:

> *„Gescheit gedacht und dumm gehandelt, so bin ich mein´ Tage durchs Leben gewandelt“.*

Genauso sehe ich die Menschen, die meinen, die Weisheit mit Löffeln gefressen zu haben und die sich jetzt ganz schlau vorkommen. Erinnern Sie sich noch an meine Ausführungen im Kapitel - Das freie Unternehmertum -? Dort erzählte ich von Geschäftsinhabern, die allesamt froh gewesen wären, wenn sie vor Jahren nur 5.000 Euro in ihr Geschäft hätten investieren müssen. Stattdessen aber verschlangen ihre Unternehmensgründungen hunderttausende Euros, und doch wurden diese Menschen nicht reich. Das Gegenteil trat ein. Sie verloren alles und blieben auf einem riesigen Berg Schulden sitzen. Heute wissen diese Menschen, wie sie mit Network-Marketing und unserem Produkt richtig viel Geld verdienen können. Sie bedauern, mich nicht schon eher kennen gelernt zu haben. Das hätte ihnen nämlich viel Leid und Elend ersparen können.

„Ich habe keine Ahnung.“

Kundeneinwand: *„Ich habe keine Ahnung, ob das Produkt etwas für mich ist.“* Ihre Antwort: *„Sehen Sie, genau das ist der Grund, warum ich mir heute für Sie Zeit genommen habe, um Ihnen in Ruhe alles genau zu erklären. Unser Produkt löst folgende Anforderungen. Sie sehen, damit wird vieles einfacher. Sind Sie dabei?“*

„Ich habe kein Interesse."

Ihre Antwort: *„Das geht vielen so. Denn interessieren kann man sich nur für eine Sache, die man kennt. Die politischen Entwicklungen wie Arbeitslosengeld II oder Hartz IV zeigen, wohin Desinteresse und Gleichgültigkeit führen können. Wollen Sie sich wirklich zum Spielball staatlicher Institutionen machen oder sind Sie bereit, nun Ihr eigener Money-Coach zu werden?"*

„Ich habe keine Zeit."

Diese typische Antwort ist nie ehrlich. Wir alle haben heute mehr Zeit denn je. Die Bundesbürger arbeiten weniger, haben mehr als 30 Tage Urlaub im Jahr und jedes Wochenende frei. Wer sagt, er habe keine Zeit, irrt. Sein Problem ist, dass er seine Zeit nicht richtig einteilen kann. Deshalb sollten Sie darauf wie folgt antworten: *„Herr Kunde, in unserer hektischen und unsichereren Zeit kommt es entscheidend darauf an, das Wesentliche vom Unwesentlichen zu trennen. Finanzielle Freiheit gehört zu den wichtigsten Aufgaben im Leben der heute 30-Jährigen. Jeder Tag, den Sie verstreichen lassen, kann Sie am Ende sehr viel Geld kosten. Unser Produkt trägt dieser Entwicklung Rechnung. Das ist einzigartig."*

„Ich kenne niemanden, der sich für das Geschäft interessiert."

Ihre Antwort: *„Das, Herr Kunde, wundert mich nicht. Wie sollten Sie jetzt Menschen kennen, die sich für ein Produkt begeistern können, das Sie bis heute selbst nicht kannten? Wenn Sie sich mit diesem Thema auseinander setzen und das Produkt selbst anwenden, werden Sie sehen, wie viele Menschen Sie mit Ihrem Wissen in den Bann ziehen. Die Menschen werden Sie um Ihr Wissen beneiden. In jedem Fall sind Sie im Gespräch, und wenn Sie im Gespräch sind, haben Sie alle Optionen in der Hand, daraus ein Geschäft zu machen. Sehen Sie mich an. Ich habe vorher am Fließband bei Audi gearbeitet. Glauben Sie, ich wusste zu dieser Zeit, was Network-Marketing ist? Ich bin meinem Sponsor heute noch dank-*

bar, dass er mich in das Geschäft gebracht hat. Er hat mir gezeigt, welche Fähigkeiten in mir schlummerten, die nur darauf gewartet haben, sich zu entfalten. Auch Sie tragen das Potential in sich. Doch wer, wenn nicht Sie, kann dieses Potential mit Leben füllen? Unser Produkt wird Sie darin unterstützen."

„Dafür gibt es keinen Markt."

Ihre Antwort: *„Herr Kunde, einmal davon abgesehen, dass unsere Initiatoren genau wissen, warum sie dieses Produkt entwickelten, will ich Ihnen nur eine Zahl geben, die verdeutlicht, dass jeder Mensch unser Produkt braucht.*

„Ich kaufe nicht die Katze im Sack."

Der Kunde moniert, dass er das Produkt nicht zur Ansicht bestellen kann. Er gibt vor, dass jeder Autohändler eine Probefahrt anbietet, bevor man sich zum Kauf entscheidet. *„Herr Kunde, ich kann gut verstehen, dass Sie nicht die Katze im Sack kaufen wollen, um es einmal salopp auszudrücken. Haben Sie schon einmal ein Restaurant besucht, in dem Sie vor der Hauptspeise ein kostenloses Probeessen serviert bekamen?*

Die Liste ließe sich unendlich fortführen, dennoch macht sie eines deutlich:

„Die Menschen sind um Ausreden nie verlegen."

Die Frage ist nur, wie Sie darauf reagieren. An anderer Stelle sagte ich bereits, dass einige Menschen zu ihrem Glück gezwungen werden müssen. Als Networker verkaufen Sie Jobs. Es ist Ihre Aufgabe, die Menschen in diesen wunderbarsten Job der Welt zu bringen.

Wenn Ihnen das gelingt, werden Sie sich vor Freunden nicht mehr retten können, denn Sie sind buchstäblich deren Retter. Sie haben diese Menschen aus der Lethargie geholt und ihnen das pralle Leben gezeigt. Glauben Sie mir, diese Menschen werden Ihnen Dankesbriefe schreiben. Aber bevor es so weit ist, ist es noch ein langer Weg. Tatsache ist nämlich, dass die meisten Networker kalte Füße bekommen, wenn es zur Sache geht. Die Hände werden feucht, der Hals schwillt an, die Haare schwitzen und die Luft scheint stickiger zu werden. Sicher erinnern Sie sich noch an den Klassiker von Herbert Grönemeyer: „Habe Flugzeuge in meinem Bauch". Genauso fühlt es sich bei vielen Networkern an. Das alles ist nicht schlimm, sondern ein deutlich sichtbares Zeichen dafür, dass sich das Verkaufsgespräch in der entscheidenden Abschlussphase befindet. Jetzt geht es ans Eingemachte. Es gilt, alles richtig zu machen und nur nicht die Nerven zu verlieren. Ich möchte Ihnen deshalb im weiteren Verlauf einige Empfehlungen geben, wie Sie die Quote Ihrer Vertragsabschlüsse deutlich verbessern können und in den entscheidenden Momenten Stärke und Rückgrat beweisen.

1. Legen Sie den Vertrag auf den Tisch

Es gibt Networker, die sehen in allem und jedem ein Problem. So können sie sich gar nicht vorstellen, dass es auch Kunden gibt, die nicht lange um den heißen Brei herumreden und kaufen möchten, weil der Networker sie von der Einzigartigkeit des Produkts überzeugen konnte. Deshalb möchte der Kunde nun endlich die Sache über die Bühne bringen. Jetzt kommt es darauf an, keine Hürden mehr aufzubauen. In dieser Situation noch irgendwelche Bedenken anzumelden, gefährdet den Vertragsabschluss und zieht das Gespräch unnötig in die Länge. Fakt ist: Der Vertrag liegt auf dem Tisch. Nun setzen Sie einfach an die Stelle, wo Ihr neuer Kunde unterzeichnen soll, ein großes Kreuz und reichen den Kugelschreiber an den Kunden weiter.

2. Führen Sie den Kunden, wenn er sich nicht entscheiden kann

Bekannt ist die Geschichte vom Esel, der zwischen zwei Heuhaufen stand und sich nicht entscheiden konnte, von welchem Haufen er als Erstes fressen sollte. Deshalb starb er an Hunger. So ähnlich ergeht es vielen Menschen, die nie gelernt haben, eigenständige Entscheidungen zu treffen. Vom Elternhaus bis zur Ausbildung haben stets andere für sie die Wahl getroffen. So verwundert es kaum, dass man

heute auf Zeitgenossen trifft, die mittlerweile 30, 40, 50 Jahre und noch älter sind, aber nicht in der Lage, eigenmächtig eine Entscheidung zu treffen. Sie müssten eigentlich zugeben: *„Tut mir wirklich Leid, ich habe es nicht gelernt, mich zu entscheiden."* Das ist einer der Gründe, warum Networker immer wieder den traumatischen Satz hören: *„Das muss ich mir noch einmal überlegen."* Damit meint er eigentlich nur: *„Ich kann keine Entscheidung treffen."* Nun sollte der Networker nicht verzweifeln. Denn immerhin hat er bis hierher das Produkt korrekt vorgestellt und seinem Gesprächspartner Nutzen und Vorteile aufgezeigt. Ich sagte es bereits an anderer Stelle: Jetzt muss der Berater den Kunden an die Hand nehmen. Es gilt, dieses entstandene Vakuum auszufüllen. Ein guter Networker wird dem Kunden eine Empfehlung aussprechen und ihm genau sagen, was er jetzt tun soll. Er hilft ihm also, eine Wahl zu treffen, so wie der Kunde es ein Leben lang kannte und was ja augenscheinlich auch immer richtig war, nämlich dass ein anderer für ihn die Auswahl trifft. Mit dieser Geste bereitet der Networker die Kundenentscheidung vor und führt ihn dann zielsicher zum Abschluss. In diesem Moment hat der Kunde dann auch den Mut, den Abschluss zu tätigen.

3. Lassen Sie den Kunden selbst entscheiden

Wie Sie soeben lesen konnten, gibt es viele Menschen, die sich nicht entscheiden können. Diese sind leider deutlich in der Überzahl. Viel seltener sind die Menschen, die es gewohnt sind, Entscheidungen allein zu treffen. Für den Networker ist es wichtig, diesen potentiellen Kunden nicht zu überrollen. Am besten bestärkt man den Gesprächspartner darin durch die richtige Wahl der Worte: *„Die Entscheidung liegt bei Ihnen, Herr Kunde."* Damit bringen wir auch unsere Stärke als Networker zum Ausdruck.

4. Bewegen Sie den Kunden zum Vertragsabschluss

Die meisten Menschen wollen grundsätzlich etwas tun, schieben aber ihre Entscheidung gern auf die lange Bank. Hier ist es einfach wichtig, den Kunden zum Abschluss eines Vertrages zu bewegen. Dabei hilft wieder die richtige Fragetechnik: *„Wie wäre es, wenn wir das heute erledigen würden, damit Sie die Sache vom Tisch bekommen?"* Klingt wirklich banal, ist aber ungeheuer wirkungsvoll. Probieren Sie es bei nächster Gelegenheit einfach aus, Sie werden sehen, dass es wirkt.

5. Fragen Sie direkt und ohne Umschweife

In der heißen Phase des Vertragsabschlusses hat sich folgende Einleitung bewährt: *„Herr Kunde, Sie brauchen sich nur über zwei Dinge klar zu werden:*

1. Brauchen Sie das Produkt?
2. Können Sie es sich leisten?

Habe ich Recht?" Wenn Ihr Gesprächspartner diese Frage bejaht, fragen Sie weiter: *„Wissen Sie nicht heute genauso wie in einer Woche, ob Sie unser Produkt, das Ihre Probleme lösen wird, brauchen oder nicht?"* Wenn der Kunde hier mit einem Ja antwortet, füllen Sie den Kaufvertrag aus und „drücken" Sie dem Kunden den Kugelschreiber in die Hand, damit er den Vertrag unterschreiben kann. Sagen Sie nicht: *„Bitte unterschreiben Sie hier."* Kein Mensch unterschreibt gern etwas. Dieser Begriff ist negativ besetzt. Sagen Sie es einfacher: *„Herr Kunde, wollen Sie mir hier bitte Ihre Entscheidung bestätigen?"* Dieser Hinweis ist sehr, sehr wichtig. Nur zufriedene Kunden empfehlen Sie weiter. Kunden, die etwas unter „Druck" unterschreiben, fühlen sich unwohl. Kunden, die von sich aus eine Entscheidung bestätigen, fühlen sich dagegen wohl.

6. Halten Sie den „Ball" flach.

„Keep cool", würden die Amerikaner sagen und bringen damit zum Ausdruck, die Dinge emotional nicht übermäßig hochkochen zu lassen. Der Profi-Networker versteht es geradezu meisterhaft, im entscheidenden Moment des Vertragsabschlusses von ganz anderen Themen zu sprechen, z. B. vom Urlaub, über die Hobbys des Kunden bis hin zum neuen Auto. Alle diese Dinge haben einen hohen Sympathiefaktor. Während der Profiverkäufer darüber spricht, füllt er so ganz nebenbei und fast schon wie selbstverständlich den Vertrag aus und legt diesen dem Kunden zur Unterschrift vor. Diese Lässigkeit spiegelt sich natürlich auch in der Miene des Verkäufers wieder, die damit zum Ausdruck bringt, dass es sich hierbei um eine routinemäßige, fast schon lästige Handlung handelt. So lästig, dass es die beiden, Verkäufer und Käufer, eigentlich davon abhält, über die wirklich wichtigen, tollen Dinge wie Tochter, Auto, Haus oder Hobby zu sprechen. Mit dieser Methode, die Aufmerksamkeit auf ein anderes Thema zu lenken, beherrschen Sie eine Abschlusstechnik, die Sie noch schneller und effizienter zum Vertragsabschluss bringen wird.

7. Antworten Sie mit einer Gegenfrage

Ich habe Ihnen weiter oben den Unterschied zwischen offenen und geschlossenen Fragen aufgezeigt. Der erfolgreiche Networker antwortet niemals auf die Frage eines Kunden mit einem *Ja,* sondern immer mit einer Gegenfrage. Der Interessent fragt z. B: *„Haben Sie dieses Produkt auch in einem festen Geschenkkarton mit roten Buchstaben?“* Antworten Sie nun darauf mit Nein, bleiben Sie unwissend, weil Sie keine weiteren Informationen erhalten, warum Ihrem Interessenten diese Ausstattung so wichtig ist. Denken Sie immer daran: Je mehr Informationen Sie von Ihrem Gesprächspartner erhalten, desto besser können Sie Ihr Angebot darauf abstellen. Der Networker sollte daher die obige Frage mit folgender Gegenfrage beantworten: *„Wie gefällt Ihnen denn unsere Verpackung insgesamt?“* Durch diese offene Fragestellung können Sie nun den Dialog weiterführen.

MLM-Erfolgsregel Nr. 42

„Bauen Sie Ihrem Kunden Eselsbrücken, indem Sie z. B. aus einem Betrag von 5.000 Euro 50 x 100 Euro machen. Damit nehmen Sie einer solchen Zahl ihren Schrecken. Ihr Gesprächspartner wird sich so viel leichter und schneller entscheiden.“

Kapitel 9
Jetzt liegt es an Ihnen

„Alle Menschen sind klug, die einen vorher, die anderen nachher.“

Voltaire

9.01 Stellen Sie die richtigen Fragen

„Sei geduldig mit allen Fragen in deinem Herzen und versuche, die Fragen an sich zu schätzen.“

Rainer Maria Rilke

Sie wissen jetzt, wie Sie mit den richtigen Fragen sicher einen Vertragsabschluss herbeiführen. „Wer fragt, der führt“, sagt ein Sprichwort, das bis heute nichts von seiner Bedeutung verloren hat. Was für die Geschäftswelt gilt, gilt im Besonderen auch für Ihr Leben. Sie dürfen niemals die Kraft der Fragen unterschätzen.

Sie sind nämlich alles andere als billige Floskeln. Es gibt Fragen, die werden Ihr ganzes Leben beeinflussen:

- Wollen wir heiraten?

- Wie viele Kinder möchten wir?
- Wollen wir uns ein Haus bauen?
- Wollen wir unsere finanzielle Freiheit erreichen?
- Möchte ich ins Network-Marketing einsteigen?

Sie sehen, Fragen können Ihr Leben entscheidend beeinflussen. Deshalb gilt es, die richtigen Fragen zu stellen. Wenn Sie nie heiraten möchten, wäre es dumm, dem Partner die Frage zu stellen, ob er Sie heiraten möchte. Wenn er darauf mit einem Ja antwortet, haben Sie zwar noch immer die Möglichkeit, nein zu sagen. Im anderen Fall werden Sie durch diese „falsche" Frage ein Leben lang daran erinnert. Auch wenn Sie sich fragen, ob Sie ein Haus bauen möchten, beeinflusst diese Frage Ihr Leben nachhaltig. Ein Haus bezahlen die wenigsten Menschen aus der Portokasse. Deshalb müssen oft teure Kredite herhalten, deren Laufzeiten nicht selten bei 30 Jahren liegen. Mit jeder Kreditrate werden Sie an diese einmal gestellte Frage erinnert. Das ist besonders schlimm, wenn das Geld knapp ist und daher an allen Ecken und Kanten gespart werden muss. Das hat nichts mehr mit Lebensqualität zu tun.

Diese Beispiele verdeutlichen, wohin Fragen uns führen können und welchen Einfluss sie auf unser Leben haben. Fragen können unser gesamtes Weltbild verändern, wenn wir sie richtig stellen. Im vorherigen Kapitel haben Sie gesehen, wie wichtig die Abschlussfragen sind. Auch hier entscheidet die Art der Fragestellung über Erfolg und Misserfolg. Das Nein des Kunden bedeutet für Sie zwangsläufig fehlendes Einkommen, was im Endeffekt dazu führen kann, dass Sie von Brot und Wasser leben müssen. Die Antwort auf eine Frage entscheidet über Ihre Lebensqualität. Das ist die Botschaft, die es zu verstehen gilt.

Fragen werden auch Ihr Leben verändern. Weil das so ist, gibt es nur eine Frage, die ich für die wichtigste halte:

„Was möchten Sie im Leben erreichen?"

Auch hier bestimmt die Qualität Ihrer Antwort Ihr Handeln. Wenn Sie im Leben gar nichts erreichen möchten, brauchen Sie buchstäblich Ihren Hintern nicht mehr zu bewegen. Wollen Sie dagegen finanzielle Freiheit erreichen, dann müssen Sie selbigen sofort bewegen, denn von nichts kommt bekanntlich auch nichts. Insofern bewirkt diese Frage einiges in Ihrem Leben. Wichtig ist, dass Sie Ihre Fragen immer in Richtung Zukunft stellen. Es bringt nichts, in der Vergangenheit zu wühlen. Die ist vorbei. Aus, Schluss, vorbei. Was zählt ist das Heute, das Hier und Jetzt. Nur jetzt sind Sie in der Lage, die Entscheidungen zu treffen, die Sie nach vorne bringen. Fragen wie „Wieso habe ich damals dieses oder jenes so und nicht so gemacht?" bringen nichts. Sie reißen nur alte Wunden auf und beeinflussen Sie negativ. Ihr Unterbewusstsein reagiert sehr sensibel. Solche Fragen führen nur dazu, Ihr Leid zu verstärken. Fügen Sie den alten Geschichten keine neue Energie mehr zu. Investieren Sie diese Energie lieber in die Gegenwart und in die Zukunft. Jetzt ist der beste Augenblick zum Handeln.

Für mich ist das Leben wie eine Türschwelle, auf der wir stehen. Hinter uns liegt die Vergangenheit, vor uns die Zukunft. Die Mitte ist die Türschwelle, die Gegenwart. Hier stehen wir. Von hier aus können wir nie zurückgehen, wohl aber zurückblicken auf gute und schlechte Tage. Wir können aber von hier aus auch in die Zukunft gehen. Wir allein haben es in der Hand, ob wir von der Türschwelle aus nach vorne, zur Seite, nach links oder rechts gehen. Was immer Sie tun, nutzen Sie den Tag: Carpe diem, wie die Lateiner sagten.

Für Ihren finanziellen Erfolg ist es sehr wichtig, dass Sie sich fragen, wie Ihre Zukunft aussehen soll. Erinnern Sie sich noch an das Traumbuch? Hier haben Sie, so hoffe ich, die Bilder eingeklebt von den Dingen, die Sie noch erreichen möchten. Vielleicht träumen Sie ja von einem wunderschönen Urlaub in dem 7-Sterne-Hotel „Burj al Arab" in Dubai. Sie wissen schon, das ist dieser hohe Turm am Wasser vor der Küste Dubais. Auch Sie können in diesem Hotel logieren, wenn das Ihr Ziel ist. Nur weil Sie es sich vielleicht noch nicht wirklich vorstellen können, heißt das nicht zwangsläufig, dass es nicht möglich ist. Glauben Sie mir, auch Sie werden dieses Ziel erreichen, je intensiver Sie daran arbeiten. Körperlich wie mental. Bevor Sie sich wieder einmal einen „Hau mich um"- oder „Einer besiegt den Rest der Welt" - Film aus der Videothek ausleihen, besorgen Sie sich eine DVD von diesem Hotel, in dem ich natürlich auch schon des Öfteren zu Gast war. Stimmen Sie sich ein auf dieses wunderbare Reiseziel mit dem unendlich schönen weißen Strand und dem blauen Meer. Es ist einfach atemberaubend. So etwas muss man erlebt haben. Genauso wie einen Ausflug nach Hollywood. Wenn man, so wie ich, mit einem ehemaligen Playmate verheiratet ist, genießt man das unglaubliche Privileg, zu den legendären Partys des Playboy-Gründers Hugh Hefner nach L. A. eingeladen zu werden.

Mit diesen Übungen haben Sie den ersten Schritt in Richtung Zukunftsgestaltung getan. Jetzt empfehle ich Ihnen, noch einmal in sich zu gehen und sich zu fragen, wie Sie die Erkenntnisse aus diesem Buch sofort für sich umsetzen können. Am besten nehmen Sie hierzu ein Blatt Papier und stellen sich jetzt 10 Fragen für Ihre Zukunft. Sie werden sehen, wie das Formulieren und Niederschreiben Ihrer Fragen Ihren Geist beflügeln wird. Deshalb ist es so wichtig, dass Sie alles aufschreiben. Schreiben beflügelt Ihre Seele. Nach einer Studie der North Dakota State University werden sogar Krankheiten geheilt, wenn Menschen mit Papier und Feder gegen chronische Leiden ankämpfen und ihre Pläne, Befürchtungen, Ängste und Sorgen aufschreiben. Die Wissenschaftler wissen nicht, warum es funktioniert, wenn man sich etwas *von der Seele schreibt.* Doch wenn selbst Kranke von chronischen Leiden durch Schreiben geheilt werden, um wie viel stärker muss dann ein gesunder Mensch von seinen schriftlichen Planungen profitieren?

Achten Sie darauf, dass Sie Ihre Fragen nur in positiven Wörtern formulieren. Vermeiden Sie Wörter wie u. a. „dumm“, „wenig“, „keine“, „nicht“, „nie“, „nein“, „doof“ etc. Wie bereits weiter oben ausgeführt, stellen Sie nur Gegenwarts- und Zukunftsfragen, nie Vergangenheitsfragen. Nachfolgend finden Sie einige Beispiele.

Fragen, die Ihr Leben verändern werden:

- Was möchte ich im Leben erreichen?
- An welchen Traumstränden dieser Welt würde ich gern liegen wollen?
- Wie werde ich zukünftig den Tag verplanen?
- Welche Sportart ist für mich die beste?
- Wie werde ich eine Führungsposition in meinem Unternehmen erreichen?
- Wen kann ich auf dieses Geschäft ansprechen?
- Mit wem möchte ich zukünftig meine Zeit verbringen?
- Was kann ich heute noch tun, um mein Leben zu verändern?
- Was will ich bis Ende des Jahres erreicht haben?
- Wie viel Geld möchte ich nächsten Monat verdienen?
- Um welche Menschen werde ich mich ganz besonders kümmern?
- Wann werde ich anfangen?

Wie gesagt, diese Fragen sind nicht statisch. Ergänzen Sie Ihre Aufstellung nach Belieben. Wichtig ist nur, dass Sie sich tagtäglich diese Fragen in Erinnerung rufen. Am besten kleben Sie diesen Zettel an den Spiegel im Badezimmer. Hier werden Sie jeden Morgen hineinschauen und um eine Erkenntnis reicher werden, wie Heinrich Heine schon sagte (das Zitat sollten Sie sich ebenfalls über den Badezimmerspiegel kleben):

> *„Die Herrlichkeit der Welt entspricht der Herrlichkeit des Geistes, der sie betrachtet."*

Wen sehen Sie, wenn Sie in den Spiegel schauen? Einen netten, zuvorkommenden, lebensbejahenden, positiv denkenden und entschlossenen Menschen? Wenn Sie diesen Menschen noch nicht sehen, und ich denke, Sie wissen, von wem die Rede ist, dann müssen Sie an sich arbeiten. Ich sagte es bereits an anderer Stelle, dass der zweite Sieger der erste Verlierer ist. Die Menschen mögen Menschen, die etwas bewegt haben. Die es geschafft haben, nach ganz oben zu kommen. Deshalb erinnern sie sich gern und sofort an Namen wie Michael Schumacher, Boris Becker, Steffi Graf, Henry Maske, etc. Ihnen allen ist gemeinsam, dass sie es aus „normalen" Verhältnissen nach ganz oben geschafft haben und heute Superstars sind. An diese Namen wird man sich noch in hundert Jahren erinnern. Aber an die Namen der zweiten Sieger kaum. Oder wissen Sie, wer im letzten Jahr Vize-Weltmeister in der Formel 1 wurde? Wer wurde Vize-Weltmeister im Fußball? Wer wurde Vize-Weltmeister im Handball oder beim Schwimmen? Sehen Sie, es fällt schwer, sich dieser Namen zu erinnern. Menschen wollen Sieger sehen. Diese Entwicklung ist tief verwurzelt in der menschlichen Entwicklungsgeschichte. Die ersten Menschen waren viel zu schwach, als dass sie große Tiere jagen und erlegen konnten. Ihnen blieb nichts anderes übrig, als sich mit den Aasfressern um die zurückgebliebenen Kadaver zu streiten. Dem Ersten, dem es gelang, diesen Kadaver zu vereinnahmen, stand der größte Happen zu. Die restliche Meute musste sich um den Rest der Beute streiten. Forscher der Harvard Universität konnten in zahlreichen Studien nachweisen, dass sich das männliche Sexualhormon, das so genannte Testosteron, kurzfristig erhöht, sobald sich der Mensch im Siegestaumel befindet, was ihn zusätzlich zu Bestleistungen motiviert. Dies macht deutlich, dass Sieger belohnt werden, und das in mehrfacher Hinsicht. Frauen lieben starke Männer, damals wie heute. Es liegt doch auf der Hand, dass sich die attraktivsten Frauen seit jeher die mächtigsten Männer angelten, zum einen wegen ihrer Ausstrahlung und zum anderen als ganz persönlichen „Beschützer". Der Siegertyp profitiert in allen Lebenslagen von seinen Erfolgen.

MLM-Erfolgsregel Nr. 43

„Was immer du tun kannst oder wovon du träumst, fang damit an. Mut hat Genie, Kraft und Zauber in sich." – Das wusste schon Goethe.

9.02 Fangen Sie einfach an

„Nichts macht das Leben ärmer als anfangen und abbrechen."

Christian Morgenstern

Lesen Sie das Kapitel 9.01 bitte sehr aufmerksam. Es ist mir sehr wichtig, dass Sie verstanden haben, worum es im Kern geht: Anfangen! Lassen Sie es nicht bei den Lippenbekenntnissen bewenden. Handeln Sie. Mein Wissen aus diesem Buch kann Sie unendlich reich machen, es kann aber auch praktisch wertlos sein, wenn Sie nichts von meinen Empfehlungen umsetzen. Dann hätten Sie sich das Lesen auch schenken können. Sie haben sich dieses Buch gekauft, weshalb ich davon ausgehen kann, dass Sie etwas verändern möchten. Also fangen Sie an. Jetzt! Nicht morgen, nicht irgendwann. Jetzt!

„Um auch nur einen einzigen Augenblick Leben zu erkaufen, reichen sämtliche Juwelen der Welt nicht aus. Welch eine große Unbesonnenheit ist es darum, einen solchen Augenblick für nichts zu vergeuden."

Aus Indien

Wenn Sie finanzielle Freiheit wollen, dann müssen Sie jetzt den ersten Schritt tun. Wünschen ohne zu handeln führt sie nur noch weiter in die Abhängigkeit von Banken, Versicherungen und sonstigen Beratern. Sie müssen etwas tun, nicht die anderen. Wenn Sie als Networker die Zahl Ihrer Verkaufsabschlüsse erhöhen wollen, müssen Sie die Zahl Ihrer Gespräche erhöhen und das Risiko in Kauf nehmen, öfter ein Nein zu hören. Bekanntlich ist das Vermeiden aller Risiken das größte Risiko. Am Mut hängt der Erfolg!

Der Schlüssel zum Erfolg liegt immer darin, jetzt den ersten Schritt zu tun. Wenn Sie seit zwei Wochen Ihr Auto waschen wollten, es aber bis heute nicht geschafft haben, dann fahren Sie jetzt in die Waschhalle. Jetzt. Was hat das Waschen meines Autos mit meinem Leben zu tun, werden Sie sich vielleicht fragen. Sehr, sehr viel. Es geht darum, Ihre alten Verhaltensmuster, die Sie bis heute gepflegt haben, für immer abzustreifen. Was immer Sie wollen, tun Sie es jetzt und schieben Sie nie mehr etwas auf die lange Bank. Ein für alle mal. Es ist wirklich so einfach, weil alle Veränderungen mit dem allerersten Schritt beginnen.

Mit Ihrem Denken erschaffen Sie Ihre Realität. Ihre Möglichkeiten sind grenzenlos. Wer von kleinen Grenzen träumt, wird kleine Erfolge ernten. Wer dagegen an große Grenzen denkt, wird riesige Erfolge ernten. Wie sagte Arthur Schopenhauer so treffend: „Jedermann nimmt die Grenzen seines eigenen Horizonts für die Grenzen der Welt." Ihr Denken hat Sie zu dem gemacht, was Sie heute sind. Ihr heutiges Denken wird Sie zu dem machen, der Sie morgen sein wollen. Deshalb haben Sie nur keine Angst vor diesem Experiment. Probieren Sie es aus! Aufhören können Sie noch zu jeder Zeit. Dabei sollten Sie immer daran denken, dass Sie es sind, der sich verändern will. Hören Sie deshalb nie auf das Geschwätz anderer Leute, die es gewohnt sind, sich anzupassen. Die werden auch noch in zehn Jahren für einen Hungerlohn ihren Dienst verrichten, während Sie sich zu gleicher Zeit die Sonne auf den Bauch scheinen lassen, und das an den schönsten Plätzen dieser Welt. Bis dahin aber heißt es durchhalten und auch schwierige Situationen zu meistern. Denn keinem Networker werden die 3 B´s erspart bleiben:

1. B = belächelt

2. B = bekämpft

3. B = bewundert

Schon der deutsche Philosoph Arthur Schopenhauer sagte:

> *„Ein neuer Gedanke durchläuft bis zu seiner Anerkennung drei Stufen: In der ersten wird er lächerlich gemacht, in der zweiten bekämpft, in der dritten gilt er als selbstverständlich."*

Freunde, oder solche, die man bisher für solche hielt, belächeln den neuen Networker, weil sie keine Ahnung haben. Sie glauben, er liefe einer verrückten Idee namens Network-Marketing hinterher und sei jetzt völlig durchgeknallt. Sie halten ihn für verrückt, weil er fest davon überzeugt ist, sehr viel Geld zu verdienen. Bereits nach einigen Monaten fährt er ein besseres Auto als sie, trägt bessere Kleidung und kann sich eine größere Wohnung leisten. Nun wird er von seinen Freunden gemieden. Das kann nicht mit rechten Dingen zugehen, mutmaßen einige dieser vermeintlichen Freunde. Mir ist es damals genauso ergangen. Die Leute tuschelten hinter meinem Rücken und zeigten mit dem Finger auf mich. Nach dem Motto: „Gestern noch bei Audi am Fließband gestanden, heute einen Mercedes 500 SL fahren. Da stimmt etwas nicht."

Zu Partys wird der Networker nicht mehr eingeladen. Er wird von allen Seiten gemieden, ja geradezu bekämpft, damit man sich nicht mehr mit ihm abgeben muss. Doch mit der Zeit werden die Autos noch größer, die Kleidung noch teurer, und aus der Wohnung wurde inzwischen ein großes Haus. Jetzt wollen die Freunde gern mit ihm ihre Zeit verbringen. Plötzlich erkennen sie, dass ihr Freund doch Recht hatte. Sie bewundern ihn. Jetzt wollen sie auch teilhaben an seinem Erfolg und sonnen sich in seiner Umgebung, um bei den anderen Eindruck zu schinden.

Glauben Sie mir, Ihnen wird es auch so ergehen. Sie dürfen sich nur nicht unterkriegen lassen. Halten Sie durch, auch wenn es schwer fällt. Spötter und Neider gibt es viele auf der Welt, Gewinner nur wenige, und Sie werden dazu gehören, sowie Sie die Kraft haben, sich zum einen in Geduld zu üben und zum anderen zu mehr als 100 Prozent hinter den Dingen zu stehen, die notwendig sind. Es ist völlig egal, ob Sie Cremes, Parfums, Kochtöpfe, Pfannen oder einen Saft verkaufen. Erfolg werden Sie nur haben, wenn Sie die Produkte selbst benutzen und ihnen voll und ganz vertrauen.

Sollten Sie einmal Tage dazwischen haben, an denen es nicht so richtig rund läuft, macht nichts. So etwas ist völlig normal und geht auch wieder vorüber. Mit diesen Problemen hat auch Ihre Downline zu kämpfen. Es ist wichtig, dass Sie das Gras wachsen hören. Sie müssen erkennen, ob es Ihren Geschäftspartnern gut oder schlecht geht. Bleiben Sie deshalb im stetigen Kontakt mit Ihrer Downline. Motivieren Sie die Menschen, sie brauchen Ihren Zuspruch. Zeigen Sie ihnen, dass sie Ihnen sehr viel bedeuten. Sie werden sehen, dass Ihre Kollegen schnell wieder obenauf und hoch motiviert sind.

In diesem Sinne wünsche ich Ihnen viel.

Ihr Udo Deppisch

Quellenverzeichnis

„Sobald die kleine Quelle versiegt, trocknet der große Strom aus."

Japanisches Sprichwort

1 ZDF-Frontal 21 vom 05.04.05

2 www.leipzig.ihk.de

3 Broschüre herausgegeben von der IHK zu Leipzig, Goerdelerring 5, 04109 Leipzig; Broschüre Nr. MAO011000.005

4 www.fh-worms.de/ebm-hm/professoren/zach

5 Kurzfassung der Studie „Network-Marketing in Deutschland 2004", FH Worms

6 Das Beste 11/2003

7 Bild-Zeitung 28.04.04

8 Focus-Money Spezial „Franchise"

9 Network-Marketing in BRD 2004 (Ausgabe 2004) FH Worms, Prof. Dr. Zacharias

10 Network-Press 41/03

11 DM/Euro Wirtschaftsmagazin 11/03

12 www.Gallup.de

13 Kurzfassung der Studie „Network-Marketing in Deutschland 2004", FH Worms

14 Die Welt, 27. April 2005

15 Studie der FEDS (Federal European Direct Selling Association)

16 Bundesverband Direktvertrieb, Studie FEDSA 2002 und WFDAS 2003

17 Direktvertrieb.biz Spezial, Jubiläums-Ausgabe 2004

18 Statistisches Bundesamt

19 Die Presse, 19.12.2003

20 Postbank-Studie vom 20.07.05 (www.fondsprofessionell.de)

21 www.perspektive-deutschland.de

22 www.mpih-frankfurt.mpg.de/global/index.htm